정책혁신과 정책네트워크

- 신제도론적 관점 -

정책혁신과 정책네트워크

- 신제도론적 관점 -

김 성 제 著

한국학술정보(주)

머 리 말

오늘날 세계는 산업사회를 거쳐 정보사회로 발전하는 전환기에 놓여 있다. 이른바 '제3의 물결'이라고 불리는 정보사회에서 정보와 지식은 개인, 조직, 국가의 미래를 좌우하는 핵심요소로 등장하고 있다. 이러한 점을 인식하고 세계 각국은 교통체증, 환경오염, 주택 부족 등 기존의 사회문제를 해결하고 보다 바람직한 사회로 변화시키기 위한 새로운 정책수단으로 정보기술(IT)을 활용하려는 경향이 증대하고 있다. 정보기술을 활용한 정책혁신(policy innovations)이 선진국에서 성공적으로 이루어진 경우, 유사한 사회문제를 경험하고 있는 다른 국가들도 그러한 정보기술을 국내에 도입하여 적용하려고 한다.

우리나라 정부도 1990년대 초 이후 전자정부의 구현이라는 기치 아래 정보기술을 활용한 정책혁신을 의욕적으로 추진하고 있다. 국가지리정보시스템(GIS) 구축사업, 지능형교통시스템(ITS) 구축사업, 환경종합정보화 사업, 사회보험통합시스템 구축사업, 지역정보화 사업, 국가재정정보시스템 구축사업, 전자상거래 활성화사업, 금융정보화 사업 등 건설·교통·환경·복지·지역·재정금융 등 다양한 분야에서 정보기술을 활용한 정책혁신이 추신되고 있다. 그러나 많은 경우 선진국과는 다른 정책결과를 나타내고 있다. 정책을 추진하는 과정에서 혁신의 확산 양태도 상이하다. 어떤 경우에는 당초 예상보다 혁신이 급속히 확산되는 반면에, 또 어떤 경우에는 혁신의 확산이 지체되거나, 심지어는 제대로 시행도 하여 보지 못한 채 초기에 혁신이 폐기되어 버리는 경우도 있다. 어떤 요인들 때문에 그러한가?

정보기술을 활용하여 사회를 보다 바람직한 상태로 변화시키고자 하는 정책혁신은 두 가지의 상호 유기적인 과정을 거쳐 완성된다. 첫 번째 과정은 정보기술을 활용하여 변화를 일으키는 과정이다. 그러나 정보기술을 도입하는 것만으로는 바람직한 사회상태가 저절로 구현되는 것은 아니다. 정보기술로 인한 변화가 사회변화로 정착되기 위해서는 많은 시간과 관련 분야의 변화가 동시에 수반되어야 한다. 두 번째 과정은 정보기술로 인하여 촉발된 변화가 관련된 변화를 유발하는 과정이다. 관련된 법, 제도, 관행, 인식, 행정체계 등의 변화가 수반되어야만 비로소 정보기술을 통한 변화가 완성된다.

정보기술을 활용한 정책혁신을 추진하는 과정에서는 정부부처와 민간기관 등을 포함한 다양한 이해관계자들이 참여하게 된다. 그러나 정책혁신은 기존의 세력균형과 이해관계에 많은 변화를 필수적으로 동반하게 되므로 변화를 추구하는 집단과 이에 저항하는 집단 간에 갈등을 수반하게 된다. 정보화 추진과정에서 참여자 간의 이익갈등은 정보화 추진을 지연시키는 중요한 요소로 지적되고 있다. 이러한 점에서 볼 때 정보기술을 활용한 정책혁신을 성공적으로 추진하기 위해서는 정보화의 기술적 측면뿐만 아니라 정치적 측면을 함께 고찰 할 필요가 있다. 그러나 우리나라의 그동안 정보화 추진과정을 살펴보면 지나치게 기술적 측면만을 강조하고 정치적 측면을 간과함으로써 정책혁신이 지연되거나 실패하는 경우가 많았다.

이 책은 그러한 점을 인식하고 정보화의 정치적 측면에 초점을 맞추어 관련 행위자들의 이익(선호) 및 상호작용, 그들 간의 연계구조가 정책혁신의 확산에 어떤 영향을 미치는지에 대하여 분석을 하였다. 분석도구로는 정부와 민간부문 행위자들 간의 연계망인 '정책네트워크 모형'을 활용하였다. 그러나 정책네트워크 분석이 현실에 존재하는 네트워크를 상세히 묘사하는 단계를 넘어서 정책결과에 대하여 좀 더 설득력 있는 설명을 할 수 있도록 하기 위해서는 개별 행위자들의 이익(선호)을 분석할 수 있는 미시적 수준의 '행위자 모형'과 결합될 필요가 있다. 이를 위하여 본 연구는 제도적 제약 하에서 행위자들의 이익(선호)과 상호작용을 분석하여 정책과정을 설명하는 합리적 선택 제도론적 시각에서 정책네트워크를 분석하였다. 즉 정책네트워크를 비공식적인 제도로 보는 관점에 따라 그러한 제도적 제약 하에서 행위자들의 이익(선호)과 그들 간의 전략적 상호작용이 정책혁신의 도입 및 확산에 어떻게 영향을 미치는 지에 대하여 분석하였다.

구체적인 사례로는 1990대 초반 우리나라 교통 분야의 정책혁신으로 도입된 지능형교통시스템(ITS)을 선정하여 ITS 하위시스템의 도입 및 확산사례를 분석하였다. 분석대상이 되는 하위시스템으로는 확산이 급속히 이루어지고 있는 무인과속단속시스템, 집행체제 내부에서 확산이 지체되고 있는 자동통행요금징수시스템, 정책대상 집단으로 확산이 지체되고 있는 화물운송정보시스템 등 세 가지 사례를 선정하여 분석하였다.

이 책은 기본적으로 저자의 박사학위 논문을 토대로 구성하였다. 제4장 사례분석의 제1절 무인과속단속시스템의 확산사례는 「한국정책학회보」 제13권 제3호에 발표한 논문을, 제2절 자동통행요금징수시스템의 확산지체 사례는 「국토연구」 45권에 발표한 논문을, 제3절 화물운송정보시스템의 확산지체 사례는 「물류학회지」 제15권 제2호에 발표한 논문을 일부 수정한 것이다. 본 연구는 정책네트워크 모형을 정책혁신의 확산 연구에 적용한 탐색적 연구에 해당된다. 따라서 앞으로 본 연구의 내용을 이론적으로 더욱 정밀하게 보완하고, 다양한 사례에 적용하여 경험적 타당성을 높이는 것이 저자에게 주어진 과제라고 생각한다.

이 책이 나오기까지는 많은 분들의 도움이 있었다. 그 분들께 감사드리지 않을 수 없다. 우선 저자에게 마지막으로 논문을 지도해 주시고 울산대 총장으로 가신 정정길 교수님, 논문 전반의 문제점을 일일이 지적하고 다듬어 주신 노화준 교수님, 제도론적 관점에서 이론적 틀을 만들어 주신 정용덕 교수님, ITS의 기술적 측면에서 논문을 보완해 주신 전경수 교수님, 논문심사 때 많은 조언을 해 주셨던 한성대 정주택 교수님께 감사드린다. 그리고 논문을 쓰는 과정에서 많은 도움을 준 수원대 김용훈 교수, 철도공사 인태명 박사에게도 감사드린다.

저자가 논문을 마무리하기 까지는 건설교통부 내 많은 분들의 배려와 격려가 있었다. 무엇보다도 논문을 쓸 수 있도록 여건 조성과 많은 격려를 해 주신 권도엽 실장님의 은혜에 깊이 감사드린다. 양성호 전임 국장님, 이석암 전임 청장님, 김태호 과장님의 많은 배려도 잊을 수 없다. 아울러 이 책의 출간을 흔쾌히 맡아주신 한국학술정보(주) 채종준 사장님, 황명현 팀장님, 또한 책의 편집과 디자인에 많은 수고를 해 주신 관계자 여러분께도 감사드린다.

끝으로 저자의 게으름과 무능함으로 인해 논문 쓰는데 지루하게 소모했던 기나긴 시간들을 함께 인내하고 지켜 봐 준 저자의 가장 소중한 아내와 딸 수민에게 사랑한다는 말을 꼭 전하고 싶다. 그리고 아직도 둘째 아들의 성공을 기도하고 계시는 연로하신 우리 부모님, 항상 건강하시고 오래 오래 사시기를 간절히 바라면서 이 책을 두 분께 바친다.

2005년 7월
김성제 씀

목 차

표 목 차

그림 목차

제1장 서 론

제1절 연구의 목적

오늘날 정보화 사회를 맞이하여 세계 각국은 첨단 정보기술(IT)을 활용하여 교통체증, 환경오염, 주택부족 등 기존의 사회분제를 해설하려는 경향이 증대하고 있다. 신기술을 활용한 정책혁신(policy innovations)이 선진국에서 성공적으로 이루어진 경우, 유사한 사회문제를 경험하고 있는 다른 국가들도 그러한 신기술들을 국내에 도입하여 적용하려고 한다.[1] 그러나 많은 경우 선신국과는 나른 징책결과를 니타내고 있다. 정책을 추진하는 과정에서 혁신의 확산 양태도 상이하다. 어떤 경우에는 당초 예상보다 혁신이 급속히 확산되는 반면에, 또 어떤 경우에는 혁신의 확산이 지체되거나, 심지어는 제대로 시행도 해보지 못한 채 초기에 혁신이 폐기되어 버리는 경우도 있다.

그렇다면 어떤 요인들 때문에 그러한가? 기존 정책이론에서는 이것을 정책혁신의 확산을 좌우하는 요인으로 설명하고 있는데, 주요 엉향요인으로는 지방정부 간 상호자용, 지역적 근접성에 근거한 모방, 지방정부 고유의 사회경제적·정치적 요인(도시화, 산업화, 주민 1인당 소득, 정당 간 경쟁 등) 등을 들고 있다(Berry & Berry, 1999;

---

1) 예컨대, 우리나라에서 IT기술을 활용한 정책혁신 사례들로는 1990년대 초 이후 각 부처에서 추진하고 있는 지능형교통시스템(ITS) 구축사업, 국가지리정보시스템(GIS) 구축사업, 환경종합정보화사업, 사회보험통합시스템 구축사업, 지역정보화사업, 국가재정정보시스템 구축사업, 전자상거래활성화사업, 금융정보화사업 등을 들 수 있다. 정보통신부(1999), 「사이버코리아21」.

18

Mooney & Lee, 1995; Collier & Messick, 1975; Walker, 1969; 남궁 근, 1994).

그러나 기존 연구들은 여러 가지 한계를 가지고 있는데, 그들 가운데 중요한 것들을 들면 다음과 같다. 첫째, 확산과정의 '존재'를 설명할 뿐, 그러한 과정이 '왜' 그리고 '어떻게' 이루어지는지를 설명하지 못하고 있다. 즉 혁신과 관련된 행위자들이 어떠한 동기에서 혁신을 채택하거나 거부하는지, 그리고 지리적 요인이나 사회경제적·정치적 환경이 어떠한 매개경로를 거쳐 혁신의 확산에 영향을 미치는지를 설명하는 데에 한계가 있다. 이러한 현상을 설명하기 위해서는 실제로 혁신을 채택하는 사람들의 행동을 설명할 수 있어야 하는데(Walker, 1969: 887), 혁신에 대하여 행위자들이 어떠한 이익과 선호를 가지고 정책과정에 참여하고, 그들 간의 상호작용의 양태가 혁신의 확산에 어떠한 영향을 미치는지를 분석할 수 있어야 한다.

둘째, 혁신과 관련된 행위자들은 혁신의 도입을 둘러싸고 정책과정에 참여함으로써 새로운 정책네트워크를 형성하고, 기존의 정책네트워크 내 행위자들도 혁신의 도입과정에 참여함으로써 영향력을 행사하려고 한다. 그러나 기존의 연구들은 혁신의 도입을 둘러싸고 정책네트워크의 구조적 특성이 어떻게 변화하고, 이러한 네트워크의 구조 변화가 혁신의 도입 및 확산에 어떠한 영향을 미치는지를 설명하지 못하는 한계가 있다. 특히 기존의 정책네트워크는 오랜 기간 동안 행위자들 간의 관계가 지속되면서 하나의 비공식적인 제도를 형성하고 있는데, 이러한 비공식적인 제도가 행위자들의 선호에 어떻게 영향을 미쳐 혁신의 도입 및 확산에 영향을 미치는 지를 기존의 이론은 설명하지 못한다.

셋째, 정책혁신은 그 자체가 목적이 아니라 혁신을 통한 바람직한 사회변화를 도모하기 위한 수단임에도 불구하고, 기존 연구들은 혁신의 채택단위를 정부로 국한하여 정책결정단계를 위주로 분석하고 있기 때문에 정부 내부 또는 사회집단에 혁신이 어떻게 확산되는지를 설명하지 못한다. 이러한 현상을 설명하기 위해서는 혁신의 채택단위를 정책집행자나 정책대상집단으로 확대하여 그들이 어떤 동기 및 선호에 따라 혁신을 채택하는지를 설명할 수 있어야 한다.

본 연구는 정책혁신의 도입 및 확산에 영향을 미치는 행위자들 간의 상호작용 관계를 분석하는 데에 '정책네트워크 모형'을 분석도구로 삼고 있다. 그러나 정책네트워크 분석이 현실에 존재하는 네트워크를 상세히 묘사하는 단계를 넘어 정책결과에 대하여 좀 더 설득력 있는 설명을 할 수 있기 위해서는 개별 행위자들의 선호(이익)를 분석할 수 있는 '행위자 모형'과 결합되어야 한다. 이를 위하여 본 연구에서는 제도적 제약 하에서 행위자들의 선호(이익)와 상호작용을 분석하여 정책과정을 설명하는 합리적 선택 제도론적 시각에서 정책네트워크를 분석하였다. 이러한 접근방법은 미시적 기초로서 행위자를 분석할 수 있을 뿐만 아니라 이들을 제약하는 거시적 구조나 제약을 동시에 분석할 수 있기 때문이다. 본 연구는 정책네트워크를 제도로 보는 관점에 따라 '정부와 조직화된 이익 사이의 상호작용을 규제하는 일련의 비공식적인 규칙'으로 정의하고, 그러한 제도적 제약 하에서 행위자들의 선호(이익)와 그들 간의 전략적 상호작용이 정책혁신의 도입 및 확산에 어떠한 영향을 미치는지에 대해 분석하였다.

구체적인 사례로는 교통정책 분야에서 정책혁신으로 추진되고 있는 지능형교통시스템(ITS; Intelligent Transport Systems)을 선정하여, ITS와 관련된 정책네트워크가 어떻게 형성되어 변화하고, 제도화된 기존 정책네트워크의 구조적 제약 하에서 행위자들의 선호(이익) 및 상호작용의 양태가 ITS의 도입 및 확산에 어떻게 영향을 미치는지를 묘사(description)하고, 설명(explanation)하였다. ITS란 전자·통신 등 첨단기술을 도로·차량·화물 등 교통체계의 구성요소에 적용하여 교통시설의 이용효율을 극대화하고, 교통이용의 편의와 교통안전을 제고하는 차세대 교통시스템을 말한다. 교통정책분야에서 ITS의 도입은, 각국이 당면하고 있는 심각한 교통체증, 교통사고, 물류비용 등 교통문제를 해결하는데 기존의 교통정책으로는 한계가 있다고 인식되면서 출발하였다. 즉 ITS는 기존의 교통시설 확장의 공급위주 정책이나 수요관리정책으로부터 탈피하여 첨단기술을 활용하여 기존 교통시설을 효율적으로 운영하고자 하는 정책아이디어에 따라 1980년대 중반부터 유럽, 일본, 미국 등 선진국에서 정부가 주도하여 전략적으로 추진하고 있는 정책혁신이다.

우리나라에서도 1993년 11월 대통령비서실 사회간접자본(SOC) 투자기획단에서 정부차원에서 ITS를 도입하기로 결정한 이후 전문연구기관에 의한 연구용역 및 관계부처 협의를 거쳐 1997년 9월 국가 ITS기본계획을 확정하였다. 동 기본계획에 따라 관련부처 및 지자체, 정부투자기관, 그리고 민간부문의 역할 분담이 정하여지고, 각각의 추진주체별로 ITS의 하위 시스템 구축 사업을 추진하게 되었다. 그러나 ITS 하위 시스템별로 추진과정을 살펴보면 당초 예상보다 급속하게 확산되는 경우, 확산이 지체되거나, 폐기되어 버리는 경우 등 확산의 양태가 매우 다양하게 나타나고 있다. 그렇다면 왜 동일한 ITS군(群)에 포함되면서도 ITS 하위 시스템들의 확산양태가 이와 같이 상이하게 나타나는가? 본 연구는 이러한 문제의식 하에 ITS 하위 시스템의 도입 및 확산과정을 살펴보고, 이 과정에 영향을 미친 요인에 대하여 정책네트워크를 중심으로 분석하는데 목적이 있다.

나아가 이러한 분석을 통하여 다음과 같은 기여를 하고자 한다. 첫째, 제도로서 기존 정책네트워크의 제약 속에서 ITS의 도입을 둘러싸고 새로 형성된 정책네트워크의 구조적 특징, 그리고 참여자들의 선호 및 그들 간의 동태적 상호작용 결과가 ITS의 도입 및 확산에 미치는 영향에 대하여 세밀히 분석하고, 확산요인들을 규명함으로써 정책이론의 발전에 기여하고자 한다. 둘째, 정책실제상으로 ITS 구축사업 추진과정에서 나타나는 문제점들을 분석하고, 개선방

안을 제시함으로써 ITS를 효과적으로 확산시킬 수 있는 전략을 수
립하는 데 기여하고자 한다. 나아가 본 연구결과를 통하여 얻은 정
책적 시사점을 통하여 관련 정보화 정책을 추진하는 데 있어서 시
행착오를 줄임으로써 정책목표를 좀 더 효과적으로 달성하도록 하
는 기초를 제공하고자 한다.

제2절 연구의 범위와 방법

1. 연구의 범위

본 연구는 신기술을 활용한 정책혁신의 도입 및 확산과정을 설명
하는데 있어서 ITS를 사례로 선정하여 분석하였다. 특히, ITS의 다
양한 하위 시스템들 중에서 당초 도입계획과 비교했을 때 확산양태
가 상이하게 나타나고 있는 세 가지 사례, 즉 급속한 확산이 이루
어지고 있는 무인과속단속시스템(ATES), 집행체제 내부에서 확산
이 지체되고 있는 자동통행요금징수시스템(ETCS), 정책대상집단으
로 확산이 지체되고 있는 화물운송정보시스템(CVO) 등의 사례를
분석대상으로 선정하였다.

본 연구는 ITS라는 신기술의 도입 및 확산에 미친 영향을 정책
네트워크 측면에서 분석하기 때문에 특히 제도화된 정책네트워크의
구조적 제약 하에서 관련 행위자들의 정책선호와 상호작용의 양태
(협조적 또는 갈등적)가 ITS의 도입 및 확산에 어떻게 영향을 미쳤
는지에 대하여 중점적으로 분석하였다. 정책과정에 참여하는 행위
자들 간의 역동적 관계를 분석하는데 있어서는 개인들 간의 상호작

용 측면에서 보다는 중앙부처, 지자체, 정부투자기관, 전문연구기관, 민간기관 등 전략적 의사결정능력이 있는 공식적인 조직 또는 집단들 간의 상호작용을 중심으로 분석하되, 대학교수 등이 개인적으로 참여하는 경우에는 분석의 범주에 포함시켰다.

본 연구에서 ITS를 정책혁신의 도입·확산과정을 설명하기 위한 사례로 선정한 이유는 다음과 같다. 첫째, ITS 구축사업은 우리나라에서 이전에 시행경험이 없는 교통 분야의 새로운 정보화 사업이라는 점에서 정책혁신의 도입 및 확산과정에 영향을 미치는 요인들을 분석할 수 있다. 둘째, ITS의 구축과정에는 교통·정보·통신 등과 관련된 다부처·다조직이 참여하기 때문에 이들 다양한 행위자들 간의 동태적인 상호작용의 양태가 정책결과에 어떤 영향을 미치는지를 분석할 수 있다. 셋째, ITS와 같은 첨단 정보기술을 활용한 정책영역에서는 정책네트워크의 특징이 어떻게 나타나는 지를 분석할 수 있다는 점 등이다.

본 연구에서는 우리나라 ITS 하위 시스템의 확산과정을 중심으로 고찰하되, 이 과정에 직·간접적으로 영향을 미친 선진 외국의 ITS 기술동향에 대해서도 함께 비교·검토하였다. 시간적으로는 ITS 도입의 배경이 된 정책문제의 분석 필요성에 따라 1980년대 중반부터 분석하되, 분석의 초점은 ITS 도입결정이 이루어진 1990년대 초반 이후부터 2004년 말까지의 시기에 두고 있다.

2. 연구의 방법

본 연구의 주된 초점은 ITS라는 새로운 정책이슈를 둘러싸고 정책네트워크가 어떻게 형성되고 변화하며, 비공식적인 제도로서 기존 정책네트워크의 제약 하에 행위자들의 정책선호 및 그들 간의 상호작용의 양태에 따라 ITS의 도입·확산의 양태가 어떻게 달라지는지를 분석하는 것이다. 이러한 분석을 위하여 본 연구에서는 문헌연구를 중심으로 한 이론적 분석과 사례연구방법을 병행하였다.

먼저 지능형교통시스템(ITS), 혁신의 확산, 신제도주의 및 정책네트워크 이론에 관한 국내외 주요 학술서적 및 논문의 검토 작업을 통하여 주요 개념 및 정책학적 의의를 도출하고, 본 연구의 이론적 분석도구로 활용할 수 있도록 재정리하였다. 이론적 분석에 활용된 문헌자료는 국내외 학술서적, 논문의 조사, 인터넷 자료조사 등을 통하여 수집하였다. 본 연구의 분석틀은 이러한 다양한 이본석 개념들을 검토한 후 연역적인 추론의 과정을 거쳐 작성되었다.

다음으로 본 연구는 ITS의 도입·확산과정에 대한 사례연구[2]를 병행하고 있다. 본 연구는 ITS라는 단일사례연구에 해당되지만, 구체적으로는 ITS에 포함되는 세 가지 하위 시스템의 구축사례를 분석하고 있기 때문에 다수사례연구에 해당된다. 본 연구에서는 이러한 개별 사례들을 심층적으로 분석한 후 각각 사례의 유사점과 차이점들을 비교·검토하고 그 차이가 존재하는 경우 그 원인분석을 병행하였다.

사례연구에 필요한 기초 자료는 먼저 문헌조사에 의존하였으며, 자료는 관련 부처와 사업추진기관의 보고서 및 정책계획서, 공문서, 회

---

2) 사례연구(case study)란 연구대상과 환경사이의 경계가 명확하게 구분되지 않고 연구자가 연구대상에 어떤 통제도 가할 수 없는 실제 생활외 상황 속에서 '어떻게'와 '왜'라는 질문이 제시된 경우, 연구자가 실제적인 현상을 다수의 증거를 사용하여 연구하는 경험적 조사연구를 말한다(Yin, 1994: 1). 사례연구는 기존 연구가 많지 않은 초기단계에서 한정된 특수한 대상에 대해 포괄적이고 심도 있는 연구를 통해 선행연구의 틀을 보완하거나, 가설적 수준이지만 이론적 명제를 도출하려고 할 때 많이 사용되고 있으며, 특히 인간집단의 내면생활이나 사회문화적·제도적 배경 등을 포함한 맥락적 연구를 하는 데에 있어서 적합한 연구방법으로 인식되고 있다.

의자료, 기관내부자료, 정부연구기관 및 민간연구기관의 보고서, 그리고 인터넷자료, 신문자료 등의 조사를 통하여 수집하였다.

그리고 문헌자료의 애매성이 존재하여 이를 보완하고, 정책참여자들의 이면적인 이해관계 및 그들 간의 상호작용의 측면을 조사하기 위하여 정책담당자 및 관계자들을 중심으로 한 비구조적인 면접(interview)의 방법을 주로 사용하였다. 면접조사는 2003년 3월∼6월, 2005년 3월∼6월 두 차례에 걸쳐 실시하였으며, 관련 이해관계자와 직접면접 및 전화면접, 전자우편교환 등을 통하여 실시하였다. 면접대상자는 정책을 담당하고 있거나 직접 관련이 있는 정부공무원, 사업추진기관의 담당자, 연구소의 연구원, 대학교수, 민간사업자 등을 중심으로 실시하였으며, 가능한 한 ITS의 도입을 둘러싸고 나타난 참여자들의 선호, 그들 간의 상호작용의 양태, 역학관계에 대한 심층적 조사를 하도록 노력하였다. 그리고 면접의 내용이 다른 자료나 다른 면접대상자의 면접결과와 다른 경우에는 문헌자료 확인이나 재면접 등을 통하여 오차를 제거하고자 하였다.

본 연구는 구체적으로 다음과 같은 절차를 통하여 진행하였다. 먼저, ITS의 개념 및 구성요소 등에 대하여 개괄적으로 살펴보고, 정책혁신의 확산에 관한 선행연구를 비판적으로 검토한 후, 연구를 위한 이론적 기초로서 신제도주의와 정책네트워크에 관한 이론들을 고찰하였다. 이와 같은 이론적 토대 하에 연구를 위한 분석의 틀을 구성하였다. 다음으로, 우리나라에서 ITS 하위 시스템의 세 가지 구축사례를 선정하여 먼저 문헌조사를 통하여 사례를 검토하고, 다음으로 정책추진과정에 직접 참여했던 정책관련자들과의 면접을 시행한 후 조사결과를 분석하였다. 분석결과를 토대로 하여 각 사례별 비교분석과 이론적·정책적 시사점을 도출한 후, 마지막으로 본 연구의 한계에 대하여 언급하였다.

제2장 연구의 이론적 배경

본 연구는 기존 교통문제를 해결하기 위한 정책혁신으로서 지능형교통시스템(ITS)의 도입 및 확산에 미친 정책네트워크의 영향을 신제도론적 관점에서 분석하는 것이다. 따라서 이 장에서는 먼저 ITS의 개념 및 주요내용에 대하여 살펴보고, 정책혁신의 확산에 관한 선행연구들 비판적으로 검토한 후, 본 연구의 이론적 기초로서 신제도주의와 정책네트워크 이론들을 고찰하였다.

제1절 지능형교통시스템(ITS)의 개요

1. ITS의 의의

가. ITS의 개념

지능형교통시스템(ITS; Intelligent Transport Systems)이란 '전자·통신·제어 등 첨단기술을 도로·차량·화물 등 교통체계의 구성요소에 적용하여 실시간 교통정보를 수집·관리·제공함으로써, 교통시설의 이용효율을 극대화하고, 교통이용의 편의와 교통안전을 제고하고, 에너지 절감 등 환경친화적 교통체계를 구현하는 21세기형 교통시스템'을 말한다(건설교통부, 2000a: 1).

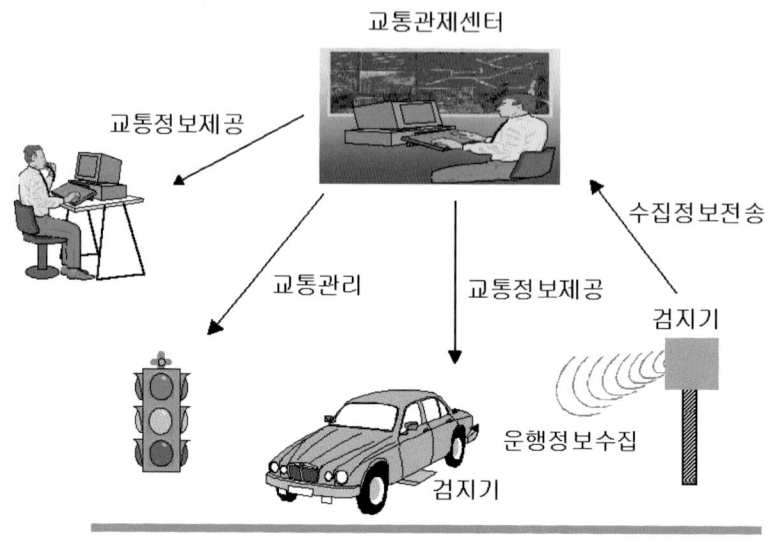

교통관제센터

교통정보제공

수집정보전송

교통관리

교통정보제공

검지기

운행정보수집

검지기

<그림 2-1> ITS 개념도

ITS는 <그림 2-1>에서 보는 바와 같이 노상이나 노변에 교통정보 수집 장비(검지기)를 설치하여 차량운행 상황정보를 수집하고, 이를 유·무선 통신방식으로 교통관제센터에 전송하여 주면, 교통관제센터에서 신호기 등 교통시설을 자동으로 조작하거나 가변정보판, 인터넷, ARS 등을 통해 실시간으로 이용자에게 교통정보를 제공하여 주는 개별 시스템들이 유기적으로 연계된 통합시스템이다. 따라서 ITS는 도로 등 교통체계 기반시설에 전자·통신 등 광역적인 인프라의 구축을 통해 서비스가 가능하며, 여러 분야의 기술과 시스템이 통합·연계되어 교통이용자에게 서비스가 제공된다.

ITS는 1980년대 중반 이후 미국, 일본, 유럽 등 선진 각국에서 교통체증, 교통사고 등 사회가 당면하고 있는 심각한 교통문제를 해결하는데 기존의 교통시설 공급위주 정책으로는 한계가 있다고 인식되면서, 첨단기술을 활용하여 기존 교통시설을 효율적으로 운영함으로써 교통소통의 개선 및 안전을 증진하고자 제시된 교통정책의 새로운 패러다임이다(원제무, 1998: 692).

나. ITS의 특성

정부에서 새로 도입하고자 하는 기술의 특성이 어떠하냐에 따라 정책추진체계의 구성 및 운영원리 등이 달라지므로 ITS 기술과 관련된 본질적 특성을 이해할 필요가 있다. ITS의 구축정책은 정보기술을 교통 분야에 활용하는 정보화정책의 일종이기 때문에 정보화정책이 갖는 일반적인 특성(김동욱외, 1998: 20-21; 한국전산원, 1997: 36-38)을 공유하고 있다.

첫째, ITS는 통신, 전자, 제어 등 다양한 분야의 첨단기술들로 구성되어 있다. 따라서 관련 집단들이 ITS에 대한 지식과 기술(technology)을 어느 정도 이해하고 있느냐에 따라 ITS 도입 및 구축과정에 영향을 미친다.

둘째, ITS는 다양한 기술이 상호 연계되어 있고, 기술의 통합과 분화가 급속히 이루어지고 있다. 따라서 ITS 도입 및 구축 과정에서는 여러 정부부처, 지방자치단체, 연구기관, 민간기업 등 다부처·다조직이 참여하게 된다. 기존의 대부분 정책들은 하나 또는 소수의 정부부처들에 의하여 단일 방향적으로 추진되거나, 복수의 기관들이 함께 참여하더라도 하나의 기관이 주도하고 다른 기관들은 보조적인 역할을 맡았으나, ITS 도입 및 시스템 구축과정에서는 관련기관들이 어느 정도 일정한 권한을 공유한 채 참여한다는 점에서 차이가 있다. 그러므로 ITS 도입 및 시스템 구축과정에 참여하고 있는 여러 조직들 사이의 관계 및 조정의 원활성이 그 성과에 큰 영향을 미친다.

셋째, ITS의 단계적 확산성을 들 수 있다. 즉 ITS는 기술개발, 기술의 검증, 시스템의 구축, 서비스의 제공 등 다단계의 연속적·

장기적 행위를 통하여 이루어지며, 시간의 흐름에 따라 제공서비스의 범위도 갈수록 확대된다는 데에 그 특성이 있다. 따라서 ITS의 성공적인 도입 및 확산을 위해서는 최종적인 제공서비스의 활용이라는 성과 지향적인 절차가 계획되고 진행되어야 한다.

넷째, ITS는 정보기술 발전의 급속성으로 인하여 그 수명주기가 점차로 짧아지고 있기 때문에 ITS의 확산과정 및 그 결과의 예측이 불확실하다. 이것은 ITS의 도입 및 구축정책의 구체적인 목표를 설정하는 것이 매우 어렵고, 그러한 목표들을 기술의 수명주기 내로 연동화 하는 작업이 필요하다는 것을 의미한다. 또한 급속한 기술변화의 속도가 정책의 내용 및 결과에도 직접적인 영향을 미치기 때문에 급변하는 기술을 적시에 흡수할 수 있는 신축적인 조직운영이 필요하다는 것을 의미하기도 한다. 즉 계층제적 질서에 따른 전통적 조직구성원리가 아니라, 신속하고 융통성 있는 조직설계원리를 모색하여야 한다.

다. ITS의 제공서비스

『지능형교통시스템기본계획21』에서는 ITS가 제공하는 서비스를 크게 ⅰ) 교통관리 최적화 서비스, ⅱ) 전자지불 처리서비스, ⅲ) 교통정보 유통활성화 서비스, ⅳ) 여행자정보 고급화 서비스, ⅴ) 대중교통 활성화 서비스, ⅵ) 화물운송 효율화 서비스, ⅶ) 차량 및 도로 첨단화 서비스 등 7가지 분야로 나누고, 이에 따라 18개 서비스, 62개 단위서비스로 구분하고 있다(건설교통부(2000a: 4-31)).[3]

---

3) ITS 제공서비스의 자세한 내용은 교통개발연구원외(1999) 「ITS 기본계획 수정·보완 및 ITS 사업비용/효과분석 모형개발과 검증」을 참조.

<표 2-1> ITS 분야별 제공서비스

서비스분야	서 비 스	단 위 서 비 스
교통관리 최적화	교통류 관리	·실시간 교통제어, 고속도로·광역 교통류 제어, 교통제어 정보제공
	돌발 상황 관리	·돌발 상황 탐지 및 대응 조치, 긴급차량 운행관리 지원
	자동 교통단속	·속도·버스전용차로·차선·신호위반 및 과적 차량 단속
	교통공해 관리지원	·교통공해 관리지원
	교통시설 관리지원	·교통시설 유지 및 운영 관리 지원
전자지불 처리	통행료 전자지불	·유료도로 통행료·혼잡통행료 전가지불
	요금 전자지불	·대중교통요금·주차요금 전자지불
교통정보 유통활성화	기본정보 제공 교통정보 관리·연계	·기본 교통정보 제공 ·교통정보 연계
여행사성보 고급화	차량 여행자 부가정보 제공	·여행자정보 제공, 출발 전 여행정보 제공, 운전 중 교통정보 제공, 주행안내, 주차정보 제공
	비차량 여행자 부가정보 제공	·보행자·자전거·장애자 경로안내, 기타 부가정보 제공
대중교통 활성화	대중교통 정보 제공	·시내버스·고속버스·시외버스 정보 제공
	대중교통 관리	·시내버스·고속버스·시외버스 운행관리, 좌석 예약관리, 환승요금 관리, 대중교통 안전관리 및 시설관리
화물운송 효율화	물류정보 관리	·화물 추적관리, 화물 운행관리, 화물차량 안전관리 지원, 화물차량 경로안내
	위험물차량 관리	·위험물사고처리, 위험물 관리, 위험물차량 경로안내 및 관리
	화물 전자행정	·화물 전자통관, 화물 전자행정
차량 및 도로 첨단화	안전운전 지원	·사고발생 자동 경보, 차량 전후방·측방 및 교차로 충돌 예방, 철도 선닐목 안전 관리, 감속도로구간 안전 관리, 차량안전 자동진단, 보행자 및 장애자 안전지원, 운전자 시계향상, 위험운전 방지
	자동운전 지원	·차량간격 제어, 자동조향 운전, 군집운행

자료: 건설교통부(2000: 4-9), 「지능형교통시스템기본계획21」.

첫째, ITS의 교통관리 최적화 서비스는 교통량 변화에 따른 자동 신호제어, 돌발 상황에서 신속한 처리, 무인 자동교통단속 등을 통하여 교통흐름을 최적으로 유지하는 교통관리 서비스를 말한다.

둘째, ITS의 전자지불 처리서비스는 첨단기술을 활용하여 유료도로통행료, 혼잡통행료 등을 주행상태에서 자동으로 징수하고, 시내버스·지하철·택시 등 대중교통요금 등을 자동으로 징수하는 서비스이다. 이는 톨게이트에서의 교통 혼잡을 최소화하고, 전국 어디서나 교통요금을 자동으로 지불 가능토록 함으로써 교통이용의 편의를 증진하고자 하는 서비스이다.

셋째, ITS의 교통정보 유통활성화 서비스는 수도권 등 권역별 교통정보센터를 구축하여 불특정 다수의 이용자에게 교통소통, 교통사고, 도로공사, 기상변동 등 기본적인 교통정보를 제공하는 서비스이다.

넷째, ITS의 여행자정보 고급화 서비스는 도로 운전자에게 출발전 및 운전 중에 목적지까지의 최적경로 정보를 제공하고, 보행지·자진거·장애사 붕에게 여행경로 정보를 제공함으로써 통행시간 최소화와 통행편의를 도모할 수 있는 서비스이다.

다섯째, ITS의 대중교통 활성화 서비스는 시내·시외·고속버스 등 대중교통 이용자에게 노선정보, 환승정보, 대중교통 안내, 버스도착 예정시간 등의 정보를 실시간으로 제공하고, 운수회사에게는 실시간 운행정보를 제공하여 차량·배차 및 운전자 관리를 효율화할 수 있도록 하는 서비스이다.

여섯째, ITS의 화물운송 효율화 서비스는 화물차 및 화물의 위치·종류·적재량 등을 계속 추적 관리하여 화물운송업체 등에게 각종 물류정보를 제공함으로써 공차 운행률을 최소화하고, 효율적인 차량 배차관리를 가능토록 하며, 위험물 적재차량 관리 및 화물통관절차의 자동화 및 행정처리를 최적화하는 서비스이다.

일곱째, ITS의 차량 및 도로 첨단화 서비스는 장기적으로 차량과

도로의 첨단화를 통해 차량간격의 자동제어, 전후방·좌우측 자동
충돌 방지 등 교통안전을 증진하고, 궁극적으로 운전자의 조작 없
이 무인 자동운전이 가능하도록 지원하는 서비스이다.

라. ITS의 구성 시스템

ITS라는 상위 시스템은 그것이 제공하는 서비스 구현을 위하여
크게 보아 ⅰ) 첨단교통관리시스템(ATMS), ⅱ) 첨단교통정보시스
템(ATIS), ⅲ) 첨단대중교통시스템(APTS), ⅳ) 첨단화물운송시스템
(CVO), ⅴ) 첨단차량 및 도로시스템(AVHS) 등 5개 분야의 하위
시스템으로 구성되어 있으며, 이들 하위 시스템의 주요 특징과 내
용은 다음과 같다(이규방외, 1998; 292-295, 원제무, 1998; 694-696;
건설교통부, 1997: 24-40).

(1) 첨단교통관리시스템

첨단교통관리시스템(ATMS; Advanced Traffic Management Sys-
tem)은 시내도로, 고속도로, 국도상의 교통소통을 원활히 하고 안전사
고를 예방하기 위하여 ⅰ) 교차로에서의 실시간 신호제어시스템, ⅱ)
신속한 사고감지 및 처리기능의 사고처리시스템, ⅲ) 속도 및 버스전
용차로 위반차량 등에 대한 자동교통단속시스템, ⅳ) 통행료 및 혼잡
통행료 등을 자동으로 징수하는 자동통행요금징수시스템, ⅴ) 가변정
보판 등을 이용한 도로변의 교통정보시스템 등을 구축하여 교통흐름
을 제어하는 시스템이다.

(2) 첨단교통정보시스템

첨단교통정보시스템(ATIS; Advanced Traveler Imformation System)은 운전자에게 도로 및 교통에 관련된 각종 정보를 제공하여 도로 및 주변시설물을 효과적으로 이용할 수 있도록 하는 정보제공 시스템이다. 운전자에게 제공되는 정보에는 실시간(real-time) 교통상황정보, 도로 및 주변시설물 정보, 연계교통수단 정보, 도로여건 및 교통규제상황 정보 등이 포함된다. 현재 개발되고 있는 정보전달 매체로는 차량 내 차량항법장치, 전화 ARS, PC통신, 문자다중방송, 도로상의 가변전광판 등이 있다. 첨단교통관리시스템이 효율적 교통관리를 위한 것이라면, 첨단교통정보시스템은 운전자에게 도로이용의 편의를 제공하기 위한 것이라고 할 수 있다.

(3) 첨단대중교통시스템

첨단대중교통시스템(APTS; Advanced Public Transportation System)은 시내·시외·고속버스 등 대중교통이용자의 교통서비스를 향상시키기 위한 시스템이다. 즉 대중교통수단에 ITS 기능을 결합시켜 운행일정, 차량위치정보 등을 이용자와 관리자 양측에 제공[4]하여 버스·지하철 등 대중수송수단의 효율적인 이용을 가능하게 하는 시스템이다. 제공되는 주요 정보에는 대중교통수단의 운영계획 및 노선, 구간별 주행 소요시간, 실시간 운행현황, 정류장 도착예상시간, 환승안내 등이 포함된다.

(4) 첨단화물운송시스템

첨단화물운송시스템(CVO; Commercial Vehicle Operation)은 효

---

4) 정보 수집 장비에는 각종 무선 송·수신 시설과 대중교통수단의 위치를 추적·확인하는 자동차량인식시스템(AVI; Automatic Vehicle Identification), GPS 등이 있으며, 이용자나 운전자들에게 정보를 전달하는 시스템으로는 정류장의 Kioski나 차량에 설치되는 수신장치(단말기)가 있다.

율적인 화물운송체계 및 위험물차량에 대한 특별관리체계의 구축을 목표로 한다. 여기에는 ⅰ) 화물 및 차량에 대한 위치를 계속 추적 관리하여, 각종 정보를 제공함으로써 공차 운행을 최소화하고 효율적인 차량 배차관리를 도모하고자 하는 화물차량관리시스템과 ⅱ) 위험물을 적재한 화물차량을 추적·감시하고, 돌발 상황 발생시 조난신호를 자동적으로 발신토록 하여 신속한 사고처리체계를 구축하고자 하는 위험물차량관리시스템 등이 포함된다.

(5) 첨단차량 및 도로시스템

첨단차량 및 도로시스템(AVHS; Automated Vehicle & Highway System)은 차량 및 도로에 설치되는 첨단 전자통신 및 제어기기를 통해 차량운행의 안전성과 도로용량의 효율적 활용을 도모하고, 궁극적으로는 무인 자동운전을 목표로 차량과 도로의 통합관리체계를 구축하는 시스템이다.

이와 같이 ITS는 ATMS, ATIS, APTS, CVO, AVHS 등 크게 5개 분야의 하위 시스템으로 구성되며, 이들 하위 시스템들은 다시 다양한 하위 단위시스템들로 세분화된다. 예컨대 첨단교통관리시스템에는 첨단신호시스템, 무인과속단속시스템, 고속도로 교통관리시스템, 국도 교통관리시스템, 자동통행요금징수시스템 등 다양한 하위 단위시스템이 포함되어 있다. 따라서 ITS는 추진주체별로 상호 독립적으로 구축될 수 있는 다양한 하위 단위시스템들을 포괄하는 '상위시스템'의 성격을 띠고 있다.

2. 분석대상 하위 시스템

본 연구에서는 ITS의 하위 시스템으로서 무인과속단속시스템(ATES), 자동통행요금징수시스템(ETCS), 화물운송정보시스템(CVO)의 확산과정에 대한 사례를 분석하고 있다. 여기서는 이들 하위 시스템의 개념 및 제공서비스, 서비스 대상집단, 그리고 서비스 구현을 위한 요소기술에 대하여 간략히 살펴본다.

가. 무인과속단속시스템

무인과속단속시스템(ATES; Automated Traffic Enforcement Systems[5])은 차량의 속도를 측정하여 과속으로 판정되면 위반차량을 촬영한 후 범칙금 고지서를 발부하는 역할을 자동으로 수행하는 시스템을 말하는데, 종래 인력에 의한 단속에서 첨단장비를 활용한 단속으로 전환하여 치명도가 높은 과속교통사고를 예방하기 위하여 활용되는 시스템이다. 이 시스템의 최종서비스 대상집단은 불특정 다수의 운전자가 되며, 집행자들의 시스템 구축과 함께 바로 대상집단에게 규제의 효과를 미치게 된다. 따라서 ATES의 경우에 시스템 확산은 집행자의 순응에 달려 있다고 할 수 있다.

ATES는 ITS 중에서 첨단교통관리시스템의 하위 단위시스템으로서 최근 첨단기술을 활용한 교통사고 감소방안에 대한 관심이 높아짐에 따라 세계 각국이 고속도로 등에 널리 설치·운영하고 있다. 우리나라도 1990년대 초부터 경찰청이 수거식 ATES(아날로그방식)를 도입하여 운영하다가 1990년대 중반부터는 온라인식 ATES(디지털방식)를 도입하여 운영 중에 있다(도로교통안전협회, 1997: 3-4). 여기서 아날로그방식과 디지털방식은 카메라방식을 기준으로

---

5) 자동교통단속시스템(ATES)은 속도위반, 신호위반, 버스전용차로위반 등 각종 법규 위반차량을 사람이 아닌 기계적 장치에 의해 자동으로 단속하는 시스템을 포괄하는데, 본 연구에서 ATES는 무인과속단속시스템을 의미한다.

구분하는 것으로서 전자는 단속차량을 필름 또는 VHS카메라로 촬영·현상하는 방식이며, 후자는 단속차량을 촬영하고 차량번호를 자동으로 처리할 수 있는 방식이다. 다음으로 수거방식과 온라인방식은 단속된 차량자료의 취합 방법을 기준으로 구분하는 것으로서 전자는 데이터를 지역제어장치에 직접 나가 수거하는 방식이며, 후자는 통신을 이용하여 실시간으로 지역제어장치에서 중앙제어장치로 데이터를 전송하는 방식이다(도로교통안전관리공단, 1998: 109-110).

ATES의 작동 절차를 보면 먼저 도로에 설치된 검지기에서 속도 위반차량을 검지한 후 차량, 번호판, 운전자 영상을 촬영한다. 그리고 지역제어기에서 자동번호인식을 거쳐 지역 센터(각 지방경찰청 교통영상단속실)로 정보를 전송하면 지역 센터에서는 차적 조회를 거쳐 차량소유주에게 범칙금 또는 과태료 청구서를 발부하게 된다(도로교통안전관리공단, 2000: 13).

ATES는 지역제어장치, 통신장치, 중앙관제장치로 구성되어 있다(도로교통안전관리공단, 2000: 13-15). 첫째, 지역제어장치는 주행하는 차량의 속도를 차량 검지기[6]를 통하여 파악하며 과속으로 판정시 카메라에 신호를 보내고 촬영하는 기능을 수행한다. 특히, 차량의 속도를 정확하고 일관성 있게 측정해 주는 검지기의 속도 측정 신뢰도는 ATES의 핵심이다. 둘째, 지역제어장치와 중앙관제장치 간에 전용회선을 사용하여 위반차량의 영상자료 및 시간, 속도 등 관련 정보를 전송한다. 통신선로상의 이상 유무는 중앙에서 점검할 수 있다. 셋째, 중앙관제장치는 지역제어장치에서 전송된 위반차량의 데이터를 수신하여 차적 조회를 거쳐 범칙금고지서를 발부하는 기능을 수행한다. 이외에 통신선로상의 이상유무, 지역제어장치의 상태를 원격제어를 통하여 감시할 수 있는 기능을 가진다.

---

6) 차량용 검지기에는 여러 가지 종류가 있으나 현재 무인과속단속시스템에는 루프검지기가 주로 사용되고 있다.

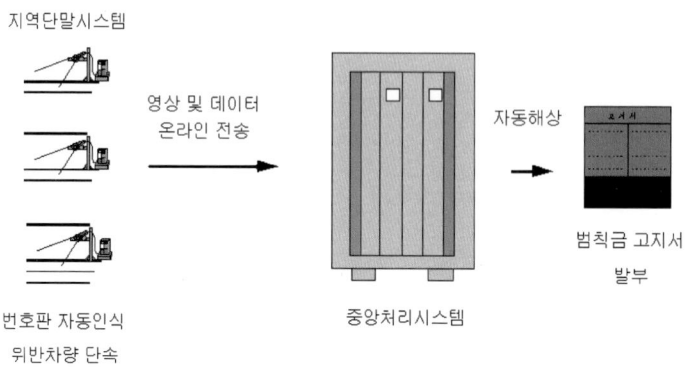

<그림 2-2> 무인과속단속시스템 구성도

나. 자동통행요금징수시스템

자동통행요금징수시스템(ETCS; Electronic Toll Collection Systems)
은 주행 중인 차량을 자동으로 인식할 수 있는 기술(Automatic
Vehicle Identification)을 활용하여 고속도로 등 유료도로의 통행료
또는 혼잡통행료 등을 자동으로 징수하는 시스템을 말한다(건설교통
부, 1997: 14). 이 시스템은 자동차가 통행료 징수지역을 정지하지
않고 통과하면서 자동으로 통행료를 징수하기 때문에 톨게이트 부근
의 교통 혼잡 완화와 운전자의 통행시간 절감 등의 효과를 가져 올
수 있다(건설교통부, 1999: 274). ETCS의 경우 유료도로의 관리자인
집행기관(또는 집행대행기관)이 시스템을 구축하고, 서비스의 대상
집단인 불특정 다수의 운전자가 이 서비스를 이용하여야만 시스템의
확산이 이루어졌다고 할 수 있다. 따라서 ETCS의 확산은 집행기관
뿐만 아니라 최종사용자로서 정책대상집단의 순응에 달려 있다고 할
수 있다.

ETCS는 1970년대 이후 유럽, 미국 등 선진국을 중심으로 지속적
인 기술개발이 이루어져 왔으며, 1990년대 초반 이후에는 기술이

상용화되기 시작하여 최근에는 세계 각국의 고속도로 및 일반도로
에 설치·운영되고 있다. 우리나라에서도 1990년대 중반이후 도로
공사에서 도입을 추진하여, 현재 고속도로 일부 톨게이트에서 시범
적으로 운영되고 있다.

　ETCS는 ⅰ) 통행요금 자동징수 장치와 ⅱ) 차종분류 장치, ⅲ) 위
반차량적발 및 범칙금 자동청구장치 등이 통합된 시스템으로 구성되
어 있다(ITS-Korea, 2001: 2-3). 첫째, ETCS는 차량단말기(On Board
Unit)를 부착한 자동차가 고속으로 톨 광장(Toll Plaza)을 통과할 때
노변(路邊)장치인 안테나와 통신을 함으로써 통행료를 순식간에 자동
징수하기 때문에 차량단말기와 노변장치와 같은 통행요금 자동징수
장치를 갖추고 있어야 한다.

　차량단말기와 노변장치 간의 단거리 전용통신방식으로는 수동 주
파수(Passive Radio Frequency)방식과 능동 주파수(Active Radio
Frequency)방식이 있다(ITS-Korea, 2001: 6-7). 먼저 ⅰ) 수동 주파
수방식은 차량단말기에 주파수 발생장치가 없기 때문에 안테나에서
발생된 주파수를 반사시켜 정보를 전달하는 방식이다. 이 방식은
단말기 가격이 저렴하고 주파수간 간섭이 작아 요금징수에 유리하
나 교통정보 등 다양한 서비스를 제공하는데 한계가 있다. 다음으
로 ⅱ) 능동 주파수방식은 차량단말기 및 안테나 모두 주파수 발생
장치를 가지고 있어 양방향 통신이 가능한 방식이다. 이 방식은 통
신영역이 상대적으로 넓어 주차정보, 교통정보 등 다양한 서비스
제공에 유리하나 단말기 가격이 고가라는 단점이 있다. 전자의 경
우 1990년대 초반 이후 유럽 등에서 상용화되어 비교적 기술이 안
정되어 있으며, 후자의 경우 최근에 일본에서 기술개발에 성공하여
2001년부터 상용화되기 시작하였다. 이와 같은 수동과 능동 간의
통신방식의 차이는 주파수 배분문제와 관련된다. 한편, ⅲ) 적외선
(InfraRed) 방식은 통신매체가 마이크로파가 아닌 光波(빛)로 차량
단말기와 노변장치 간에 통신을 하는 방식이다. 이 방식은 전파간

섭이 없으며 단말기 가격이 저렴하고 통신영역이 넓다는 장점이 있으나, 환경적 요소(눈, 비, 안개)에 약하다는 단점이 있다. 최근 말레이시아, 인도, 브라질 등에서 상용화되고 있다.

둘째, ETCS는 주행 중인 자동차의 차종을 자동으로 구분하는 자동차량분류 장치를 갖추고 있어야 하며, 이러한 기술을 통하여 ITS와 연계 확장시켜 사용할 수 있다.

셋째, ETCS는 차량단말기를 설치하지 않았거나, 차량단말기에 삽입된 IC(집적회로)카드에 금액이 부족한 차량 등 불법 통행차량의 번호판을 촬영하여 범칙금을 청구할 수 있는 위반차량 촬영 장치를 갖추고 있어야 한다.

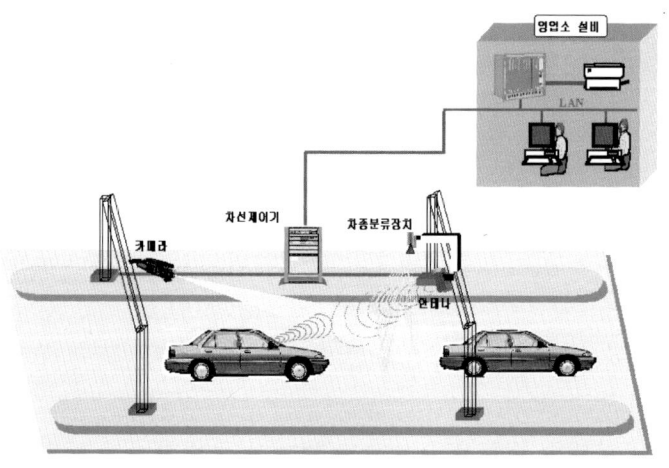

<그림 2-3> 자동통행요금징수시스템 구성도

다. 화물운송정보시스템

화물운송정보시스템(CVO; Commercial Vehicle Operation Systems)은 인공위성을 통한 위치추적시스템(GPS; Global Positioning System),

통신기기 등을 이용하여 화물 및 차량에 대한 위치를 실시간으로 추적·관리하고, 수배송 알선 등 각종 부가서비스를 이용자에게 제공함으로써 화물 및 차량관리의 효율화와 기업의 물류비 절감을 도모하고자 하는 종합정보관리시스템이다. 이 시스템의 서비스 대상집단은 운송업체, 화주기업 등 특정한 집단이 되며, 집행기관의 시스템 구축뿐만 아니라 특정한 대상집단이 서비스를 이용하여야만 시스템의 확산이 이루어졌다고 할 수 있다. 따라서 CVO의 경우에 시스템 확산은 집행기관과 최종사용자로서 정책대상집단의 순응에 달려 있다고 할 수 있다.

CVO는 1990년대 초반 이후 유럽, 미국 등 선진국에서 화물 및 화물차량의 흐름을 원활하게 하여 물류비[7]를 줄이기 위하여 ITS 사업의 일환으로 추진되고 있다. 각국에서 추진하고 있는 CVO의 제공 서비스의 범위는 다양하지만, 일반적으로 화물 및 화물차량관리, 화물차량 전자통관, 차내 안전관리, 노변 자동검색, 위험물차량관리 등의 서비스가 제공되고 있다.

우리나라에서도 1990년대 중반 이후 화물차량의 효율적 관리와 화물운송정보의 공유를 통한 화물운송체계의 효율화와 국가 물류비를 절감하기 위하여 종합물류정보망 사업의 일환으로 CVO를 추진하고 있다. 우리의 경우 1997년 수립된 ITS기본계획에 따르면 CVO의 구축 시스템으로 ⅰ) 화물 및 화물차량 관리시스템과 ⅱ) 위험물차량 관리시스템[8] 두 가지로 나누고 있는데, 본 연구에서는 전자의 구축사례를 중심으로 분석하였다.

---

7) 물류(物流)란 재화가 공급자로부터 수요자에게 전달될 때까지 이루어지는 운송·보관·하역·포장과 이에 필요한 정보통신 등의 경제활동을 말하는데, 물류비(物流費)는 이러한 경제활동을 하는데 들어가는 비용을 말한다.
8) 위험물차량 관리시스템은 위험화물 및 위험물 적재차량의 위치를 실시간으로 추적하여 지정노선 운행감시, 특정지역 운행제한, 사고 발생시 신속한 사고처리 등의 기능을 수행하는 시스템을 말한다.

화물 및 화물차량 관리시스템은 화물과 화물차량에 대한 실시간 위치추적정보를 바탕으로 CVO운영센터의 중계에 의한 운송회사, 화주, 알선업체 등 관련주체들 간의 상호교신을 통해 실시간으로 화물과 차량의 위치 파악, 업무수행 현황 파악, 긴급업무 지시 등 화물 및 차량의 효율적 운영 및 관리를 도모하는 시스템이다. 구체적으로 CVO가 제공하는 서비스의 내용은 다음과 같다.

첫째, CVO는 실시간 차량 및 화물 추적 서비스를 제공한다. 이는 GPS 위성 혹은 휴대폰을 통하여 이동하는 차량의 위치 및 업무수행 상황과 운송 중인 화물위치 및 배송상태를 실시간으로 조회할 수 있으며,[9] 필요한 긴급 업무지시 등을 통하여 화물차량의 효율적인 운영 및 관리를 도모하는 서비스이다.

둘째, CVO는 차량운행관리 서비스를 제공한다. 이는 운송업체가 과거 수작업으로 수행하였던 운전자 운행기록, 차량의 현황관리 등 차량의 전반적인 관리를 표준화된 양식으로 전산화하여 자동 관리하는 서비스이다.

셋째, CVO는 수배송 알선 서비스를 제공한다. 이는 운송업체의 차량정보와 화주(貨主)의 화물정보에 대한 효율적인 매칭을 통해 화물적재율을 증대시키고 차량의 공차율을 감소시켜 운송업체의 물류비를 절감해 줄 수 있는 서비스이다.

넷째, CVO는 이 외에도 교통정보서비스, 지리정보서비스 등 부가서비스를 제공한다.

---

9) 이는 개별 차량에 부착된 무선단말기 내 GPS 수신기가 GPS 위성으로부터 수신한 차량의 위치데이터를 무선통신기기를 이용하여 CVO운영센터에 송신하고, CVO운영센터에서는 개별차량의 위치정보를 통합·관리하면서 실시간으로 차량정보를 운송업체 등에게 제공한다.

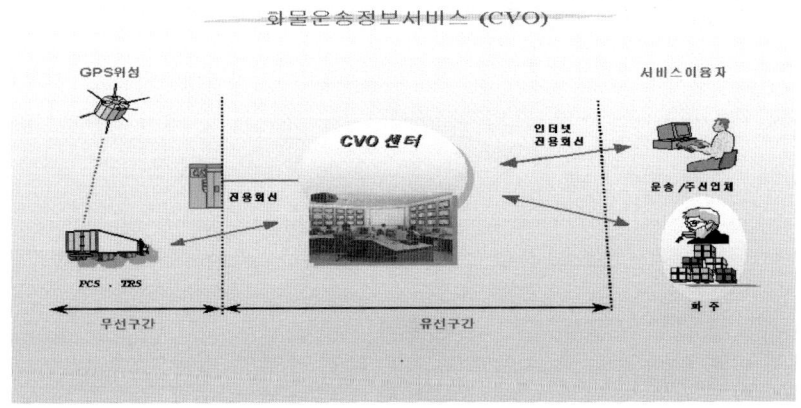

<그림 2-4> 화물운송정보시스템 구성도

제2절 정책혁신 확산에 관한 선행연구 검토

여기서는 정책혁신 및 확산에 대한 개념을 정의한 후, 선행연구의 비판적 검토를 통해 본 연구의 이론적 의미를 제시하였다. 또한 기존 논의들을 이론적 자원으로 사용하여 본 연구의 분석에 필요한 개념적 준거 및 분석틀을 도출하였다.

1. 정책혁신 확산의 의의

가. 정책혁신 확산의 정의

혁신의 확산에 관한 개념은 학자에 따라 다양하게 정의(definition)
된다. 먼저, 혁신(innovation)이란 '잠재적 채택자에 의하여 새로운
것으로 인지된 아이디어나 실행(practice), 사물(object)'(Rogers,
1983: 11) 또는 '제도적 환경 속에서 다른 사람과의 의사소통을 통한
새로운 아이디어의 발굴 및 실행'(Van de Ven, 1986: 591)을 의미한
다. 따라서 아이디어의 발굴과 실행이 이미 다른 곳에 존재하고 있
더라도 혁신이 어떤 개인이나 집단에게 새로운 것으로 인지되면 혁
신으로 간주된다(Rogers, 1983: 11). 혁신은 일반적으로 기술과 동일
한 의미로 사용되는데(Rogers, 1983: 12), 여기서 기술(technology)은
'유용한 것을 만들고, 사용하는 기법, 지식 및 절차의 집합'(김정홍,
2003: 3)을 의미한다.

한편, 정부혁신(government innovation)이란 '정부정책 및 행정 관
련 문제를 인지하고 정보 또는 지식을 발굴·생산하여 새로운 행정
프로그램이나 정책의 채택에 관한 것'(Berry & Berry, 1990: 395)을
의미한다. 따라서 정부혁신은 행정혁신(administrative innovation)10)
과 정책혁신(policy innovation)이 포함되는 개념이다. 정책연구에서
확산이론은 정책혁신에 초점을 두고 있는데, 정책혁신(policy inno-
vation)은 '그것을 도입하는 정부에게 새로운 프로그램'으로 정의된
다(Walker, 1969: 881). 따라서 어떤 정부의 입장에서 볼 때 수년
전 이미 다른 정부들이 도입하여 시행 중에 있는 정책프로그램이라

---

10) 행정혁신은 공공조직의 효과성, 능률성, 적응성, 개혁성을 극적으로 증
대시키기 위해 공공체제나 정부조직을 근본적으로 변형하는 것을 의미
한다. 이러한 변화는 공공 조직의 목적, 유인체제, 책임성, 권력구조 및
조직문화를 변화시켜야만 달성될 수 있다(최창현, 1998: 38). 따라서 행
정혁신은 정부조직 내 관리적 구성요소에 새로운 요소를 도입하여 정
부시스템에 영향을 주는 것으로서 충원, 자원배분, 조직구조, 권한, 보
상 등에 있어서 새로운 방법, 기법, 제도, 절차의 채택 및 시행으로 나타
난다(Sabet & Klingner, 1993: 253; Damanpour & Evan, 1984: 393,
400). 우리나라에서 행정혁신의 예로는 책임운영기관제, 성과급제, TQM
등의 도입 등을 들 수 있다.

고 하더라도 그것을 새로 채택함으로써 혁신할 수 있다.

다음으로, 혁신의 확산(innovation diffusion)이란 '어떤 공동체(community)의 구성원에 의해 혁신이 채택되고 수용되는 과정'(Surry, 1997: 1), '혁신이 시간의 흐름에 따라 사회공동체(social system)의 구성원들 사이에 어떤 경로를 통해 전파되어 가는 과정'(Rogers, 1983: 5), '개인, 집단, 또는 다른 채택단위에 의해 어떤 혁신이 구체적인 의사소통의 채널을 통하여 시간을 두고 수용되어 그 수용자의 수가 확대되어 나가는 것'(Eystone, 1977: 441; 박용치, 1983: 22-23) 등으로 정의되고 있다. 경제학에서는 기술(또는 혁신)의 확산을 '시간의 흐름에 따라 기술이 사용되는 정도가 증가하는 과정'(김연섭, 1997: 24), '지식이나 전문적 기술이 경제전체로 확산되어 가는 과정'(이근 외, 1995: 62)으로 정의하고 있다.

본 연구에서 정책혁신(policy innovations)은 '어떤 정부가 정책문제를 해결하기 위하여 새로운 정책프로그램을 채택하는 행위 또는 과정'을 의미하며, 정책혁신의 확산은 '시간의 흐름에 따라 정부 간 새로운 정책프로그램이 파급되거나, 어떤 정부가 채택한 새로운 정책프로그램의 내용이 정책집행자나 정책대상집단에게 파급되는 과정'으로 정의하기로 한다. 특히, 후자의 경우 정책혁신의 확산은 정책집행자나 정책대상집단의 순응(compliance)[11]과 직결되는 문제로서, 본 연구에서는 후자에 초점을 맞추어 정책혁신의 확산을 한 정부 내에서 정책집행상의 순응의 개념으로 설명하기로 한다.

여기서 새로운 정책프로그램이 ITS와 같이 신기술의 도입을 내용으로 하는 경우 정책혁신의 확산은 정책집행과정에서 순응주체인 정책집행자나 정책대상집단이 시간이 흐름에 따라 이러한 신기술을 채택하는 정도가 높아지는 것을 의미한다. 반면에 정책혁신 확산의

---

11) 여기서 순응이란 순응주체인 정책집행자나 정책대상집단이 정책이나 법규에서 요구하는 행동(behavior)에 따르는 행위를 의미한다(정정길, 1997: 653).

지체란 신기술을 채택하는 정도가 낮다는 것을 의미한다. 본 연구는 ITS라는 신기술의 도입 및 확산에 관한 연구이므로 '혁신'과 '기술'이라는 용어를 상호 교환적으로 사용하기로 한다.

나. 정책혁신 확산의 유형

정책혁신의 확산유형은 어떤 기준을 적용하느냐에 따라 다양한 유형 분류가 가능하다. ⅰ) 혁신의 확산 속도를 기준으로 볼 때 급속한 확산(radical diffusion)과 점진적 확산(incremental diffusion), ⅱ) 확산의 채택단위를 기준으로 볼 때 정부 간 확산, 조직 간 확산, 개인 간 확산 등으로 구분하여 볼 수 있다. 본 연구에서는 ITS라는 정책혁신의 확산이라는 측면에서 다음과 같은 두 가지 유형으로 나누어 고찰하기로 한다.

(1) 내부적 확산과 외부적 확산

정책혁신의 확산유형은 혁신의 채택주체가 누구이냐에 따라 달라진다. 채택단위를 정부로 볼 때에는 ⅰ) 국가 간 확산과 ⅱ) 한 국가 내에서 지방정부 간 확산으로 구분할 수 있다. 이러한 분류는 종래 정책혁신의 확산연구에서 일반적으로 볼 수 있는 유형이다. 그러나 이러한 분류는 단지 정부라는 정책결정주체의 혁신채택에 의한 확산의 존재를 설명할 뿐, 구체적으로 혁신의 확산이 어떠한 매개경로를 거쳐 정책결과에 영향을 미치는지에 대해서는 설명하지 못하는 한계가 있다.

한 국가가 정책혁신을 도입(채택)하였을 때 사회 내 대상집단이 이를 채택하도록 법률 등에 의해 일률적으로 강제하는 경우도 있지만, 채택주체의 자율적인 선택에 맡기는 경우도 있다. 예컨대, 한 국가가 ITS와 같이 신기술 도입을 내용으로 하는 정책혁신을 하였

을 때 이러한 신기술의 채택여부를 지방정부, 집행대행기관 등 정
책집행자나 또는 정책대상집단의 자율적인 선택에 맡기는 경우가
이에 해당된다. 이러한 측면을 고려한다면 혁신의 잠재적 채택단위
에 정책결정기관뿐만 아니라 정책집행기관 또는 정책대상집단을 포
함시킬 필요가 있다. 이와 같이 혁신의 채택주체에 집행기관이나
정책대상집단을 포함시킬 경우 혁신의 확산이 어떠한 경로를 거쳐
정책결과에 영향을 미치는 지에 대해서도 파악할 수 있게 된다.

　본 연구에서는 어떤 정부가 정책혁신을 도입한 경우, 혁신의 채택
여부가 채택주체(집행기관과 대상집단)의 자율적인 선택에 의해 이루
어지는 정책프로그램에 있어서 혁신의 채택주체를 기준으로 ⅰ) 내부
적 확산과 ⅱ) 외부적 확산으로 구분하기로 한다.

가) 내부적 확산

　내부적 확산(internal diffusion)이란 혁신(기술)이 정책집행체제
내부의 집행기관(또는 집행대행기관)에 파급되는 것을 말하는데, 내
부적 확산에 대한 논의는 혁신(기술)을 활용할 잠재적 채택자인 집
행기관이 단일이 아닌 다수가 존재할 때 의미가 있다. 예컨대 무인
과속단속시스템과 같이 시스템 구축주체가 다수의 지방경찰청이 될
때 이들 집행기관이 시스템을 구축하여야만 전국적으로 속도를 위
반한 운전자들을 신기술에 의해 자동으로 단속할 수 있게 된다.

　내부적 확산의 정도는 집행기관의 순응문제와 직결된다. 새로운
정책내용에 대하여 집행기관 또는 집행대행기관이 순응할수록 혁신
(기술)은 빠르게 확산되고, 불응할 경우에는 혁신(기술)의 확산이
지체되게 된다. 그리고 이러한 내부적 확산은 다음에서 보게 될 외
부적 확산의 전제조건이 되기도 한다.

나) 외부적 확산

집행기관이 신기술을 채택하여 서비스를 제공할 경우 어떤 경우에는 그 효과가 직접 정책대상집단에게 미치는 경우도 있지만, 또 어떤 경우에는 정책대상집단의 신기술의 채택여부에 따라 그 효과가 달라지는 경우도 있다. 전자의 예로서 무인과속단속시스템의 경우는 시스템 설치와 함께 바로 정책대상집단(운전자)에게 과속단속이라는 효과가 나타나게 되나, 후자의 예로서 자동통행요금징수시스템이나 화물운송정보시스템의 경우는 정책대상집단(운전자, 운수업체등)이 차량 내 단말기를 구입·설치하여 서비스를 이용하여야만 효과가 나타나게 된다. 후자의 경우에는 집행체제 내부에서 신기술의 확산이 이루어졌다고 하더라도 서비스의 최종사용자인 정책대상집단이 얼마만큼 신기술을 활용하느냐에 따라 정책혁신의 확산 정도가 달라진다.

여기서 외부적 확산(external diffusion)이란 후자의 경우와 같이 혁신(기술)이 정책집행체제 외부의 정책대상집단의 선택에 의하여 파급되는 것을 말하는데, 외부적 확산에 대한 논의는 집행기관이 제공하는 신기술의 서비스에 대하여 정책대상집단의 선택여부에 자율성이 있을 때 의미가 있다. 따라서 외부적 확산의 정도는 정책대상집단의 순응문제와 직결된다. 새로운 정책내용에 대하여 정책대상집단이 순응할수록 혁신(기술)은 빠르게 확산되고, 불응할 경우에는 혁신(기술)의 확산이 지체되게 된다.

(2) 하향적 확산과 상향적 확산

혁신 도입 및 확산의 추진전략을 기준으로 볼 때 혁신의 확산을 ⅰ) 하향적 확산과 ⅱ) 상향적 확산으로 구분하여 볼 수 있다.

가) 하향적 확산

혁신의 하향적 확산(top-down diffusion)은 정부가 주도하여 새로운 프로그램, 신기술 등을 도입(채택)하여 사회 내에 확산시키는 경우를 의미하는데, 정책혁신의 확산은 이러한 하향적 확산에 중점을 두고 있다. 한 국가가 이전에 실행해 본 경험이 없는 혁신을 도입하고자 할 때에는 불확실한 상황에서 상당한 위험부담과 학습비용이 수반되기 때문에 민간기업들이 이를 주저하게 된다. 이 경우 중앙정부가 혁신을 먼저 도입하여 혁신과 관련된 지식과 기술의 활용 및 이전, 정보의 분배 등에 대하여 시범적인 역할을 수행함으로써 혁신에 대한 인식과 이전 및 확산을 촉진시킬 수 있다(Martinez-Brawley, 1995: 670). 중앙정부가 혁신의 선도자로서 혁신을 성공적으로 수행할 경우 이는 다른 지방정부 및 사회집단들에게 혁신채택을 위한 하나의 유용한 모델 역할을 하게 된다(Mintrom, 1997: 740; 박명수외, 1997: 87; 이동기, 1998: 56). 중앙정부는 외국으로부터 도입한 신기술을 촉진하기 위하여 국가자원의 종합계획을 수립하거나, 국내 기술개발의 지원, 신기술 채택에 대한 세금감면, 보조금 지급 등을 통해 확산을 촉진하려 한다.

ITS의 경우, 미국과 우리나라는 중앙정부가 주도하여 ITS를 도입하고, 이를 촉진하기 위하여 국가차원의 ITS기본계획을 수립하여 추진하고 있는데, 이는 하향적 확산전략에 따른 것이라고 볼 수 있다.

나) 상향적 확산

혁신의 상향적 확산(bottom-up diffusion)은 시장의 자율적인 메커니즘에 따라 민간기업이 자체적으로 기술을 개발하거나 해외로부터 기술을 도입함으로써 다른 민간기업이나 최종사용자에게 점차 확산되어 가는 경우를 말한다.

ITS의 경우, 유럽과 일본은 1990년대 중반까지는 정부의 직접적인 개입이 없이 민간부문의 자율적인 기술개발에 따라 ITS가 확산되어 왔는데 이는 상향적 확산의 예라고 할 수 있다. 그러나 이들 국가들도 1990년대 중반 이후부터는 미국의 영향을 받아 중앙정부가 주도하여 국가차원의 ITS기본계획을 수립하는 등 하향적 전략으로 방향을 선회하고 있다. 한편, 정부주도의 하향적 확산전략도 결국에는 민간부문의 자율적인 확산을 촉진하기 위한 수단이기 때문에 하향적 확산과 상향적 확산은 상호 보완적인 관계에 있다고 볼 수 있다.

2. 선행연구의 검토

정책혁신의 확산에 관한 연구는 주로 정책학, 행정학, 정치학 등에서 이루어지고 있으나, 이들 연구들은 사회학, 농업사회학, 심리학, 교육학, 경영학(마케팅), 지리학,12) 조직학,13) 경제학14) 등에서

12) 인문지리학, 지역경제학 등에서는 혁신의 확산과정을 거리, 방향, 공간적인 변화 등과 같은 지리학적인 기본 개념들을 사용하여 설명한다(Jacobs, 1990; 김형구, 1989; 이정록, 1991). 여기서는 혁신의 확산이 지리적으로 가까울수록 쉽게 이루어진다고 보고 있다.

13) 조직학에서는 조직혁신의 영향요인으로서 구성원의 개인적 특성보다는 조직의 구조적 특성이 더 중요하다고 인식하고(기영석, 1991: 136), 혁신의 확산에 영향을 미치는 조직의 구조적 변수에 초점을 맞추어 연구하고 있다(Hage & Aiken, 1970; Zaltman, 1973; Caiden, 1969; Daft & Becker, 1980). 확산과정에 영향을 미치는 조직구조상의 대표적인 특징으로는 조직의 규모, 공식화, 집권화, 복잡성 등을 추출하고, 이러한 구조변수들이 혁신확산에 미치는 영향을 분석하고 있다.

14) 경제학에서는 확산을 경제의 구조적인 변화와 동일한 의미로 보고, 새로운 기술이 경제에 도입되어 그 구조를 변화시키는 과정에 관심을 갖는다(김연섭, 1997: 24). 여기서는 기술 확산을 서로 경쟁하는 기술 간의 경쟁의 결과로 선택이 일어나는 과정(process of selection)으로 본다(이근 외, 1995: 62). 경제학에서는 일반적으로 혁신(innovation)과 기술(technology)이 동의어로 사용되는데(Rogers, 1983: 12), 여기서 기술확산(technology diffusion)이란 '시간의 흐름에 따라 기술이 사용되는 정도가 증가하는 과정'(김연섭, 1997: 24) 또는 '지식이나 전문적 기술

발전한 혁신의 확산에 관한 연구에 의해 많은 영향을 받았다. 여기서는 혁신의 확산에 관한 일반이론을 먼저 정리함으로써 본 연구의 주요한 개념적 준거를 도출하고, 정책혁신의 확산에 관한 선행연구의 비판적 고찰을 통해 기존 연구의 한계를 검토하였다.

가. 혁신확산의 일반이론

혁신의 확산에 관한 연구는 다양한 학문 분야에서 연구되어져 왔기 때문에 개념정의(definition)에서부터 시작하여 통일되고, 포괄적인 하나의 확산이론은 존재하지 않는다. 광범위한 분야로부터 수많은 이론들이 각각 혁신과정에서의 서로 다른 요소에 초점을 맞추면서 결합되어 하나의 거시적인 확산이론(meta-theory of diffusion)을 형성하고 있다(Surry, 1997: 2).

여기서는 확산과 관련된 여러 가지 중요한 실험결과와 이론들을 가장 잘 종합한 사회학자 Rogers(1983)의 이론을 중심으로 확산이론을 검토하기로 한다. Rogers는 혁신의 확산을 의사전달(communication)과 관련하여 개인의 채택(adoption) 과정을 중심으로 연구하였으나,15) 그의 이론은 조직이나 집단수준으로까지 확대하여 적용할 수 있다는 장점이 있다(이재범, 1996: 11; 박정호외, 2000: 190)

먼저, 혁신의 확산이란 '하나의 혁신이 사회공동체(social system)의 구성원들 사이에 시간의 흐름에 따라 정보교환을 통해 전파되어 가는 과정'으로 정의된다(Rogers, 1983: 5). 따라서 확산 과정에서 ① 혁신(innovation), ② 혁신에 관한 정보가 전파되는 전달매체

이 경제전체로 확산되어 가는 과정'(이근 외, 1995: 62)으로 파악된다.

15) 이러한 관점에서는 개인에게 초점이 맞추어져 있기 때문에 혁신도 개인에게 새롭다고 인식되는 정도에 의해 결정되며, 정보교환도 혁신에 대해 알고 있는 개인과 알지 못하는 개인 간의 접촉을 중심으로 이루어진다고 보고 있다(Rogers, 1983: 17-18).

(communication channel), ③ 시기(time), ④ 혁신이 도입되는 사회 공동체(social system)의 성격 등이 중요한 영향을 미친다(Rogers, 1983: 10).

첫째, 혁신(innovation)이란 '채택자에게 새롭게 느껴지는 아이디어, 실행(practice) 또는 대상(objects)'을 말하는데(Rogers, 1983: 11), 잠재적 채택자에게 인지되는 혁신의 특성(characteristics)이 혁신의 확산(채택률)에 영향을 미치게 된다. 확산에 영향을 미치는 인지된 혁신의 특성으로는 ⅰ) 상대적 이익, ⅱ) 적합성, ⅲ) 복잡성, ⅳ) 시험가능성, ⅴ) 관찰가능성 등이 있다(Rogers, 1983: 15-16).

먼저 상대적 이익(relative advantage)은 혁신을 수용하고 실행하는 것이 기존의 기술을 이용하는 것보다 우월하다고 지각하는 정도이다. 이러한 상대적 이익은 경제적 관점에서뿐만 아니라 사회적 지위, 편리함, 만족감 등이 중요한 척도가 된다. 여기서 혁신이 객관적으로 상당한 이익을 가져올 것이라는 사실보다는 채택자가 주관적으로 그 혁신을 이롭다고 생각하느냐에 달려 있다. 일반적으로 혁신의 상대적 이익이 클수록 혁신의 채택 및 확산속도는 빨라진다.

다음으로 적합성(compatibility)은 특정 혁신을 채택하고 실행하는 것이 잠재적 채택자의 현재의 가치관, 과거 경험 및 욕구와 일치한다고 지각하는 정도이다. 일반적으로 기존의 지배적인 가치관과 사회규범에 모순되는 아이디어는 빨리 채택되지 않는다.

복잡성(complexity)은 채택자에게 특정 혁신의 이해와 실행이 어렵다고 지각되는 정도이다. 일반적으로 혁신이 복잡하고 이해하기 힘들다고 인식될수록 채택 및 확산속도가 늦어진다.

시험 가능성(trialability)은 채택자가 혁신을 제한된 범위 내에서 어느 정도 시험해 볼 수 있는가를 의미한다. 일반적으로 조금씩 시험이 가능한 혁신이 불가능한 혁신보다 더 빨리 채택된다. 본질적으로 시험이 가능한 혁신은 채택자가 새로운 것을 채택하는 데 위험을 덜어준다.

마지막으로 관찰 가능성(observability)은 혁신의 결과를 다른 사람이 눈으로 관찰할 수 있는 정도를 말한다. 일반적으로 혁신의 결과가 가시성이 높을수록 채택의 가능성이 높아진다.

둘째, 전달매체(communication channels)는 사회공동체 안으로 정보가 전달되는 방법 또는 수단을 말하는데, 혁신에 관한 정보는 이러한 전달매체를 통해 혁신정보를 알고 있는 개인으로부터 알지 못하는 다른 개인에게 전파된다. 혁신정보의 전달효과는 전달매체의 특성에 따라 달라진다.

대중매체(mass media channels)는 다수의 잠재적 채택자에게 혁신정보를 알리는 가장 빠르고, 효과적인 수단이 되는 반면에, 대인적 매체(interpersonal channels)는 주위의 가까운 동료 등 누 사람 이상의 대면적인 정보교환을 통하여 한 개인이 새로운 아이디어를 채택하도록 설득하는데 효과적인 수단이 된다. 대부분의 개인들은 혁신을 평가할 때 과학적 연구조사결과에 근거한 혁신의 객관적인 평가보다는 혁신을 채택한 바 있는 수위의 가까운 동료와의 정보교환을 통해 얻은 주관적인 평가에 따라 혁신을 채택하는 경향이 있다(Rogers, 1983: 17-18).

셋째, 시간(time)이란 사회공동체 구성원들이 혁신을 채택하는 상대적인 속도와 혁신이 확산되는 비율을 말한다(Mahajan & Peterson, 1985: 7). 이러한 시간적 차원의 도입은 i) 혁신결정과정, ii) 개인적 혁신성과 채택자의 범주, iii) 혁신의 채택률과 관련된다.

먼저 개인의 혁신결정과정은 학습과정이면서 의사결정과정이기도 한다. 혁신채택과정은 시간의 흐름에 따라 지식(knowledge), 납득(persuasion), 결정(decision), 실행(implementation), 확신(confirmation)의 과정을 거쳐 일어난다. 즉 혁신에 대한 잠재적 채택자는 그 혁신에 대해 알아야 하며, 그 혁신이 갖는 우수성(merits)에 대해 납득을 하여야 하고, 그 혁신을 채택하기로 결정을 하고, 실행하며, 그리고 나서 그 혁신을 채택하기로 결정한 것에 대하여 잘한 것인지 못한 것인지에 대해 확신을 하게 된다(Rogers, 1983: 20-22).

　다음으로 개인적 혁신성(innovativeness)과 채택자 범주이다. 여기서 혁신성은 어떤 개인이 사회 내의 다른 구성원들에 비해 새로운 혁신을 받아들이는 속도가 얼마나 빠른가에 의해 결정된다. 즉, 혁신을 채택하는 시점에 따라 분류하는 것이다. 개인의 혁신성에 따라 사회체제내의 혁신의 채택자 범주는 ⅰ) 혁신자, ⅱ) 초기 채택자, ⅲ) 초기 다수, ⅳ) 후기 다수, ⅴ) 최종 채택자 등으로 분류된다(Rogers, 1983: 22). 혁신적인 성향을 가진 개인들은 그런 성향을 덜 가진 사람들보다 더 일찍 혁신을 채택하게 된다. <그림 2-5>에서 보는 바와 같이 개인적 혁신성에 기초한 잠재적 채택자의 분포형태는 종(鐘) 모양의 곡선으로 나타나고 있다. 분포곡선의 한쪽 극단에 혁신자(innovators) 그룹이 있다. 혁신자들은 위험 수용자(risk taker)들이며, 혁신확산 과정에서 매우 일찍 혁신을 채택하는 개척자(pioneer)들이다. 다른 쪽 극단에는 지체자(laggard)들이 있다. 이들은 혁신확산 과정에서 늦게까지 혁신의 채택을 거부한다(Rogers, 1983: 248-251).

　마지막으로 혁신의 채택률(rate of adoption)은 혁신이 사회체제내의 구성원들에 의해 채택되어지는 상대적인 속도를 의미한다. 즉 혁신의 채택률은 사회 전체적으로 혁신이 채택되는 확산속도와 같은 의미로 사용된다. 혁신의 확산속도(채택률)는 일반적으로 S형 곡선을 그리게 된다. <그림 2-5>와 <그림 2-6>에서 보는 바와 같이 초기에는 혁신 성향이 강한 일부 사람들에 의해서만 채택되어 느리고 단계적인 성장기간을 거쳐 진행이 되다가, 이들로부터 일반 대중에게로 확산됨으로써 채택속도는 점차 빨라지게 되고, 그러다가 잠재적인 사용자층이 포화상태에 가까워짐에 따라 속도가 느려짐으로써 S형 곡선이 그려지게 된다(Rogers, 1983: 23). 이러한 혁신확산단계를 설명하는 모형은 전염병이 확산되는 과정과 유사하다고 하여 전염병모형(epidemic model)이라고 불린다(Stoneman, 2002: 29).

<그림 2-5> 혁신성에 기초한 채택자 범주

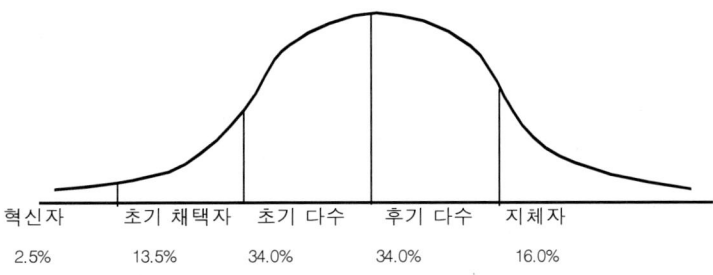

혁신자	초기 채택자	초기 다수	후기 다수	지체자
2.5%	13.5%	34.0%	34.0%	16.0%

자료: Rogers(1983: 247)

<그림 2-6> 시간의 경과에 따른 혁신 채택률

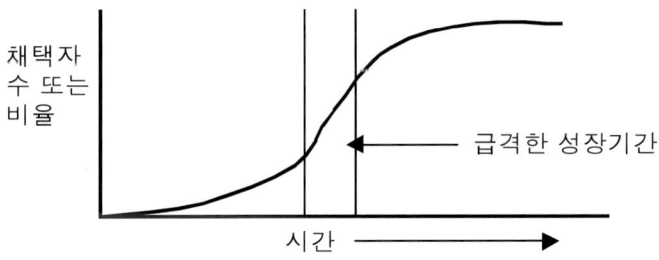

자료: Rogers(1983: 91)

넷째, 사회공동체(social system)는 공동의 목적을 달성하기 위하여 공동의 문제 해결과정에 관여하는 일련의 상호 관련된 단위들을 말하는데, 사회공동체는 일련의 구조와 규범을 갖고 있다. 먼저, 사회공동체내 단위들의 유형화된 배열을 의미하는 사회공동체의 구조는 사회공동체 내 개인들의 행동에 안정성과 규칙성을 제공한다. 이러한 사회공동체의 구조는 공동체 내 혁신의 확산을 촉진하기도 하고, 저해하기도 한다. 다음으로 사회공동체의 규범은 사회공동체

내 구성원들의 확립된 행동유형을 의미하는데, 이러한 규범은 변동의 저해요인으로 작용하기도 한다.

한편, 이러한 사회공동체의 구조와 규범 속에서 혁신확산에 영향을 미치는 개인들이 있는데 여론지도자(opinion leader)와 변화촉진자(change agent)들이 그들이다. 먼저 여론지도자는 개인적 전문성등을 바탕으로 다른 개인의 태도나 행동에 대해 비공식적으로 영향력을 행사함으로써 혁신을 촉진하거나 저해하는 역할을 한다. 다음으로 변화촉진자는 그들이 바람직한 것으로 생각하는 방향으로 고객의 혁신의사결정에 영향력을 행사하려는 전문가를 말하는데, 그들은 혁신에 대한 많은 사람들의 인식을 촉진시키는 지식을 만들어내는데 노력을 집중함으로써 혁신을 촉진하는 역할을 한다(Rogers, 1983: 24-29).

나. 정책혁신 확산에 관한 선행연구 검토

성지학, 행정학, 정책학 분야에서 혁신확산의 연구는 1960년대 말부터 정부 공급 서비스의 효율적 제공 및 행정관리방식의 개선을 위한 정부혁신방안에 관한 연구의 일환으로 시작되어(Savage, 1985: 1-2; Berry & Berry, 1990: 395), 1990년대 이후 많은 연구 성과의 집적을 보이고 있다(예컨대, Mintrom, 1997; Mintrom & Vergari, 1998; Apperson & Wikstrom, 1997; Berry, 1994; Gow, 1992; Berry & Berry, 1990, 1999). 여기서 정부혁신(government innovation)은 행정혁신(administrative innovation)과 정책혁신(policy innovation)을 포함하는 개념인데, 정책연구에서 확산이론은 정책혁신에 초점을 두고있다. 정책연구에서 지배적인 정책혁신 이론들은 교육학, 사회학, 농업사회학, 마케팅론 등에서 개인의 혁신적 행위들을 설명하는 확산이론이나 지리학에서 발전한 지역적 확산이론 등을 토대로 발전하였으며, 조직혁신이론들과도 많은 공통점을 갖고 있다(Berry & Berry,

1999: 169-170).

　정책혁신 연구들은 국가 간 확산연구와 국가 내 지방정부의 확산
연구로 대별되는데, 대부분 연방체제인 미국 주정부의 정책결정과정
을 중심으로 이루어져 왔다. 지방(州)정부의 새로운 정책프로그램 도
입을 설명하는 데는 외부확산모형과 내부결정요인모형 두 가지가 있
다. 외부확산모형은 혁신의 확산은 본질적으로 내부요인이 아닌 정부
간의 문제로서, 한 지방정부의 정책도입은 다른 지방정부가 이전에
도입한 정책을 경쟁적으로 모방함으로써 이루어진다고 보는 견해이다.
반면에 내부결정요인모형들은 한 지방정부를 혁신토록 하는 요인들은
다른 지방정부의 영향이 아닌 지방정부 내부의 정치적·경제적·사회
적 특징이라고 보는 견해다. 최근에는 이 양자의 동시적 효과를 반영
하는 통합모형을 개발하려는 노력이 이루어지고 있다(Berry & Berry,
1999: 170, 남궁근, 1994: 106-108).

(1) 외부확산모형(External Diffusion Model)

　지방정부의 정책혁신을 확산모형에 적용하는 학자들은 하나의 지
방정부에 의해 이루어지는 정책도입 형태는 다른 지방정부의 행위
들을 경쟁적으로 모방하는 것이라고 주장한다. 이러한 모방이 이루
어지는 이유는 ⅰ) 혁신을 미리 도입한 인접 지방정부 정책의 효과
평가를 통한 학습(learning), ⅱ) 지방정부 간의 경쟁(competition),
ⅲ) 공중의 압력(public pressure) 때문이라고 설명한다.

　이러한 확산모형에는 ⅰ) 전국적 상호작용모형, ⅱ) 지역확산모
형, ⅲ) 선도자-후발자 모형, ⅳ) 수직적 영향모형이 포함된다
(Berry & Berry, 1999: 171-177). 첫째, 전국적 상호작용모형
(national interaction model)은 공공부문 프로그램에 관련해서 지방
공무원들 사이에 전국적인 의사소통체계를 가지고 있다고 가정하
고, 공무원들은 다른 지방 공무원들과 상호 학습과정을 통하여 새

로운 프로그램들을 모방하게 된다고 본다.

둘째, 지역확산모형(regional model) 또는 이웃모형(neighbor models)은 지방정부들이 지리적으로 근접한 다른 지방정부에 의해 영향을 받는다고 가정함으로써 지방정부들이 인접하는 다른 지방정부의 정책을 우선적으로 모방하는 경향이 있다고 본다. 여기서 연방주들이 서로 모방하는 세 가지 이유(학습, 경쟁, 공중의 압력)는 본질적으로 지역적이라는 것이 가정의 근간이 된다(Mooney & Lee, 1995: 605).

셋째, 선도자-후발자 모형(leader-laggard models)은 어떤 지방정부는 어떤 정책의 채택에 있어서 개척자가 되고, 다른 지방정부(후발자)들은 선도자를 모방한다고 가정한다(Walker, 1969: 893). 이때 후발자는 인접지역이나 다른 지역의 지방정부 정책을 모방할 수 있다고 보기 때문에 이 모형은 인접 정부들 간의 경쟁이나 공중의 압력보다는 오히려 학습과정을 통해서 다른 지방정부들을 모방한다고 본다. 한편 Collier와 Messick(1975: 1299-1315)은 이러한 선도자-후발자 모형을 국가 간 비교연구에 적용하여 세계 각국의 사회보장제도 채택의 개척자들은 경제적 선진국이며, 가장 선진국으로부터 가장 후진국으로 확산되어 간다고 가정하였다. 이러한 가정을 통하여 선도자의 특징(고도의 경제발전)과 순차적인 확산(가장 선진국으로부터 가장 후진국으로)을 구체적으로 설명하고 있다. 이 모형의 설명방식은 다음에서 보게 될 내부결정요인모형과 유사하다.

넷째, 수직적 영향모형(vertical influence models)은 지방정부들이 다른 지방정부의 정책들을 모방(수평적 확산)하는 것이 아니라, 중앙정부의 정책들을 모방(수직적 확산)한다는 것이다. 이 모형에서는 지방정부가 중앙정부의 정책들을 채택하는 데 영향을 받는 요인으로는 단지 학습효과뿐만 아니라, 중앙정부의 지방정부에 대한 혁신정책 채택에 대한 유인제공(재정지원 등) 등이 중요하다고 본다(Welch & Thompson, 1980). 이외에도 중앙정부가 지방정부에 대

하여 어떤 새로운 업무를 단순히 위임하는 경우도 확산에 영향을
미치는데, 이 경우는 지방정부의 정책채택의 재량권이 국가적인 위
임에 의해 제거되기 때문에 채택주체의 재량권이 유지될 때 나타나
는 확산과는 다른 형태라고 할 수 있다.

(2) 내부결정요인모형(Internal Determinant Models)

내부결정요인이론들은 특정연도에 한 지방정부가 새로운 프로그
램이나 정책을 채택할 확률(probability of adoption)을 좌우하는 요
인들은 그 지방정부의 내부적인 정치적·경제적·사회적 특성에 의
존한다고 가정한다. 즉, 이 모형은 외부적 확산모형에서 가정하는
다른 정부의 채택에 의해 발생하는 공중의 압력이나, 먼저 채택한
지방정부의 정책영향에 대한 평가를 통한 학습 등을 전제로 하지
않는다(Berry & Berry, 1999: 178 180).

새로운 정책채택에 대한 설명을 하려면 특히 이와 관련된 독립변
수를 선정하는 것이 중요한데, 이 모형에서는 새로운 정책을 채택
하려는 한 지방정부의의 사회경제적·정치적 특성을 독립변수로 도
입하고 있다. 이 모형은 재정적 자원의 확보가능성을 새로운 정책
채택의 선결조건으로 보고 이를 반영하는 지역주민의 일인당 소득,
국내총생산(GDP), 도시화·산업화 수준 등을 독립변수의 측정지표
로 선정하고(Walkers, 1969: 884), 또한 지방정부의 선출직 공무원
의 혁신동기를 반영하는 정당 간 경쟁 등을 독립변수로 선정하여
분석하고 있다. 그런데 이와 같은 내부결정요인모형에서 사용되는
설명변수들은 정부지출의 수준으로 측정되는 공공정책의 결정요인
(policy determinants)에 관한 연구에서 사용되는 설명변수와 유사
하다(남궁근, 1994: 107).

(3) 통합모형(Integration Model)

현실적으로 정부는 정부 내부에서 또는 정부 외부의 행동에 대한 반응으로서 새로운 정책을 채택하게 된다. 그러나 1990년대 이전 대부분의 정책확산 이론들은 내부결정요인과 지역 확산을 각각 독립적으로 분리 연구함으로써 확산현상에 대하여 지나치게 단순화하여 설명하고 있다(Berry & Berry, 1999: 192).

이러한 문제점을 인식하고 1990년대 이후 최근의 연구는 지방정부의 새로운 정책채택 형태에 관하여 내부결정요인과 지역확산의 동시적인 효과를 반영하는 보다 현실적인 모형들을 개발하려는 노력이 이루어지고 있다. 예컨대 Berry와 Berry(1999: 187-194)는 종속변수로 어느 해에 특정한 정책을 채택할 확률(adopt)을, 그리고 독립변수로 다른 지방정부의 확산효과를 반영하는 외부요인(external), 정책의 채택동기(motivation), 혁신의 장애요인과 극복 자원(resources/obstacles), 그리고 새로 채택될 가능성이 있는 다른 정책(other policies)을 포함하는 통합모형을 제시하면서 이른바 역사적 사건분석(event history analysis)16) 방법으로 분석하고 있다.

이와 같이 통합모형은 지방정부의 새로운 정책채택 형태에 관하여 다양한 지역적·전국적인 영향력의 경로뿐만 아니라 각 지방정부의 내부적인 정치적·경제적·사회적인 특성에 대한 동시적인 영향력을 모두 고려하고 있다.

다. 선행연구의 한계

지난 1960년대 말 이후 정책혁신의 확산에 관한 다양하고 지속적

---

16) Berry와 Berry(1999: 190-192)는 정책혁신과정에 대한 신뢰할만한 분석 결과를 도출하기 위해서는 대규모 표본조사를 통한 계량적인 연구보다는 사례연구나 소규모 표본 비교설계를 통한 소수사례의 집중적인 연구가 바람직하다고 주장한다. 그들에 따르면 역사적 사건분석은 정책혁신의 채택에 영향을 미치는 내·외부요인을 포함하는 혁신모형의 계수를 추정하는 이상적인 방법론이라고 주장된다.

인 연구 성과에도 불구하고 기존의 정책혁신 확산연구들은 다음과
같은 한계가 있다. 첫째, 기존 연구들은 지방정부에서 지방정부로의
확산과정의 '존재'를 입증하는 데에 관심이 있었을 뿐, 이러한 과정이
'어떻게', 그리고 '왜' 발생하는지를 설명하지 못한다(Mintrom &
Vergari, 1998: 131). 즉 혁신과 관련된 행위자들이 어떤 동기에서 혁
신을 채택하거나 거부하는지, 그리고 사회경제적·정치적 환경이나
지리적 요인들이 구체적으로 어떠한 매개경로를 거쳐서 혁신의 확산
에 영향을 미치는지를 설명하는 데에 한계가 있다. 이러한 현상을 설
명하기 위해서는 다양한 확산의 양태를 야기 시키는 근간이 되는 혁
신을 채택하는 사람들의 행동을 설명할 수 있어야 한다(Walker,
1969: 887). 정책혁신의 도입을 둘러싸고 나타나는 행위자들이 어떠
한 이익(interests)과 선호(preferences)를 가지고 정책과정에 참여하
고, 그들 간의 전략적 상호작용(interactions)의 양태가 혁신의 도입
및 확산에 어떠한 영향을 미치는지를 분석할 수 있어야 한다.

둘째, 정책혁신의 도입과정에서는 혁신을 제안하고 이를 정책화
하려고 노력하는 정책창도자(policy entrepreneures)뿐만 아니라 혁
신의 도입으로부터 영향을 받는 정부부처, 준정부기관, 이익집단 등
정부 내·외부의 다양한 행위자들이 나타나면서 새로운 정책네트워
크가 형성된다. 또한 혁신의 도입과정에서는 혁신으로부터 영향을
받는 기존의 정책네트워크 내 구성원들도 참여하여 영향력을 행사
하려고 한다. 그러나 기존의 연구들은 혁신의 도입을 둘러싸고 정
책네트워크의 구조적 특성이 어떻게 변화하고, 이러한 네트워크의
구조 변화가 혁신의 도입 및 확산에 어떠한 영향을 미치는지를 설
명하는 데에 한계가 있다. 특히 기존의 정책네트워크는 오랜 기간
동안 행위자들 간의 관계가 지속되면서 하나의 비공식적인 제도를
형성하고 있는데, 이러한 비공식적인 제도가 행위자들의 선호에 어
떻게 영향을 미쳐 혁신의 도입 및 확산에 영향을 미치는지를 설명
하지 못한다.

셋째, 정책혁신은 그 자체가 목적이 아니라 혁신을 통한 바람직한 사회변화를 도모하기 위한 수단임에도 불구하고, 기존 연구들은 혁신의 채택단위를 (지방)정부로 국한하여 정책결정단계를 위주로 분석하고 있기 때문에 정부 내부 또는 사회집단에 혁신이 어떻게 확산되는지를 설명할 수 없다(이동기, 1998: 21). 따라서 기존 연구들은 정부 내부의 집행자나 정책대상집단이 어떤 동기 및 선호에 따라 혁신을 채택하고, 결과적으로 정책혁신의 확산으로 정부가 의도한 정책목표를 어느 정도 달성했는지를 알 수가 없다. 이러한 현상을 설명하기 위해서는 혁신의 채택단위를 정책집행자나 정책대상집단으로 확대하여 정책집행과정에서 그들이 어떤 동기 및 선호에 따라 혁신을 채택하는지를 설명할 수 있어야 한다.

넷째, 대부분의 정책혁신에 관한 연구들은 미연방제도 안에서 경쟁적인 주정부의 특성에 의존하고 있기 때문에 단일국가체제(unitary national system) 안에서의 지방정부, 그리고 국제체제(international system)나 유럽경제공동체 내에서의 국가에 적용하기 위해서는 수정이 필요하다. 연방체제와 단일국가체제 하에서 지방정부들의 자율성이 다르고, 연구대상의 공간적 범위가 달라짐에 따라 지역간 확산효과나 정부 내부의 사회경제적·정치적 특성 또한 달라질 것이기 때문이다.

다섯째, 특히 국내의 경우 행정학이나 정책학 분야에서 정책혁신의 확산에 관해 직접 다룬 연구는 ⅰ) 다수확 신품종의 보급 확산 결정요인을 다룬 박용치(1983; 1984), ⅱ) 첨단산업에서 신기술 기업화를 중심으로 혁신확산의 성공요인을 다룬 기영석(1991), ⅲ) 정책혁신으로서 행정정보공개조례의 지방자치단체별 채택 결정요인을 다룬 남궁근(1994), ⅳ) 지리정보시스템(GIS)의 도입을 중심으로 정부혁신의 확산에 있어 모방 및 지식효과를 다룬 이동기(1998; 2000), ⅴ) 국가 간 TQM 사례 비교를 통하여 혁신확산을 다룬 박명수외(1997) 등 일곱 편의 논문에 불과하다.[17] 그러나 국내 연구들

도 위에서 지적한 기존 연구의 범주를 크게 벗어나지 못하는 한계
가 있다.

현실적으로 우리나라의 경우도 선진 외국 등을 통하여 다양한 새
로운 정책을 도입하여 추진하고 있다. 특히 정보화의 진전에 따라
정보기술을 기존의 정책영역에 접목시켜 활용하려는 사례가 많아지
고 있다. 이러한 신기술을 성공적으로 도입하여 궁극적으로 정책문
제를 해결하려고 한다면 혁신의 도입 및 확산을 저해하고 또는 촉
진하는 요인들이 무엇인가에 대하여 체계적인 연구가 필요하나 국
내에서는 이에 관한 관심이 미흡한 실정이다.

제3절 신제도론적 정책네트워크 분석

앞에서 본 바와 같이 기존의 정책혁신 확산에 관한 연구들은 확
산과정의 '존재'를 설명할 뿐, 그러한 과정이 '왜' 그리고 '어떻게' 이
루어지는지를 설명할 수 없고, 정책혁신의 확산에 따라 정책결과가
어떻게 달라지는지 설명할 수 없다. 이러한 현상을 설명하기 위해
서는 실제로 혁신을 채택하는 사람들의 행동을 설명할 수 있는 일

---

17) 우리나라의 다른 사회과학 분야에서 이루어진 혁신의 확산과 확산요인
에 관한 연구내용은 다음과 같다. 먼저, 경제학 및 산업공학 분야에서
는 배무기(1980), 한성안(1998), 서환주외(2001), 한윤환외(2001), 오장관
(1996), 최대환외(1996), 박치관(1988), 김연섭(1997) 등의 연구가 있고, 경
영학 및 조직론 분야에서는 조재운외(1994), 유일외(1996), 이재범
(1996), 강재정(1997), 이민화(1999; 2001), 신광우(2000) 등의 연구가 있
으며, 지리학 및 지역경제 분야에서는 김형구(1989), 이정록(1991), 박
정호외(2000) 등의 연구가 있고, 사회학에서는 나기산(1997) 등의 연구
가 있다.

반화된 이론을 도출해 낼 수 있어야 한다(Walker, 1969: 887). 혁신의 도입과 관련하여 행위자들이 어떠한 이익(선호)을 가지고 정책과정에 참여하고, 그들 간의 상호작용의 양태 및 관계구조가 혁신의 확산에 어떠한 영향을 미치는지를 분석할 수 있어야 한다.

행위자들 간의 상호작용 관계를 분석하는 데는 정책네트워크모형이 유용한 분석도구가 된다. 그러나 기존의 정책네트워크 분석은 현실에 존재하는 네트워크를 묘사할 뿐 행위자들의 이익(선호)을 분석하지 못함으로써 정책결과에 대한 설득력 있는 설명을 하지 못하는 한계가 있다. 따라서 정책네트워크 분석이 좀 더 설명력을 갖기 위해서는 미시적인 기초가 되는 '행위자 모형'과 결합하여 분석할 필요가 있다.

본 연구는 정책네트워크를 하나의 비공식적인 제도로 보는 관점에 따라 제도로서 정책네트워크가 행위자들의 선호에 어떻게 제약을 가하며, 그러한 제도적 제약 하에서 행위자들의 이익(선호)과 상호작용이 정책혁신의 도입 및 확산에 어떠한 영향을 미치는 지에 내해 분석하였다. 이를 위하여 본 연구는 제도적 제약 하에서 참여자들의 이익(선호)과 상호작용을 분석하여 정책과정을 설명하는 합리적 선택 제도론적 관점에서 정책네트워크를 분석하였다. 이러한 접근방법은 미시적인 행위자들의 이익(선호)과 그들 간의 구체적인 상호작용을 분석할 수 있고, 동시에 이들을 제약하는 거시적 구조나 제약을 동시에 분석할 수 있기 때문이다.

여기서는 연구를 위한 이론적 기초로서 합리적 선택 제도주의, 정책네트워크에 관한 이론들을 먼저 고찰하고, 다음 장에서 연구의 분석틀을 설정하였다.

1. 합리적 선택 제도주의

 사회현상을 설명하고, 정책과정을 분석하는데 '제도'를 중심 개념
으로 설정하는 '신제도주의(new institutionalism)'는 학문적 뿌리와
접근방법에 따라 다양한 연구 분야로 나뉘어 지나(정용덕외, 1999a:
3), Hall과 Taylor(1996: 936-957)의 분류에 따라 크게 보아 ⅰ) 경
제학, 정치학에서 발전한 합리적 선택 제도주의, ⅱ) 정치학에서 발
전한 역사적 제도주의, 그리고 ⅲ) 사회학에서 발전한 사회학적 제
도주의로 분류할 수 있다(Scott, 2001: 33-44; 하연섭, 1999: 9; 안성
민, 2002: 26-35, 이민창, 2001: 12-13). 이러한 세 가지 관점은 제도
에 대한 개념 정의, 제도와 행위자와의 관계, 제도의 형성 및 변화
등에 대하여 각기 상이한 설명을 하고 있는데,[18] 본 연구에서는 합

---

18) 예컨대 역사적 제도주의(Historical Institutionalism)는 대체로 제도를
   '정체(polity)나 정치경제의 조직적 구조 속에 내재된 공식·비공식적
   절차, 상례(routines), 규범과 관행'으로 정의한다(Hall & Taylor, 1996:
   938). 역사석 세도주의들은 행위를 형성하고 제약하는 '사회적 맥락'으
   로서 제도의 중요성과 이러한 제도가 형성되는 '역사적 과정'의 특수한
   상황을 중시한다(염재호, 1994: 24). 즉 국가와 사회를 연결하는 제도는
   역사적 산물로서 현재와 미래의 정책결정에 영향을 미치게 되는 역사
   의존성 또는 경로의존성(path dependence)을 지닌다는 것이다(North,
   1990: 92-104; Krasner, 1988: 67-82; Hall & Taylor, 1996: 938). 이들
   은 거시 구조적 분석과 역사적 시각을 통합함으로써 국가 간 정책의
   상이성과 한 국가 내 정책패턴의 지속성을 효과적으로 설명하고 있다
   (Katznelson, 1997: 85; Cammack, 1992: 402-403; Ikenberry, 1988:
   222-229; 하연섭, 1999: 9-10).
   한편, 사회학적 제도주의(Sociological Institutionalism)에서는 제도를
   공식적인 규칙이나 절차 또는 규범 이외에도 인산의 행동을 지도하는
   의미의 준거틀(frame of meaning)을 제공하는 상징체계, 인지적 묘사
   (script), 도덕적 전형(templates) 등과 같은 문화를 포함하는 개념으로
   광범위하게 이해한다(Hall & Taylor, 1996: 947-948; Zucker, 1991;
   83-107; Blom-Hansen, 1997: 674; Scott, 2001: ch.3; 안성민, 2002: 29).
   사회학적 제도주의자들은 현대 사회조직에서 전반적으로 나타나고 있
   는 '제도의 구조동형화(institutional isomorphism)' 현상은 조직이 과업
   상 요구되는 '기술적 효율성'보다는 '사회적 정당성(social legitimacy)'
   을 얻기 위하여 사회적으로 당연시되는 문화적 관행들을 채택한 결과
   라고 주장한다(Meyer & Rowan, 1977; 340-363; DiMaggio & Powell,
   1983: 147-160; 배병룡, 1999: 118-127).

리적 선택 제도주의의 입장을 연구의 기본적인 토대로 하고 있다.

합리적 선택 제도주의(Rational Choice Institutionalism)는 전통적인 합리적 선택이론의 엄격한 합리성의 가정19)을 완화하고 제도의 영향에 대하여 관심을 기울인다. 합리적 선택 제도주의는 행위자와 제도의 성격을 설명함에 있어 행위자들은 자신의 이익을 극대화하기 위하여 전략적인 계산을 하는 제한된 합리성(bounded rationality)을 가진 존재이며(Simon, 1976), 제도는 이러한 개인들의 합리적 사고의 산물로서 반복적이고 상호 의존적인 관계에서 개인의 행동을 제약하는 규칙이라고 본다(Blom-Hansen, 1997: 676).

가. 합리적 선택 제도주의의 주요 내용

(1) 제도의 개념

합리적 선택 제도주의는 그 안에 다양한 관점 및 이론들이 존재하며,20) 제도에 대한 개념정의도 학파별로 다양하다. 먼저, North(1990),

---

19) 신고전파 경제학에서 말하는 순수 합리적 선택모형은 다음과 같은 인간에 대한 조건을 제시하고 있다(김석준외, 2000: 105; 이명석, 1999a: 11-12). ⅰ) 최적성의 조건(optimal condition): 인간의 행동은 주어진 신념하에서 자신의 욕구를 달성하는 최상의 수단이며, 수집된 객관적 정보의 양은 행위자의 욕구하에서 최적의 것이어야 한다. ⅱ) 일관성의 조건(consistency condition): 신념과 욕구 간에는 어떠한 내적 모순도 존재하지 않아야 한다. ⅲ) 인과성의 조건(causal condition): 인간의 행동은 자신의 욕구와 신념에 의해 합리화될 뿐만 아니라 실제로 그의 욕구와 신념에 의해 발생된다. ⅳ) 확률계산조건(probability calculus condition): 인간의 행위는 그의 기대효용을 극대화하는 것이어야 한다(Tsebelis, 1990).

20) 합리적 선택 제도주의에 포함되는 이론으로는 거래비용이론, 게임이론, 주인-대리인이론, 공유재문제의 자치적 해결에 관한 이론 등이 있다(Peters, 1999: 46-52; Lynn, Heinrich, & Hill, 2001; 정용덕외, 1999a: 31-145; 김석준외, 2000: 108-111). 먼저, 거래비용이론(transaction cost theory)은 시장거래를 위해서 수반되는 거래비용을 줄이기 위하여 기업

Ostrom(1986; 1990), Williamson(1985) 등과 같은 신제도주의 경제학자들은 제도를 '규칙(rules)'으로 정의한다. 제도란 '사회의 게임규칙으로서, 개인들 간의 상호작용을 구체화하기 위하여 고안된 제약'(North, 1990; 3), 또는 '반복적이고 상호 의존적인 관계에서 인간

(firm)과 같은 위계조직이 시장(market)기구 속에서 존재하게 된다(Coase, 1937; Williamson, 1975, 1985)는 것을 밝히는 이론이다. 한편 North(1990)는 제도는 개인의 선택 집합을 정의하고 제한하며, 한 경제의 인센티브 구조를 제공함으로써 경제변화의 방향을 결정하기 때문에 제도가 얼마만큼 거래비용을 줄이고 신뢰할 수 있는 합의장치(credible commitment)를 마련하느냐에 따라 경제성장에 영향을 미친다고 주장하고 있다.

둘째, 게임이론(game theory)은 상호 의존적인 이해관계를 갖는 둘 이상의 개인들의 선택과 행동을 게임으로 파악하여 그 선택과 행동의 결과로 나타날 사회상황을 예측하고자 한다. 게임이론에서는 게임을 규정하는 게임의 규칙이 경기에 참여할 수 있는 경기자, 경기자들이 가질 수 있는 정보의 수준, 경기자들이 선택할 수 있는 전략, 그리고 경기자들이 상호작용의 결과 이익과 손해를 얻게 되는 보수(이득)를 결정한다고 본다. 합리적 선택 제도주의에서는 이러한 게임의 규칙을 제도로 파악한다. 이러한 관점에서는 게임규칙의 변화가 바로 사회현상의 변화로 연결되는 것이 아니고, 그것이 활동의 장에서 상호작용하는 개인들의 유인구조를 실질적으로 변화시킬 수 있어야만 사회현상이 변화하게 된다고 본다. 따라서 게임상황에서 구체적으로 규칙의 변화가 어떻게 경기자의 전략 선택의 폭과 보수함수를 변화시켜 유인구조를 변경시키는가를 파악하는 것이 중요하다(이명석, 1999b: 31-39).

셋째, 주인-대리인 이론(principal-agent theory)은 주인과 대리인 간에 존재하는 정보의 불균형으로 인해 발생하는 감독비용을 최소화하기 위한 차선의 방법의 하나로서 어떻게 하면 대리인이 주인의 이이을 극대화하면서 동시에 자신의 이익을 함께 도모할 수 있는 유인체계를 개발하느냐 하는 것에 주된 관심이 있다(Eggertsson, 1990: 40-45; Peters, 1999: 50-51; 권순민·김난도, 1995: 77-95; 1999: 79-89; 김관보, 1996; 유동운, 1999: 315-322; 김석준외, 2000: 109-110).

넷째, 공유재(common pool resources)문제의 자치적 해결에 관한 이론은 비배제성과 편익감소성의 특징을 갖는 공유재(Ostrom & Ostrom, 1977; Feeny, et. al., 1990; Ostrom, et. al., 1992)의 사회적 최적사용을 위해서는 행위자들의 미래의 유인구조에 영향을 줄 수 있는 적절한 자치적인 제도적 장치(institutional arrangement)를 마련하는 것이 중요하다고 주장한다(이명석, 1995: 1291-1312; 1999c: 118-141).

의 행동을 제약하는 규칙'(Blom-Hansen, 1997: 674)으로 정의된다. 규칙은 대부분의 경우 일반적인 특성을 가지고 있고, 대부분의 행위자들에게 알려져 있으며, 반복적인 사회적 상호작용을 조직화하기 때문에 이들 규칙은 제도로서 자격을 얻게 된다는 것이다(Blom- Hansen, 1997: 676). 이러한 관점에서는 규칙이 개인이 선택할 수 있는 기회와 제약을 제공한다고 본다.

한편 Schotter(1981), Riker(1980) 등과 같은 게임이론적 학자들은 제도를 하나의 '균형점(equilibrium)'으로 정의한다. 즉, '개인들이 상호의 선호를 이해하고 이에 따라 최적의 행동을 선택한다면 존재하게 되는 행태의 안정적인 유형'을 제도라고 정의한다. 이러한 관점에서는 제도가 상대방의 반응에 대한 상호 간의 기대와 이해(혹은 공유된 전략)가 개인의 행동에 어떤 결과를 낳게 될지를 예측하게 하여 개인이 선택할 수 있는 기회와 제약을 제공한다고 본다(이명석, 1999a: 19-20).

이와 같이 학자에 따라 다른 시각에서 제도의 개념정의를 하고 있지만, 관찰되는 인간 행태의 규칙성을 제도로 파악한다는 점에서 공통점이 있다(Crawford & Ostrom, 1995: 582). 본 연구에서는 제도를 인간의 선호와 상호작용을 제약하는 규칙이라고 보는 관점에 따라 '반복적이고 상호 의존적인 관계에서 인간의 행동을 제약하는 게임의 규칙'으로 정의하기로 한다.

(2) 제도의 기능

합리적 선택 제도주의 관점에서 볼 때 제도는 다음과 같은 기능을 수행한다. 첫째, 모든 사람들이 자신의 효용을 극대화하기 위해 노력하게 되면 누구도 제대로 자신의 효용을 극대화시키지 못하는 이른바 집합적 딜레마(collective dilemma)[21] 또는 사회적 딜레마

---

21) 집합적 딜레마의 예로서 공유재의 비극(the tragedy of the commons)

상황이 나타나게 되는데, 이러한 딜레마로부터 벗어날 수 있도록 고안된 것이 제도이다. 따라서 제도는 사회구성원들이 서로 편익을 증진시킬 수 있는 방향으로 교환과 협력을 하도록 강제하는 기능을 한다(하연섭, 2003: 84-85). 둘째, 제도는 정치·경제적 행위자에게 기회를 제공할 뿐만 아니라 행위를 제약하는 역할을 수행함으로써 그들의 전략적 선택에 영향을 미친다. 셋째, 제도는 다른 사람들이 미래에 어떤 선택을 할 것인지에 대한 정보를 제공함으로써 게임에 임하는 행위자가 봉착하게 되는 불확실성을 감소시켜 주는 인간의 상호작용에 대한 안내자 역할을 한다(North, 1990: 6; Hall & Taylor, 1996: 939). 넷째, 제도는 개인의 자율성의 영역을 보호하고 보장함으로써 개인이 외부로부터 부당한 간섭을 받거나 압력을 행사 받지 않도록 하여 준다(이민창, 2001: 22).

(3) 제도의 형성·지속성·변화

합리적 선택 제도주의는 제도의 형성(기원), 지속성, 변화를 모두 개인의 효용극대화 추구에 기반 하여 설명하고 있다(Hall & Taylor, 1996: 952-953).

첫째, 합리적 선택 제도주의 이론에 따르면 제도는 효용극대화를 위한 사회구성원의 선택의 결과로 '형성'된다. 다만 제도의 성격이 사회구성원들에게 '집합적 편익'을 제공하느냐 아니면 '일방의 배분적 편익'을 제공하느냐에 따라 제도의 기원에 대한 설명이 달라진다. Shepsle(1989)과 North(1990) 등의 학자는 제도를 게임의 규칙을 선택하여 협력의 편익을 확보하려는 행위자들의 자발적인 합리적인 선택의 결과로 파악한다. 즉, 제도란 교환이나 협력의 집합적 편익을 확보하기 위한 소위 '조정게임'의 결과라는 것이다. 이 견해에 의하면 제도는 모든 관계 당사자의 편익을 증진시키는 바람직한

과 공공재의 무임승차자 문제(free-rider problem)를 들 수 있다.

존재이다(Blom-Hansen, 1997: 680). 반면에, Moe(1990a, 1990b)나 Knight(1992) 등의 학자는 보다 갈등적이고 불평등한 사회를 가정하고 제도를 일종의 '강제의 수단'으로 파악하고 있다. 이들의 견해에 따르면 제도는 정치적 강자의 '일방의 배분적 편익'을 증진시키는 존재로 인식된다. 즉, 제도란 정치적 승리자들이 자신의 이익을 추구하기 위해 만들어내는 구조적인 수단이라는 것이다. 정치적 약자들은 주어진 제도를 받아들이는 것 이외에는 다른 대안이 없으므로 제도를 받아들이게 되고 그 결과 제도가 존재하게 된다고 한다.

둘째, 합리적 선택 제도주의는 현존하는 제도가 다른 대안적 제도보다 효용극대화를 추구하는 개인들에게 더 많은 편익을 제공하고 있기 때문에, 혹은 현존하는 제도를 유지하면서 얻게 되는 편익이 제도를 변화시키는 데 소요되는 거래비용보다 크기 때문에 현 제도가 '유지'되고 있다고 설명한다. 여기서 거래비용(transaction cost)[22]이란 교환되어지는 것의 유용한 속성을 측정하고 권리(재산

---

22) Coase(1960; 15)는 거래비용을 가격메커니즘을 이용하는데 소요되는 비용으로 정의하면서, 구체적으로 시장거래를 위해서 ⅰ) 거래상대방을 발견하고, ⅱ) 거래상대방에게 거래조건을 알려주고, ⅲ) 협상하고, ⅳ) 계약서를 작성하고, ⅴ) 계약조건이 준수되는지를 확인하는 데 필요한 검사비용 등을 포함시키고 있다.
Williamson(1985)은 거래비용을 물리학에서의 마찰(friction)의 개념으로 보면서 사전적 비용과 사후적 비용으로 구분한다. 전자에는 ⅰ) 거래조건에 대한 합의사항을 작성하고, ⅱ) 협상하며, ⅲ) 이행을 보장하는 비용이 포함되며, 후자에는 ⅰ) 거래가 계약조건 이행협력에서 벗어나 발생하는 부적합 조정비용, ⅱ) 사후 불균등한 관계를 시정하기 위해 양자가 노력할 경우 발생하는 협상비용, ⅲ) 분쟁관련 비용, ⅳ) 확실한 계약이행을 위한 보증비용을 포함시키고 있다(김관보, 1999; 57).
최근에는 거래비용의 개념을 좀 더 넓게 해석하여 제도나 조직을 만들고 변화시키는데 드는 비용과 제도나 조직을 사용하는데 드는 비용까지 포함시키고 있다. 전자는 거시적으로 헌법이나 정부의 기본구조의 측면에서 본 거래비용으로 사회의 제도적 틀을 형성하고, 강제하고, 변화시키는데 필요한 협상과정에서 발생하는 비용을 말하며, 후자는 미시적으로 기업이나 시장의 측면에서 보는 거래비용으로 주로 개인들 간의 거래에 수반되는 비용을 말한다(Furubotn & Richter, 1991: 8-9, 김

권등)를 보호하며 계약을 감시·집행하는데 소요되는 부대적인 비용을 말하는데(North, 1990; 27; Coase, 1960: 15; 김관보, 1999; 55-56), 거래비용은 근본적으로 불확실한 정보 때문에 발생한다(North, 1990; 27).[23]

또한, 합리적 선택 제도주의는 행위자의 미래에 대한 태도에 의해 제도의 안정성이 유지된다고 설명한다. 행위자들이 미래의 가치를 높이 평가할수록 기존의 제도에 순응하는 것이 장기적으로 합리적인 선택이 될 가능성이 높아진다는 것이다.

셋째, 제도의 '변화'란 기존 제도가 당초 의도했던 요구조건, 즉 개인적 합리성과 사회적 합리성 간의 괴리를 조화시키는 것을 충족시키지 못했을 때 인간의 의식적인 설계를 통해 이루어진다고 보고 있다(Peters, 1999: 56).

나. 합리적 선택 제도주의의 문제점과 최근 경향

(1) 합리적 선택 제도주의의 문제점

합리적 선택 제도주의의 이론적 출발점은 각 개인이 주어진 선호체계를 가지고 있으며, 효용을 극대화하기 위하여 전략적으로 행동한다는 기본 가정이다. 합리적 선택 제도주의에서의 제도란 효용극내화를 추구하는 개인들 간의 교환관계가 안정된 상태에서 유지되도록 만드는 동시에 거래비용을 최소화함으로써, 궁극적으로 파레토의 효율적인 결과(Pareto-superior outcome)가 창출되도록 만드는 기능을 담당한다.

성배, 2002: 156).

23) Williamson(1975; 1985)은 상호 의존도가 높은 생산 및 분배의 거래과정에서 불확실성, 전속성(idiosyncracy), 복잡성, 정보 비대칭성, 그리고 기회주의(opportunism)와 같은 요인들이 내재하고 있어 부대적인 거래비용이 발생한다고 본다.

　이러한 합리적 선택 제도주의의 이론적 특징에 대하여 다음과 같은 비판이 제기되고 있다. 첫째, 합리적 선택 제도주의에서는 집합적 딜레마를 해결하거나 거래비용을 낮추기 위한 수단으로 의식적으로 만든 것이 제도라고 보기 때문에 헌법, 법률 등과 같은 공식적인 제도에 초점을 맞출 뿐 규범이나 문화, 이데올로기 등 비공식적인 제도의 중요성을 소홀히 하는 경향이 있다(하연섭, 2003: 90-91).

　둘째, 합리적 선택 제도주의에서는 개인의 선호를 외생적으로 주어진 것으로 가정할 뿐, 선호가 어떻게 형성되고 변화하는지에 대해서는 설명하지 못한다(Thelen & Steinmo, 1992). 게다가 행위의 기초로 선호를 설정하지만, 실제 설명방식은 관찰된 행위로부터 선호를 추론한 후 이렇게 추론된 선호로부터 행위를 설명하는 순환론적 오류에 빠지게 된다(Blyth, 1997: 233). 다시 말해서, 설명되어야 할 종속변수(행위)로부터 그 원인이 되는 독립변수(선호)를 추론하고, 그렇게 추론한 원인(즉, 선호)으로부터 그 행위를 다시 설명하는 순환론적인 설명방식을 취한다는 것이다.

　셋째, 합리적 선택 제도주의의 제도형성에 관한 설명방식은 기능주의적(functionalist)이라는 문제점이 있다. 즉, 합리적 선택 제도주의자들은 개인의 효용을 극대화하기 위한 수단으로서 행위자들의 자발적인 협력에 의해 제도가 창조되는 것으로 상정함으로써 제도의 기원을 제도가 수행하는 기능에 초점을 맞추어 설명하고 있다는 것이다. 그러나 이러한 설명방식은 역시 종속변수(제도의 효과)로부터 독립변수(제도의 기원)를 설명하는 오류에 빠지게 된다. 또한 합리적 선택 제도주의의 제도형성과정에 대한 설명방식은 의도적이고, 자원론적(voluntaristic)이라는 문제점이 있다. 즉, 합리적 선택 제도주의자들은 제도를 만드는 각 개인들이 제도가 가져올 효과를 충분히 인식하고 그러한 효과를 낳기 위한 목적으로 제도를 창조한다고 보고 있으나, 이는 행위자들의 선견지명과 사건의 전개과정에 대한 통제능력을 지나치게 과대평가하고 있다는 비판을 받고 있다

(Hall & Taylor, 1996: 952-953).

넷째, 합리적 선택 제도주의자들은 평등한 권력관계에 기반하고 있는 독립적인 행위자들 간의 자발적인 동의에 의한 계약을 통해 제도가 형성된다고 주장하고 있다. 따라서 합리적 선택 제도주의에서는 불평등한 권력관계에 의해 제도형성과정이 영향을 받을 수 있음을 간과하고 있다(Hall & Taylor, 1996: 953).

다섯째, 합리적 선택 제도주의에서는 '균형'으로서 제도가 만들어져 있는 상태에 대해서만 관심을 가질 뿐이지 그러한 균형상태에 이르게 된 과정에 대해서는 관심을 기울이지 않는다. 제도가 만들어지는 과정에 대한 설명이 없기 때문에 그 과정이 진행되는 맥락에 대한 설명이 있을 리 만무하다. 이러한 이유로 합리적 선택 제도주의가 몰역사적(ahistorical)이라고 비판받는다(하연섭, 2003: 94).

(2) 합리적 선택 제도주의의 최근 경향 : 본 연구의 관점

바로 앞에서 살펴 본 비판에 대하여 최근 십여 년 동안 합리적 선택 제도주의자들은 이러한 문제점을 극복하기 위하여 이론 틀의 수정에 많은 노력을 집중하여 왔다. 합리적 선택 제도주의자에서의 이론적 자기혁신 노력은 다양한 방향으로 전개되고 있지만, 여기서는 D. North의 논의를 중심으로 설명하기로 한다.

가) 비공식적 제도의 중요성 강조

제도는 헌법, 법률, 조례 등과 같은 공식적 규칙(formal rules)과 행위양식, 행동규범, 관습 등과 같은 비공식적 규칙(informal rules)으로 구성되어 있다. 여기서 비공식적인 규칙은 공식적인 규칙의 기초를 이루는데, 그것은 단지 공식적 규칙의 부가물이 아닌 그 자체로서 중요하다. 타인과의 일상적인 상호작용의 지배적인 구조는 비공식적인 규칙에 의해 규정된다. 이것은 사회적으로 전달된 정보에서 유래하며, 문화라 부르는 유산의 일부이다(North, 1990: 36-37). 사람들이 세상을 해석하는 신념체계는 한 사회에서 오랜 세월에 걸쳐 누적된 집합적 학습(collective learning)의 결과라고 볼 수 있는 데, 이러한 집합적 학습을 가능하도록 만드는 기제가 바로 문화라는 것이다. 바로 이러한 문화와 학습을 통해 과거의 선택이 한 사회의 현재와 미래의 발전패턴에 영향을 미치는 이른바 경로의존(path dependence) 현상이 나타나게 된다.

공식적인 규칙은 상대적으로 단기간에 만들어지나, 비공식적인 규칙은 장기간에 걸쳐 진화된다. 비록 공식적인 규칙의 전면적인 변화가 있다고 하더라고, 관습, 행위규범, 행동준칙과 같은 비공식적인 규칙의 제약으로 인하여 제도는 '점진적'으로 변화한다(North, 1990: 6).24) 따라서 지속성, 안정성이라는 제도의 특성에 비추어볼 때 단기간에 바뀌어 질 수 있는 공식적 규칙은 상대적으로 제도로서의 의미가 떨어진다(Knight, 1992: 171-173).

나) 선호형성의 내재성

개인의 선호를 단지 주어진 것으로 가정할 뿐 선호가 어떻게 형성되는지를 합리적 선택 제도주의의 이론 틀 내에서는 설명할 수 없다는 Thelen과 Steinmo(1992)의 비판에 대하여 최근 합리적 선택 제도주의자들은 중요한 입장변화를 보이고 있다. 바로 제도적 맥락 속에서 선호가 형성되고 변화됨을 인정하기 시작했다는 점이다. North(1990)에 따르면 제도는 개인 간 상호작용에 영향을 미치며, 각 개인은 다른 사람들과의 상호작용 과정에서 자신이 무엇을 원하

---

24) 제도의 형성속도와 관련하여 North(1990)와 Knight(1992)는 느리고 점증적으로 이루어진다고 보는 반면에, Shepsle(1989)과 Moe(1990a; 1990b)는 빠르고 급진적으로 이루어진다고 주장하고 있다(Blom-Hansen, 1997: 681).

는지를 배우고 터득하게 된다는 것이다. North는 제도가 행위자들의 전략만 제약하는 것이 아니라, 행위자들의 경험을 제약함으로써 선호를 형성한다고 주장하고 있다.

Dowding과 King(1995)에 의하면 제도는 두 가지 측면에서 선호에 영향을 미친다. 첫째, 제도는 무엇이 가능한지를 정해줌으로써, 즉 개인이 선택 가능한 범위를 설정해 줌으로써, 개인의 선호에 영향을 미친다. 둘째, 각 개인의 선호는 다른 사람과 맺고 있는 관계에 의해서, 즉 사회구조 속에서 그 사람이 차지하는 위치에 따라 달라진다.

이처럼 최근 합리적 선택 제도주의자들은 개인의 선호가 제도적 맥락에 의해서 변화될 수 있음을 인정하고 있으나, 이것은 어디까지나 합리적 선택이론의 생명력을 유지시키기 위해 Lakatos(1970)가 이야기 하는 이론의 보호대(protective belt)를 변화시키는 것에 불과하다. 제도적 맥락에 의해 선호가 형성되고 변화더라도, 궁극적으로 그 선호는 주어진 것으로 간주하는 것, 그것이 바로 합리적 선택이론의 핵심가정이다(하연섭, 2003: 101-102)

다) 권력관계의 불평등과 정치적 역학관계에 대한 강조

합리적 선택 제도주의자들은 집합적 행위의 딜레마를 해결하기 위하여 평등한 권력관계에 기반하고 있는 독립적인 행위자들이 상호 자발적인 동의에 의한 계약을 통해 제도를 설계한다고 설명하고 있다. 그러나 집합적 행위의 딜레마를 해결하기 위하여 제도를 설계한다는 것은 자기 이익을 추구하는 행위자와 배치되는 이른바 자애로운 행위자(benevolent actor)를 상정할 때만이 성립될 수 있는 명제라는 이론적 딜레마 상황이 나타나게 된다(하연섭, 2003: 102).

이러한 이론적 딜레마를 해결할 수 있는 방법으로 합리적 선택 제도주의에서 제시된 것이 바로 권력관계의 불균형에 대한 인정이다. North(1990)에 의하면 제도란 사회적으로 효율적이기 위해서 만들어지는 것이 아니라, 새로운 제도를 창조할 수 있는 협상력을 갖춘 사람들의 이익을 증진시키기 위한 방편으로 만들어지는 것임을 강조하고 있다. Moe(1990a: 213)도 이와 유사한 주장을 하고 있는데, 제도(특히, 정치제도)란 강제와 재분배의 도구라고 갈파하고 있다. 즉, 제도란 대부분의 경우 정치적으로 힘 있는 사람들이 다른 사람들의 희생을 대가로 하여 자신의 이익을 추구하는 구조적인 수단이라는 것이다. 또한 Knight(1992)에 따르면 사회구성원간 권력의 불균형은 엄연히 존재하는 현실이며, 제도의 형성과 변화는 분배적 이득을 얻기 위한 갈등의 부산물일 뿐이라는 것이다. 이처럼 제도의 형성과 변화를 설명하는 데 있어서 분배적 갈등에 주목하게 되면, 권력을 가진 사람들의 이해관계가 사회 전체의 이해관계와 일치하지 않을 수 있게 됨을 인정하게 된다.

라) 분석적 서술기법의 활용

합리적 선택이론에 대한 통렬한 비판 중의 하나는 합리적 선택이론이 보편적인 이론 또는 방법론만을 추구할 뿐 사회적·학문적으로 중요한 문제에 대한 실증적 분석에는 거의 관심을 두지 않는다는 것이다. 합리적 선택이론이 안고 있는 이러한 문제점을 극복하기 위한 시도로서 최근에 등장한 것이 이른바 분석적 서술기법(analytic narratives)이다.

분석적 서술기법이란 합리적 선택이론에서 활용하던 분석적 기법과 역사연구에서 사용하는 서술적 형태를 결합한 것이다. 여기서 서술적 접근(narratives)이란 맥락과 사건의 전개과정에 초점을 맞추는 접근법을 의미한다. 따라서 분석적 서술기법은 구체적인 시간과 공간 속에서 현상이 어떻게 나타나게 되었는지 사건의 구체적인 전개과정과 그 메커니즘에 초점을 맞추는 것이 특징이다(Bates et al., 1998). Levi(1999: 68)가 주장하듯이 합리적 선택이론 그 자체로는 제도의 기원과 제도의 형태를 제대로 설명할 수 없기 때문에 이를 위해서는 구체적인 사례분석이 필요한 것이다. 그리고 이러한 사례분석과 합리적 선택이론의 결합을 통해 분석적 서술기법이 내놓을 수 있는 이론은 결코 보편이론이 될 수 없으며, 시간과 공간의 제약을 받는 중범위이론 밖에는 될 수 없음을 인정하고 있다.

이러한 분석적 서술기법은 합리적 선택이론에 대한 비판을 극복하는 동시에, 보다 더 중요하게는 사실상 합리적 선택이론의 연역적 방법론을 역사연구와 비교연구에 적용하려는 시도라고 할 수 있다. 다만, 분석적 서술기법을 활용하고 있는 학자들은 여전히 사례의 구체성보다는 일반화의 가능성이나 논리전개에 더 비중을 두고 있다(하연섭, 2003: 105).

다. 제도와 정책

제도와 정책의 관계에 대해서는 아직까지 명확한 개념 구분이 이루어지지 않고 있다. 양자를 부분적으로 동일시하는 견해도 있고,[25] 양자의 개념 구분이 명확하지 않다고 보는 견해도 있으며,[26] 양자를 구분하는 견해[27]도 있다.

---

25) 이민창(2001)은 정책을 공식적 제도의 구체화로 파악하면서 공식적인 제도(법률)로서 정책과 혼용하여 사용하고 있나.

26) 정정길(2002: 13)은 제도와 정책의 개념적 분석은 분명한 것이 아니라고 본다. 제도가 정책대상집단의 행동을 제약하는 규칙이나 관행들을 의미하는 경우에는 정책을 통하여 구축하고자 하는 것이고, 이런 경우의 제도는 정책의 내용이 된다. 그러나 정책결정자나 관련자들이 정책결정시에 지켜야 할 규칙이나 관행을 의미하는 경우의 제도(즉 정치제도)도 있기 때문에 양자의 관계는 좀 더 복잡한 개념적 분석이 필요하다고 본다. 사회제도는 정책을 통하여 공식적으로 구축되고, 사회적 관행을 통하여 강화되지만, 정치제도는 구성적 정책으로 구축된다고 본다.

27) 역사적 제도주의론자들이 대표적이다. 그들은 제도란 국가를 형성하고 있는 구조적인 틀로서 이러한 제도의 산물이 정책이라고 본다. 정치와

본 연구에서는 제도와 정책 간의 관계는 매우 밀접한 관계에 있지만, 제도와 정책을 구분하여 사용하고자 한다. 제도란 '반복적이고 상호 의존적인 관계에서 인간의 행동을 제약하는 게임의 규칙'으로서 공식적·비공식적 규칙이 포함된다. 한편 정책의 개념에 대해서도 학자에 따라 매우 다양하게 정의되고 있으나,28) 여기서는 정책이란 '바람직한 사회상태를 이룩하려는 정책목표와 이를 달성하기 위해 필요한 정책수단에 대하여 권위 있는 정부기관이 공식적으로 결정한 기본방침'(정정길, 1997: 52)으로 정의하기로 한다. 따라서 정책은 정부에서 공식적으로 발표한 것에 한정된다. 이러한 정책은 정부방침, 정부지침, 프로그램, 사업(프로젝트), 시책, 대책, 등 다양한 형태로 표현된다(노화준, 1995: 10-11, 정정길, 1997: 80-84).

이제 정책과 제도의 일반적인 관계에 대해서 살펴보기로 한다. 정책은 권위 있는 정부기관이라는 정치제도에 의해서 공식적으로 결정(채택)되고, 집행되고, 강제되어야 정책으로 성립되는 것이다. 왜냐하면 제도는 누가 권위적·구속적인 집합적 결정을 내려야 하

정책과정에서 정책행위자들이 이용할 수 있는 선택의 범위는 제도적 틀에 의존하게 되고, 이러한 제도적 틀 안에서 정책행위자들 간의 상호작용에 의하여 만들어진 결과가 정책이 된다(배응환, 2001a: 108).

28) 정책을 '정부가 추진하거나 하지 않으려고 하는 무엇'(Dye, 1975: 1)이라고 하여 매우 포괄적으로 정의하는 견해도 있으나, 일반적으로는 정책이란 '공익을 실현하기 위한 목표와 이를 달성하기 위한 최선의 수단에 대하여 주로 정부기관에 의하여 결정되는 미래지향적인 행동의 주요지침'(Dror, 1983: 12-17), '행위자 또는 행위자 집단들이 문제나 관심사를 다루기 위해 행하는 목적지향적인 행동과정'(Anderson, 1984: 5), '특정한 산출을 달성하는데 관심이 있는 행위주체들의 의도적 행동'(Scharpf, 1997: 36), '정책목표와 정책수단으로 구성되는 국가개입의 수단'(Daugbjerg, 1998a: 279) 등으로 정의된다. 이들 개념정의의 공통점은 대부분 정책의 구성요소로서 정책목표와 정책수단을 들고 있으며, 목적지향적인 행동과정을 강조하고 있다는 점이다. 한편 정책네트워크의 산출물로서 정책을 강조하는 관점에서는 정책을 '학습과 네트워크 또는 상호작용의 하위체제'(Jordan & Greenway, 1998: 670)로 정의하기도 한다.

는 지에 대한 사회적 합의를 나타내며, 정부권력의 정당한 배분에 대한 사회의 가치 및 규범을 보여주기 때문이다.

제도는 사회가 의도하는 것을 대표함으로써 제도 내에서 행동하거나 제도에 영향을 미치려는 사람들의 행위를 구체화하는 압력을 행사한다. 또한 오랜 기간 동안 지속되는 인간행동이 규칙화된 유형의 집합으로 나타난 제도는 정책의 내용과 의사결정에 영향을 미친다. 제도는 어떤 정책결과를 용이하게 하기 위하여, 그리고 다른 정책결과를 막기 위하여 구조화된다. 따라서 제도적 구조, 장치 및 절차는 정책결과에 중요한 영향을 미치게 된다(Jones, 1985: 308-309; 송하진, 1994: 31-34).

제도는 정부의 정책결정과정에 구조를 부여한다. 제도는 특정업무를 위해 특정 인력들을 집단화하고, 관련된 사람들의 전문성 및 경험에 따라 문제들이 어떻게 인지되고, 어느 정도의 실현가능한 대안이 개발되는 지를 구체화한다. 제도는 그 안에서 행동하는 사람들의 행위에 유인과 제약의 범위를 제공하고, 채택해야 할 일련의 상례적 절차(routines), 실행할 수 있는 수단의 목록, 사용자원의 규모, 정보선택의 기준, 의견갈등의 해소원칙, 준수해야할 시간의 범위 등을 제시한다. 이에 따라 제도는 정책결정의 복잡성을 체계화하는 근거를 제공한다(Jones, 1985; 308; 송하진, 1994: 34).

정책은 정치제도와 밀접하게 관련되어 있다. 이들 정치제도는 결정에 노달하는 일정한 규칙들의 집합으로서, 대체로 누가, 언제, 어떻게, 그리고 어떤 영향력을 가지고 결정에 관여하여야 하고, 또한 관여할 수 있는가에 관한 참여규칙이다. 이러한 정치제도 및 제도의 공식적 절차는 정책체제가 환경에 어느 정도 개방할 것인가를 결정하는 영향의 통로를 제한한다. 개인이나 집단은 정책과정에서의 접근성이 상이하기 때문에 정책형성, 자원배분, 정책적용에 있어서 영향력이 상이하게 나타나는데, 결국 정책과정에서 이러한 다양한 정도의 영향력은 제도의 구조가 허용하는 접근성에 의해 구체화되는 것이다(Jones, 1985: 308; 송하진, 1994: 34).

요컨대, 제도는 정책의 정당성을 제공하고, 정책과정에 참여하는 행위자들의 선호와 이익에 대한 정의, 행위자들의 접근가능성과 접근정도, 그리고 행위자들의 상호작용의 패턴에 영향을 미치고 제약하는 거시적 구조로서 기능을 한다(Ikenberry, 1988: 222-229). 반면에 정책은 그러한 제도적인 틀 안에서 행위자들의 상호작용에 의하여 만들어진 결과이다(배응환, 2001a: 108).

2. 정책네트워크 분석

정책혁신으로서 ITS의 도입에 관한 정책결정 및 구축(집행)과정에는 정부부처, 지자체, 연구기관뿐만 아니라 정부투자기관, 대학, 민간사업자 등 다양한 행위자들이 참여를 하고 있다. 본 연구에서는 이러한 참여자들 간의 이해관계 및 상호작용에 초점을 맞추어 ITS의 도입 및 확산의 양태를 설명하고자 하기 때문에 행위자들 간의 관계를 가장 적절히 분석할 수 있는 정책네트워크 모형을 분석도구로 삼고 있다.

다만, 정책네트워크가 현실에 존재하는 행위자들 간의 유형화된 관계를 묘사하는 단계를 넘어 정책결과에 어떤 영향을 미치는지를 설명하기 위해서는 행위자 모형과 결합하여 분석할 필요가 있다. 본 연구는 이러한 관점에서 ITS 도입 및 구축과정에 참여하는 정책행위자(policy actor)의 정책이익(policy interests), 그들 간의 상호작용(interactions)의 양태 및 관계구조가 어떻게 ITS의 도입·확산에 영향을 미치는지에 대해 분석하였다.

가. 정책네트워크의 일반론

(1) 정책네트워크 분석의 유용성과 한계

오늘날 정치체제는 다양한 정책문제에 대응하기 위하여 단편화되고(fragmented) 분권화된 많은 하위체제들로 구성되어 있다. 이러한 정치체제 내에서는 정책결정의 책임은 다양한 하위체제로 분산되므로 다양한 하위체제 간의 상호의존성(inter-dependencies)이 매우 중요하다. 또한 사회가 당면하는 정책문제가 점점 복잡해져 감에 따라 다양한 하위체제 간의 협동의 중요성이 증가하게 된다. 따라서 현대 정치체제의 가장 중요한 기능은 독립적이면서 동시에 상호 의존적인 하위체제들로 구성된 정책네트워크를 활용하여 각 하위체제 간의 협조를 확보하는 것이다. 이들 하위체제 구성원들의 협력이 사회문제의 해결에 불가피하기 때문이다(Blom-Hansen, 1997: 670).

정책과정에 대한 정책네트워크 분석29)은 이와 같이 오늘날 단편화되고 분권화된 정치체제하에서 구체적인 정책영역이나 정책부문에 대한 분석에 적용되어 공식적인 정책기구뿐만 아니라 매우 복잡하게 얽혀 있는 공식적·비공식적인 정책과정 참여자들 간의 상호작용을 분석하는 데 그 초점이 있다. 따라서 정책네트워크 분석은 현실의 정치 및 정책과정에서 국가와 사회의 상호 침투 영역에 관련되는 공식적·비공식적인 제도적 장치를 설명하는데 도움이 된다. 또한 정책네트워크 분석은 정책과정에서의 행위주체들 간의 상호작용을 살펴봄으로써 정책결정 및 집행구조를 밝혀낼 수 있기 때문에 과정과 구조를 동시에 파악할 수 있다는 장점이 있나(강은숙, 2001: 46).

---

29) 정책네트워크 분석은 ⅰ) 정책과정에 관한 이론을 발전시켜온 정책학에 뿌리를 두면서(Scharpf, 1978; Wright, 1988; Agranoff, 1990), ⅱ) 조직학에서 발전한 조직 간 관계론(Levine & White, 1961; Benson, 1975; Aldrich, 1976; 1979), ⅲ) 정치학에서 발전한 하위정부론, 이슈네트워크, 정책공동체 등의 논의(Ripley & Franklin, 1984; Heclo, 1978; Richardson & Jordan, 1979; Rhodes & Marsh, 1992)로부터 많은 영향을 받으면서 발전되어 왔다.

그러나 정책네트워크 분석은 정책과정에 대한 상세한 묘사(descrip-tion)를 제공하는 데는 매우 유용하나, 정책결과에 대한 설득력 있는 설명(explanation)을 제시하지 못한다고 비판받고 있다(Blom-Hansen, 1997: 673).[30] 이에 대하여 많은 학자들은 정책네트워크 분석이 좀 더 설명력을 갖기 위해서는 미시적 기초가 되는 '행위자 모형'으로서 합리적 선택이론과 결합되어야 한다고 주장하고 있다(Blom-Hansen, 1997: 669-673; Dowding, 1995: 136-158; O'Toole, 1995: 43-57; Scharpf, 1993). 본 연구에서도 이러한 관점에 따라 합리적 선택이론의 행위자 모형과 정책네트워크 모형을 결합하여 정책네트워크가 ITS의 도입 및 확산에 미친 영향을 분석하였다.

(2) 정책네트워크의 개념

일반적으로 네트워크는 '규정된 범위의 사람, 대상, 또는 사건들을 연결하는 특정 유형의 관계'로 정의된다(남궁근, 1999: 178). 정책네트워크는 네트워크 분석의 일반론을 정책설성의 구조에 관한 분석에 적용한 것이다. 정책네트워크 개념에 대해서는 정책네트워크를 단순한 하나의 '은유(metaphor)'로 보느냐, 아니면 현실을 설명하는 하나의 '모형(model)'으로 보느냐에 따라 개념 정의가 달라진다(Waarden, 1992: 30; Börzel, 1998: 254; 배응환, 2001b: 266-267). 첫째, 정책네트워크를 단순한 '은유'로 이해하는 시각에서는 정책과정에서 공·사부문의 수많은 행위자가 관여한다는 사실을 묘사하기 위하여 정책네트워크를 특정한 이미지로 개념화하고 있다.[31] 둘째, 정책네트워크를 하나의 '모형'으로 이해하는 시각에서는

---

30) 이러한 약점은 ⅰ) 정책네트워크가 거시 수준의 이론과 미시 수준의 이론이 통합되어야 설득력 있는 설명을 제공할 수 있는 중범위 수준의 개념이라는 점(Rhodes & Marsh, 1992: 1; 이명석, 2000: 119), ⅱ) 정책결과를 설명하는 독립변수가 네트워크 그 자체의 특성이 아니고 네트워크 내의 구성요소적 특성 때문이라는 점(Dowding, 1995: 137)이 지적되고 있다.

정책네트워크를 특정 정책영역에서 상호작용을 하는 행위자들 관계
에 초점을 맞추어 개념 정의하면서 정책네트워크를 하나의 분석도
구로 사용하고 있다.32)

　이와 같이 정책네트워크 개념은 현실의 은유로 보느냐 또는 현실
의 모형으로 보느냐에 따라 상이하게 정의되고 있으나, 정책네트워
크를 개념화하는데 공통적으로 추출할 수 있는 요소는 정책네트워
크 개념이 국가와 사회의 상호 침투영역에 관련된다는 점이다. 이
와 관련하여 영국과 미국의 학자, 그리고 유럽 학자들의 정책네트
워크에 대한 개념 정의가 상이하다.

---

31) 예컨대 Hanf와 Scharpf(1977)는 정책네트워크를 정책결정에는 정부와 사
　회의 다양한 수준과 기능적 영역에 존재하는 다수의 공·사 행위자들로
　구성된다는 사실을 단순히 의미한다고 보고 있으며, Katzenstein(1978)은
　정책네트워크를 정책집행에서 공·사 영역 사이를 연결하는 일반적인
　특징으로 보고 있으며, Heclo(1978)는 이슈네트워크를 특히 전문적 지식
　을 갖고 있는 많은 행위자들이 관련되는 공·사 연계의 특수한 형태로 정
　의하고 있다(Waarden, 1992: 30).

32) 예컨대 Rhodes와 Marsh(1992: 8-15)는 정책네트워크를 중범위 수준
　(meso-level)에서 제도들 사이의 구조적 관계를 강조하여 '자원의존에
　의해서 서로 연계된 조직들의 군집'으로 개념화하고, 그 범주로 고도로
　통합된 정책공동체에서 느슨하게 조직된 이슈네트워크까지 연속체로
　다섯 가지 유형으로 분류하여 중앙-지방정부 간의 관계를 분석하고
　있다. 국내에서 정책네트워크 모형을 분석도구로 연구한 내용을 정책
　분야별로 나누어 살펴보면 '정보통신정책' 분야에서는 윤석환(1996)과
　한세억(1999), '과학기술정책' 분야에서는 이정재(1998)와 김인환(1997),
　'환경정책' 분야에서는 강은숙(2001)과 김병완(1995), '노동복지정책' 분
　야에서는 이순호(1999), '보건정책' 분야에서는 김순양(1995), '산업정책'
　분야에서는 배웅환(2000), '사법정책' 분야에서는 정용남(1998), '지방정책'
　분야에서는 이종수(1996)의 연구 등이 있다.
　정책네트워크에 대한 분석방법으로는 양적 접근방법(quantitative approach)
　과 질적 접근방법(qualitative approach)이 있는데, 전자는 행위자들 간
　의 상호작용의 구조분석에 초점을 두는 반면에, 후자는 심층면접, 내용
　분석, 담론분석 등을 사용하여 상호작용의 내용을 분석하는데 초점을
　둔다(Börzel, 1998: 255). 그러나 양자는 상호 배타적인 관계가 아니라
　보완적인 관계로 볼 수 있다(Sciarini, 1996: 112).

첫째, 영국과 미국의 학자들은 정책네트워크를 공공부문과 민간
부문 간의 '이익중재 유형'으로 보면서, 정부와 이익집단들 간의 다
양한 형태의 상호관계에 관한 중범위 수준의 '일반적'인 개념으로
이해하고 있다. 따라서 이들은 네트워크 사이에 발생되고 있는 실
질적 내용을 분석하기보다는 정책참여자들 간의 상호작용에 의해서
형성되는 다양한 관계 유형을 포괄하는 '중립적'이고 '형식적'인 개
념으로 정책네트워크를 파악한다(Jordan & Schubert, 1992: 11;
Waarden, 1992: 29-32; 이장재, 1998: 49, 남궁근, 1999: 181).

둘째, 독일, 네덜란드 등 유럽의 학자들은 정책네트워크를 공공부
문과 민간부문 간에 광범위하게 퍼져 있는 정치적 자원을 동원할 수
있는 메커니즘으로서 시장과 계층제라는 제도에 대비되는 제3의 대
안(제도)으로서 '거버넌스(governance)33)의 특수한 형태'로 이해함으
로써 정책네트워크를 실질적 의미로 파악한다(Börzel, 1998: 253-
264). 즉, 이들은 정책네트워크를 비공식적이고 분권화 되어 있으며, 수
평적인 관계가 지배적인 정책결정영역에서 공공과 민간행위자들 간의
상호 의존적인 수평적 협력 및 조정의 연계장치인 하나의 '제도'로 인
식한다(Kenis & Schneider, 1989: 6; 1991: 40-41; Schneider, 1992:
109; Mayntz, 1994: 4-5; Klijn, 1997: 33; 이장재, 1998: 49, 정정길,
2000: 536-542, 김석준, 2000: 34). 이들은 정부와 사회의 다양한 수

---

33) 거버넌스와 관련한 개념은 개별 학문분야의 특성과 관심영역에 따라
   다양하게 정의되고 있다. 행정학 분야에서는 정부 중심적 시각에서 사
   회나 시장을 관리하고 통치하는 신국정관리로 정의하고 있으며(정정
   길, 2000: 433-546, 한국정치학회, 2000), 정치학 분야에서는 국가 중심
   적 시각에서 다원적 주체들 간의 협력적 통치방식을 의미하는 네트워
   크 통치, 협력적 통치(조명래, 1999: 39), 통치체제(정병순, 2000), 통치
   활동(박성제외, 2000) 등으로 정의한다. 한편 제도경제학에서는 시장
   중심적 시각에서 공동체적 자율관리체계, 자치체계, 자치제도 등으로
   정의하며(Ostrom, 1990), 사회학에서는 사회 중심적 시각에서 국가나
   시장과 구별되는 사회의 자연스러운 조정양식의 원형(Jessop, 1998:
   31)이나 자기 조직적 네트워크(Rhodes, 1996 & 1997) 등으로 정의하고
   있다.

준과 기능적 정책영역에 존재하는 수많은 공공 및 민간행위자들의 참여관계를 강조하는 의미로 정책네트워크라는 용어를 사용함으로써, 네트워크 요소들 간의 연계와 상호작용의 유형뿐만 아니라 이들 구조 속에서 개별 행위자들이 행동하는 방법에 보다 많은 관심을 갖는다(Hanf & Scharpf, 1977: 12).[34]

본 연구에서는 정책네트워크를 제도로 보는 관점에 따라 정책네트워크를 '정부와 조직화된 이익 사이의 상호작용을 규제하는 일련의 비공식적인 규칙'으로 정의하기로 한다(Blom-Hansen, 1997: 676).

(3) 정책네트워크의 유형

정책과정에 참여하는 행위자들의 유형 및 이들 간의 관계는 국가에 따라, 정책영역에 따라 상이하기 때문에 정책네트워크의 유형 분류도 학자에 따라 나양하게 제시되고 있으나,[35] 본 연구에서는

---

34) 독일학자와 네덜란드 학자 모두 정책네트워크의 제도적 구조가 정책결과에 중요한 영향을 미친다는 점을 강조하고 있다. 그러나 독일학자들은 합리적 선택 제도주의 시각에서 제도로서 정책네트워크는 행위자들을 제약하거나 유인을 부여하는 규제적 구조이며, 그러한 제도적 제약하에서 자신의 선호를 극대화하려고 노력하는 행위자들의 합리적 선택을 강조한다. 반면에 네덜란드 학자들은 오늘날 정책결정과정에서 네트워크 내 행위자들 간의 자율성과 상호의존성이 점증하고, 주도적인 행위자가 없는 상황에서 거버넌스의 핵심문제는 얼마나 네트워크를 효과적으로 관리하느냐에 달려 있다고 보고 있다(Marsh, 1998: 9 10).

35) Rhodes(1990: 306)는 정책네트워크 유형을 기능적·경제적 이해, 협회와 기관의 구성원, 수직적인 정부 간 상호작용, 수평적 상호의존성, 행위자의 자원에 대한 통제정도 등의 기준에 따라 ① 정책공동체(policy community), ② 이슈네트워크(issue network), ③ 지역네트워크(territorial network), ④ 전문가네트워크(professional network), ⑤ 정부 간 네트워크(intergovernmental network), ⑥ 생산자네트워크(producer network)로 구분하고 있다. Schneider(1992: 114-116)는 네트워크 구조의 계층적 특성, 중재조직의 존재와 역할을 기준으로 ① 조합주의 네트워크, ② 다원주의 네트워크, ③ 고객주의 네트워크로 구분하고 있다. 그리고 Yishai(1992: 91-105)는 다른 참여자에 대한 배제

네트워크의 구조적 특성에 따라 이념형(ideal type)으로서 ⅰ)(폐쇄적인) 정책공동체와 ⅱ)(개방적인) 이슈네트워크로 구분하여 분석하기로 한다.

가) 정책공동체

정책공동체 모형(policy community model)은 1970년대 후반이후 주로 영국의 학자들에 의하여 영국의 폐쇄적인 정책과정에 관한 연구를 위하여 도입된 이론이다(Jordan, 1990: 325).[36] 정책공동체는 제한된 수의 특권적인 참여자와 이들 간의 '안정적'이고 지속적인 관계, 서비스 전달 책임을 공유하는 데서 기인하는 구성원들 간의 높은 상호의존성, 비밀주의적인 정책과정으로 인해서 다른 네트워크와 의회, 일반대중 등과는 분리되는 특징을 갖는 정책체계를 의

성과 참여자들 간의 상호의존성이라는 두 가지 기준에 따라 ① 철의 삼각(iron triangle), ② 이슈네트워크, ③ 정책공동체, ④ 정책커튼(policy curtain), ⑤ 철의 양자관계(iron duet)로 구분하고 있다. 남궁근(1999: 181-191)은 ① 하위정부, ② 정책공동체, ③ 이슈네트워크로 구분하여 설명하고 있다.

36) 영국학자들이 정책공동체의 폐쇄적인 측면을 강조하는 반면에, 미국학자(Kingdon, 1984: 123-128, Campbell, et al., 1989: 86-94, Sabatier & Jenkins-Smith, 1999: 117-166)나 우리나라 학자들(정정길, 1997: 205-208; 노화준, 1995: 368-369, 남궁근, 1999: 186-188)은 '정책공동체'라는 용어를 사용하면서도 그 특성을 보다 개방적인 것으로 보고 있다.
미국이나 우리나라 학자들은 정책공동체의 주요 구성원으로 관료, 정치인, 이익집단의 지도자 및 막료, 대학교수 및 연구원, 정부 내 전문가 등을 포함시키고 있으며, 정책공동체는 정치체제가 보유하고 있는 일종의 정책대안의 집합소(think tank)이며 평가체라는 의미를 부여하고 있다(Kingdon, 1984: 123-128, 정정길, 1997: 206; 노화준, 1995: 369; 남궁근, 1999: 187). 이들 정책공동체의 구성원들은 정책문제와 해결방안에 관한 일련의 공통된 이해와 공동체적 감정을 가지고 있으나, 구성원들의 이해관계와 아이디어가 다르기 때문에 정책문제의 해결방안을 둘러싸고 갈등이 발생할 수도 있으며, 외부집단의 참여에 대하여 개방적이라고 본다(정정길, 1997: 206).

미한다(Richardson & Jordan, 1979: 74; Rhodes, 1986: 325-345). 정책과정에서 정책공동체의 주된 행위자들은 정부부처와 몇몇의 관련 집단(이른바 합법적인 고객)으로 한정되며, 비판적인 의견의 투입은 거의 없으며, 정부는 공익의 추구보다는 고객의 보호에 더욱 민감한 특성을 갖는다(Jordan, 1981: 105; Jordan, 1990: 470).

정책공동체의 내부에서는 참여자 간에 목적과 가치에 대한 공감대가 형성되어 있고, 그들 간의 응집성이 매우 높아 확립된 정책공동체에 대한 신규참여는 매우 어렵다. 문제의 해결방안에 대한 일련의 공통된 이해와 공동체적 감정을 가지고 있기 때문에 다른 행위자에 대한 배타성과 폐쇄성이 정책공동체의 기본적인 특성이나. 따라서 이러한 정책공동체의 특징은 제한된 소수의 참여자로 구성되고, 경제적 혹은 전문적 이익집단에 의한 우월적 지배가 이루어진다. 정책문제에 대한 공동체 구성원 간의 빈번한 상호작용이 전개되고, 구성원의 자격, 정책결과에 대한 일지성이 존재한다. 참여자들 간 정책선호와 가치, 이데올로기에 대한 합의가 형성되어 있고, 자원을 가진 정책공동체 구성원들 사이에 협상과 교환관계가 이루어진다(Rhode & Marsh, 1992: 186).

나) 이슈네트워크

H. Heclo는 하위정부모형37)에 대한 비판을 토대로 이슈네트워크 모형(issue network model)을 제시하였다. 그는 하위정부 모형이

---

37) Ripley와 Franklin(1984: 9-12)의 '하위정부(sub-government)' 모형에 따르면 미국사회는 의회의 위원회, 관료조직과 이익집단의 3자 연합이 안정적인 상호작용의 양태를 보이면서, 이들 소수의 집단들이 각 정책영역별로 실질적인 영향을 미친다고 보고 있다(Jordan & Schubert, 1992: 21; Waarden, 1992: 45-46; Yishai, 1992: 92; McCool, 1990: 271-275). 결과적으로 정책은 소수참여자의 협상의 산물로서 나타난다. 이러한 특징을 갖는 하위정부모형에 대하여 Lowi(1979)는 '철의 삼각(iron triangle)'이라고 부르고 있다.

잘못되었다기보다는 매우 불완전하다고 지적하면서 특정 이슈를 중심으로 이해관계나 전문성을 갖는 개인이나 조직으로 구성된 개방적 네트워크인 이슈네트워크가 미국의 정치나 정책결정의 현실을 보다 잘 설명할 수 있다고 주장한다(Heclo, 1978: 102).[38]

이슈네트워크는 특정한 정책이슈가 제기될 때 정책참여자들 간에 일시적으로 형성되는 정책참여자 간의 결합이 매우 느슨한 형태의 정책네트워크를 의미한다. 이슈네트워크는 공통의 '기술적 전문성'을 지닌 수많은 참여자들을 함께 묶는 지식공유집단(a shared-knowledge group)(Heclo, 1978: 103)으로서 특정 이슈를 중심으로 이해관계나 전문성을 갖는 개인 및 조직으로 구성(예컨대, 국회의원, 국회의원 보좌관, 공무원, 이익집단의 로비스트, 대통령의 참모진과 자문가, 지식인, 지식을 구비한 일반시민 등)되며, 이들은 이슈에 관한 관심을 공유할 뿐 서로가 잘 알고 있을 필요는 없으며, 이들 간의 상호의존성이나 응집성의 정도는 낮다. 네트워크와 환경 간의 경계가 분명하지 않고, 외부참여자에 대하여 '개방적(inclusive)'이기 때문에 참여자들은 고정적인 것이 아니라 '유동적'이며, 이슈의 진행에 따라 수시로 새로운 연합이 형성될 수 있다(Helco, 1978: 102-103, Yishai, 1992: 93). 정책결정이 보다 전문화되고 복잡해지면서 이슈네트워크 참여자들 간의 경쟁도 매우 치열해지기 때문에 결국 전문적인 지식과 기술을 지닌 전문가가 이슈네트워크 내에서 주된 영향력을 행사하게 된다(Yishai, 1992: 93; 남궁근, 1999: 189).

정책공동체와 이슈네트워크를 비교하면 전자의 경우 참여자가 소수에 국한되며, 그들 간의 상호의존성과 관계의 지속성이 매우 높

---

38) 하위정부와 이슈네트워크를 비교하면 전자에서는 정책결정의 주요참여자는 정치적·조직적·경제적 권력을 갖고 있는 소수이며, 이들 간의 상호의존성과 신규참여자에 대한 배제성을 그 특징으로 하는 반면에, 후자에서는 구성원들의 범위가 광범위하고, 기술적 전문가가 정책과정에서 큰 영향력을 행사하며, 참여자들 간의 상호의존성이 없으며, 신규참여자의 접근가능성이 높다는 점에서 차이가 있다(Yishai, 1992: 93).

고, 신규참여가 어려우나, 후자는 참여자가 광범위하며, 그들 간의
상호의존성 및 관계의 지속성이 낮고, 신규참여가 용이하다는 점에
서 차이가 있다. Rhodes와 Marsh(1992)는 <표 2-2>와 같이 몇 가
지 차원을 기준으로 이념형(ideal type)으로서 정책공동체와 이슈네
트워크의 특징을 구분하고, 현실에 있어서 특정한 정책네트워크(전
문가 네트워크, 정부 간 네트워크, 그리고 생산자 네트워크 등)는
이 양자의 연속선상에서 어느 위치에 해당한다고 본다. 현실에서
이러한 분류들은 상호 배타적이지 않아 동시에 존재할 수 있다. 또
한, 구체적인 정책네트워크는 국가별로, 그리고 동일 국가 내에서도
여러 정책영역별로 상이하게 나타나면서 변화하기 때문에 그 양태
는 매우 다양하다(배응환, 2001b: 263-265).

<표 2-2> 정책공동체와 이슈네트워크 특징 비교

차 원		정책공동체	이슈네트워크
구성원 (membership)	참여자 수	·매우 제한적 ·일부 집단은 의식적으로 배제	·많음
	이익유형	·경제적·전문적 이익이 지배적	·관련된 모든 이익 포함
통합성 (integration)	상호작용 빈 도	·빈번하고, 수준 높은 상호작용 ·정책이슈에 관련된 거의 모든 문제에 대해 모든 참여자가 상호작용	·접촉빈도와 강도가 유동적
	지속성	·구성원, 가치, 산출이 지속적임	·접근이 지극히 유동적
	합 의	·모든 구성원들이 기본가치를 공유하고 산출의 정당성을 인정함	·어느 정도 동의가 있지만 갈등이 항상 존재
자 원 (resources)	네트워크 내 지원배분	·모든 참여자들이 자원을 보유 ·기본적인 관계는 교환관계	·일부 참여자만 제한된 자원을 보유 ·기본적인 관계는 협의적
	참여조직 내 자원배분	·계층제적 ·지도자가 구성원들에게 배분	·배분 및 구성원에 대한 규제능력이 다양하고 유동적
권 력 (power)		·참여자 간의 권력균형이 존재 ·어느 한 집단이 지배적일 수 있지만 공동체가 지속되기 위해서는 패자가 없어야 함 ·positive sum game	·자원과 접근이 불균등하므로 권력이 불균등 ·zero-sum game

자료: Rhodes & Marsh(1992: 251).

나. 제도로서 정책네트워크

앞에서 제도는 '반복적이고 상호 의존적인 관계에서 개인의 행동을 제약하는 사회의 게임규칙'으로 정의하였다. 그리고 규칙은 대부분의 경우 일반적인 특성을 가지고 있고, 대부분의 행위자들에게 알려져 있으며, 반복적인 사회적 상호작용을 조직화하기 때문에 이들 규칙은 제도로서 자격을 얻게 된다고 하였다. 그렇다면 정책네트워크가 어떻게 일련의 비공식적 규칙으로 이해될 수 있는가? 이에 대하여 정책네트워크 유형을 Ostrom(1986: 3-25)이 제시한 참여자(participants), 지위(positions), 행동(actions), 성과(outcomes) 간의 관계를 규정하는 7가지 범주의 하위 규칙에 따라 개략적으로 설명하기로 한다(Blom-Hansen, 1997; 675-676).

Ostrom은 규칙구조를 다음과 같이 세분하고 있다. ① 지위규칙(position rules): 이는 일련의 지위를 규정하고, 몇 명의 참여자들이 각 지위를 갖는지를 규정한다. ② 경계규칙(boundary rules): 이는 참여자가 어떻게 지위를 획득하고, 그 지위를 떠나는지를 규정한다. ③ 범위규칙(scope rules): 이는 영향을 받는 결과의 집합과 각 결과에 할당되는 외적인 유인 또는 비용을 규정한다. ④ 권위규칙(authority rules): 이는 특정의 마디에서 각 지위에 부과되는 일련의 행위들을 규정한다. ⑤ 결집규칙(aggregation rules): 이는 행위가 중간적, 또는 최종적 결정에 이브노목 특징의 마디에서 이용되는 결정함수를 규정한다. ⑥ 정보규칙(information rules): 이는 개별 지위에 있는 참여자들 간의 대화채널에 권위를 부여하고, 그 대화의 언어와 형식을 규정한다. ⑦ 보상규칙(payoff rule): 이는 개별 지위에 있는 참여자들에게 편익과 비용이 배분되는 방식을 규정한다.

이러한 관점에서 정책네트워크를 살펴보면, 먼저 정책공동체(policy communities)란 ① 정책과정에 참여하는 행위자들이 서로를 인정하고 있으며(지위규칙과 경계규칙), ② 그들이 활동하는 분야에

서 정책형성이나 집행에 영향을 미치고자 하며(범위규칙), ③ 상호
협조를 토대로 만장일치로 의사결정을 하고(권위규칙과 결집규칙),
④ 상호 간의 전문성과 판단에 대한 정보를 교환하고(정보규칙), ⑤
결과적으로 참여자들이 정책에 대한 영향력으로 보상을 받게 되는(보
상규칙) 제도이다. 따라서 정책공동체는 매우 치밀하게 구성된 제도화
(공식성)의 정도가 높은 정책네트워크이다(Daugbjerg, 1998b: 80).

이와 대조적으로 이슈네트워크(issue networks)는 ① 어떤 문제에
대하여 이해관계가 있는 당사자이면 누구나 자유롭게 참여할 수 있
고(지위규칙과 경계규칙), ② 그들이 활동하는 분야에서 정책형성이
나 집행에 영향을 미치고자 하나(범위규칙), ③ 상호 협조가 어려우
므로 주도적인 영향력을 행사하는 존재에 의한 일방적이 결정이 이
루어지고(권위규칙과 결집규칙), ④ 참여자 각자가 제시한 의견이 채
택된다는 보장이 없이 각자의 의견과 정보를 제시하고(정보규칙), ⑤
결과적으로 참여자들은 단지 정책결과에 영향을 미칠 수 있는 기회를
가졌다는 데에 보상을 받게 되는(보상규칙) 제도이다. 즉, 이슈네트워
크이란 느슨하게 구성된 제도화(공식성)의 정도가 매우 낮은 정책네트
워크이다(Daugbjerg, 1998b: 81). 이를 정리하면 <표 2-3>과 같다.

<표 2-3> 제도로서 정책네트워크

하 위 규 칙	정책공동체	이슈네트워크
1. 지위규칙(position rule)	구성원들	영향 받는 이해관계자
2. 경계규칙(boundary rule)	상호 인정	자유로운 진입·퇴출
3. 범위규칙(scope rule)	정책	정책
4. 권위규칙(authority rule)	협조	강제
5. 결집규칙(aggregation rule)	만장일치	지배적 행위자에 의한 일방적 결정
6. 정보규칙(information rule)	전문성과 판단의 교환	의견 표현
7. 보상규칙(payoff rule)	영향	의견 전달

자료: Blom-Hansen(1997: 676).

<표 2-3>을 통해서 정책네트워크란 주어진 정책과정에서 어떤 집단이나 개인이 공식·비공식적 참여자로서의 자격을 어떤 방법으로 부여받는지, 그들이 어떤 공식·비공식적 권한을 갖게 되고, 그들의 결정이 어떻게 결집 되는가 등에 대한 규칙이라는 사실을 알 수 있게 된다.

그러나 규칙은 제도론적 설명의 단지 하나의 측면에 불과하며 이것이 행위자 모형과 결합되어야만 설명 도출이 가능해지고, 주어진 상황 구조 하에서 일어날 수 있는 결과에 대한 예측이 가능해진다. North(1990: 4-5)가 지적하였듯이 규칙(rules)과 경기자(players 또는 행위자)는 개념적으로 구분되어야 한다. 규칙의 목적은 경기가 진행되는 방식을 정의하는 것이나, 주어진 규칙 내에서 경기자(행위자)들의 목표는 기술, 전략, 협력을 결합하여 게임을 이기는 것이다. 기본적인 규칙과 경기자(행위자)의 전략의 분석을 분리해 내는 것은 제도이론을 구축하는데 필요한 선결조건이다(Blom-Hansen, 1997; 676-677).

다. 정책네트워크의 형성·지속성·변화

합리적 선택 제도주의는 제도의 형성(기원), 지속성, 변화를 모두 개인의 효용극대화 추구에 기반을 하여 설명하고 있는데(Hall & Taylor, 1996: 952-953), 정책네트워크를 제도로 이해할 때 정책네트워크의 ⅰ) 형성(기원)과 ⅱ) 변화, 그리고 ⅲ) 지속성에 대해서 어떻게 설명될 수 있는가? 이에 대해서 Blom-Hansen(1997: 677-689)의 견해를 중심으로 살펴보기로 한다.

(1) 정책네트워크의 형성

합리적 선택 제도주의 이론에 따르면 제도는 효용극대화를 위한 사회구성원의 선택의 결과로 형성된다. 다만 제도의 성격을 어떻게 보느냐에 따라 제도의 기원(형성)에 대한 설명이 달라진다. Shepsle (1989)과 North(1990) 등의 학자는 제도를 '협력으로부터 집합적 편익'을 확보하려는 행위자들의 자발적인 합리적인 선택의 결과로 파악한다. 이 견해에 따르면 제도는 모든 관계 당사자의 편익을 증진시키는 바람직한 존재이다(Blom-Hansen, 1997: 680). 반면에, Moe (1990a, 1990b)나 Knight(1992) 등의 학자는 제도를 정치적 승리자들이 자신의 이익을 추구하기 위해 만들어내는 구조적인 수단으로 간주한다. 이 견해에 따르면 제도는 정치적 강자의 '일방의 배분적 편익'을 증진시키기 위하여 존재하는 일종의 강제 수단으로 인식된다.

이러한 관점에서 볼 때 제도로서 정책네트워크의 형성은 다음과 같이 설명할 수 있다. 주도적인 행위자들이 동일한 이익을 얻고자 한다면 정책네트워크의 형성은 순수한 '협력의 문제'가 된다. 즉 정책네트워크는 협력으로부터 집합적 편익을 확보하려는 행위자들의 자발적인 합리적인 선택의 결과로 이루어진다.

그러나 주도적인 행위자들의 이익이 상충되는 것이라면 행위자가 협력을 통해 편익을 추구하느냐의 여부는 갈등의 성격에 달려 있다. 행위자가 단기·장기적으로 모두에게 상충되는 이익을 갖는다면, 협조를 통한 공통의 이익을 발견하기 어려운 '제로섬 게임'과 같은 형태의 상황에 직면하게 될 것이다. 그러나 행위자들이 장기적으로 볼 때 협력을 통해 얻어지는 공통의 이익이 있으나, 단기적으로는 이러한 이익이 비협조를 통해 얻게 된다면(예컨대 세금을 내느냐 또는 마느냐의 문제 등) 행위자들은 '죄수의 딜레마' 같은 형태의 상황에 직면하게 된다. 이러한 종류의 문제는 공통의 이해관계로 인해 해결이 불가능한 것은 아니나 단기적으로는 해결이 곤란하다. 해결책은 모든 행위자가 미래에 대한 충분한 가치를 갖는 것을 요구한다 (Axelrod, 1984; Ostrom, 1990). 이와 같이 장기적으로는 행위자들 간의 공통의 이익이 있으나, 단기적으로는 행위자들 간의 갈등상황에서 정책네트워크는 어떻게 제도로서 형성되는가? 이 경우의 정책네트워크는 일방의 배분적 편익의 행동 논리에 따라 설명하는 것이 보다 적절하다. 즉 정책네트워크는 주어진 정책분야에서 가장 큰 정치적 권력을 가진 당사자가 자신이 원하는 것을 극대화하기 위해 고안해 낸 제도를 의미한다(Blom-Hansen, 1997: 681-682).

(2) 정책네트워크의 지속성

외부의 환경적 요인이 변하지 않는 경우 정책네트워크가 지속되는 것은 당연하지만, 변화하는 환경 속에서 정책네트워크가 변화하지 않고 지속되는 이유는 정책네트워크가 권력을 가진 참여자에게 지속적으로 배분적 편익을 제공하기 때문이다.

합리적 선택 제도주의 이론은 변화하는 환경에서의 제도의 안정성을 다음과 같이 설명한다. 먼저, 제도변화의 거래비용(transaction cost)의 존재가 제도의 안정성을 유지하게 된다. 제도변화를 통해 얻을 수 있는 기대 효용보다 제도변화의 거래비용이 더 큰 경우, 제도변화는 일어나지 않는다. 거래비용이 제도의 완충장치 역할을 담당하게 되는 것이다. 이와 마찬가지로 정책네트워크의 변화로 편익을 얻을 수 있는 경우라도 정책네트워크 변화의 거래비용이 더 큰 경우, 정책네트워크의 변화는 일어나지 않는다.

다음으로, 제도주의 이론은 행위자의 미래에 대한 태도에 의해 제도의 안정성이 유지된다고 설명한다. 행위자들이 미래의 가치를 높이 평가할수록 기존의 제도에 순응하는 것이 장기적으로 합리적인 선택이 될 가능성이 높아진다는 것이다. 일반적으로 동일한 상대와 다시 상호작용을 갖게 될 확률이 증가할수록 행위자들은 미래의 가치를 높이 평가하게 된다. 따라서 미래의 가치를 높이 평가하는 정책네트워크 참여자들은 단기적인 외부환경의 변화에 민감하게 반응하기보다는 장기적인 관점에서의 편익을 고려하므로 외부환경의 변화에도 불구하고 정책네트워크의 안정성이 유지된다.[39]

(3) 정책네트워크의 변화

정책네트워크의 변화 요인에 대하여 기존의 정책네트워크 분석은 외부 요인이 정책네트워크를 변화시킨다고 분석한다. 즉, 경제적·시장적 요인, 이념적 요인, 지식·기술적 요인, 그리고 제도적 요인들의 변화가 정책네트워크의 변화를 초래한다는 것이다(Rhodes & Marsh, 1992). 그러나 합리적 선택 제도론적 관점에서 정책네트워크를 바라볼 때 정책네트워크는 외부적 요인이 아니라 외부적 요인에 둘러싸인 정책네트워크 내부의 행위자들의 선택에 의해서 정책네트워크가 변화한다.

특히 일방의 배분적 편익에 의해서 제도가 존재하게 된다는 관점에서 볼 때, 정책네트워크에는 항상 제도변화의 유인이 존재한다. 현재의 정책네트워크에서 불이익을 받고 있는 당사자들은 기회가 주어지기만 한다면 정책네트워크를 변화시키려 할 것이다. 만일 불이익을 받는 당사자의 상대적인 협상력이 외부 요건의 영향에 의해서 변화한다면 정책네트워크의 변화가 예상될 수 있다. 한편, 상대적으로 큰 권력을 가진 당사자 역시 제도변화의 유인을 갖고 있다. 외부적인 요인의 변화로 정책네트워크의 배분적 결과가 변화하게 되면 정책네트워크 참여자들은 주어진 여건 하에서 최적의 제도를 각자 모색할 것이고 그 결과 새로운 정책네트워크가 나타나게 된다. 이와 같이 정책네트워크의 변화를 적절하게 설명하기 위해서는 외부환경의 변화가 정책네트워크의 변화로 바뀌는 과정을 이해하여

---

39) 한편, Ikenberry(1988: 223-224)는 제도의 지속성을 설명하는 요인으로 다음의 네 가지를 들고 있다. ① 기존의 제도 하에서 수혜집단은 제도를 지속시키려 하고, ② 단기적인 제도변화로 불이익을 보는 집단은 제도개혁에 저항하게 되며, ③ 제도개혁이 기존의 조직과 구조 하에서 진행되기 때문에 이러한 조직과 구조가 변화를 위한 노력을 제약할 수 있으며, ④ 새로운 제도개혁에 소요되는 비용과 미래의 불확실성이 기존 제도를 고착화시키는 경향이 있다고 한다.

야 하고, 이를 위해서는 미시적 기초인 인간 모형에 대한 이해가
필요하다.

라. 정책네트워크의 구성요소와 혁신확산

정책네트워크의 개념이 정의되면 그 개념정의의 내포와 외연에
포함되는 정책네트워크의 여러 구성요소(주요변수)들을 추출할 수
있고, 이러한 개념적 구성요소를 분석하면 정치행정의 구체적인 작
동모습을 이해하는데 유용하다. 정책과정에는 다양한 정책행위자들
이 자신들의 이익(이해관계)을 반영하기 위하여 자원을 가지고 전
략적으로 참여를 하게 되는데, 행위자들 간의 상호작용 속에서 누
구의 영향력이 강하게 나타나고 있고, 누구의 정책이익이 정책결과
에 반영되고 있는가를 설명할 수 있게 된다(배응환, 2001b: 268).

정책네트워크의 구성요소에 대해서도 학자들에 따라 여러 가지
견해가 제시되고 있으나,40) 본 연구에서는 정책행위자, 상호작용,
네트워크의 구조를 중심으로 분석하기로 한다. 이에 따라 ⅰ) 정책
과정에 참여하는 행위자들의 이익과 ⅱ) 참여자들 간의 전략적 상
호작용, 그리고 ⅲ) 정책네트워크의 구조적 특성이 정책혁신의 확산
에 어떠한 영향을 미치는지에 대하여 설명하였다.

---

40) Waarden(1992: 32)은 행위자, 기능, 구조, 제도화, 행동규칙, 권력관계,
   행위자 전략을, Jorden과 Schubert(1992: 4)는 행위자, 연계, 경계를,
   Marin과 Maynts(1991)는 정책부문, 정책행위자, 조직 간 관계로서 구조,
   집합적 행동, 권력관계, 전략적 상호작용을, Knoke 등(1996)은 정책영역,
   정책행위자, 정책이익, 권력관계, 집합적 행동, 정책결과를, 이장재(1998:
   54-59)는 참여자, 상호의존성, 영향력, 네트워크 구조를, 이순호(1999:
   52-56)는 정책행위자의 수와 유형, 정책행위자의 연계구조, 정책행위자
   의 상호작용, 정책행위자관계의 제도화를, 배응환(2001b: 268-272)은 정
   책행위자, 정책이익, 권력관계, 상호작용통로를 들고 있다.

(1) 행위자의 이익과 혁신확산

특정한 정책영역에 참여하는 행위자(actor)는 이슈와 관련하여 영향을 받거나 영향을 미치는 이해관계가 있는 집단 또는 개인을 의미하는데(Freeman, 1984: 25), 네트워크 관점에서 볼 때 행위자는 개인이 아니라 전략적 의사결정능력이 있는 공식적인 조직 또는 집단을 의미한다(Blom-Hansen, 1997: 677). 따라서 개인은 정부기관, 대학, 기업, 공공연구소, 자발적 협회, 각종 위원회 등의 공식적인 조직 및 집단의 구성원으로 정책네트워크에 참여한다. 이들 조직 및 집단들은 정책혁신의 도입 및 확산과정에서 그들에게 유리한 정책결과를 얻어내려고 노력하고, 그들의 힘을 확대하고자 한다(Coleman, 1974).

정책행위자는 공공과 민간 부문 양자의 조직을 포함하고 있다. 구체적으로 정책과정에 참여하는 행위자는 정치체제의 특성 및 정책영역에 따라 그 구성이 다르지만, 오늘날 국가와 사회 간의 상호침투의 영역이 확장되면서 정책네트워크 개념은 그 경계 내에 정부·비정부 행위자들, 예컨대 정부부처들과 시민사회의 이익집단이나 시민단체 등을 포함하고 있다. 특히 신기술의 도입 및 확산과 관련된 기술정책 분야에서는 정부연구소, 대학 및 산업체가 가지는 기술정보와 전문성을 반영하기 위하여 전문가집단이 정책과정에 주도적으로 참여하는 것이 보편적 현상이 되고 있다(이장재, 1998: 55). 이러한 산·학·연 전문가들이 정책혁신의 도입결정 및 집행과정에 참여할 경우 정책과정에서 정책혁신에 관한 다양한 지식과 정보가 교환되고, 기술적 실행가능성이 있는 혁신이 정책내용에 반영될 수 있게 된다.

참여자들은 정책네트워크의 가장 역동적 요소(Dohler, 1991: 244)이기 때문에 정책혁신의 도입 및 확산과정에서 그들이 정책문제 및 혁신에 대하여 어떻게 인지하고 있으며, 어떠한 이익(선호)을 가지고 정책과정에 참여하는 지를 파악하는 것이 정책네트워크 분석에 있어서 핵심적인 사항이다. 특정한 정책혁신에 의하여 영향을 받거나 영향을 미치려고 하는 행위자는 자신들의 이익(이해관계)을 반영하기 위하여 정책과정에 참여하려고 한다. 이와 같이 정책행위자들은 특정 정책영역에 참여하려는 동기인 정책이익을 가지고 있는데, 정책이익(policy interests)이란 정책행위자들이 지향하는 구체적인 정책선호를 의미한다(배응환, 2001b: 270). 정책혁신의 채택과정에서 행위자들은 혁신이 자신이 소속한 조직과 구성원들에게 미칠 이득(payoffs), 즉 정책이익을 계산함으로써 혁신에 대한 구체적인 정책선호를 형성하게 된다. 이에 따라 정책혁신이 자신들에게 이익이 될 것이라 판단되면 혁신의 도입을 지지하게 되고, 오히려 손해가 될 것이라고 판단되면 이를 저지하거나 손실이 최소화 되도록 노력하게 된다.

이러한 이득을 계산하는데 있어서는 혁신을 수용하고 실행하는 것이 기존의 기술을 이용하는 것보다 얼마만큼 상대적인 이익(relative advantage)이 있느냐를 기준으로 평가한다. 상대적 이익에는 경제적 이익뿐만 아니라 사회적 지위, 편리함, 만족감 등 다양한 이익이 포함된다(Rogers, 1983: 15-16). 여기서 혁신이 객관적으로 상당한 이익을 가져올 것이라는 사실보다는 채택자가 주관적으로 혁신을 얼마만큼 이롭다고 생각하느냐에 달려 있다. 일반적으로 행위자들이 혁신의 상대적 이익이 크다고 인식할수록 혁신의 채택 및 확산속도는 빨라진다. 따라서 정책네트워크 내에 혁신이 기존 기술보다 상대적 이득이 크다고 생각하는 행위자가 많을수록 혁신의 채택 및 확산에 긍정적인 영향을 미치게 된다.

이와 같이 행위자들은 혁신이 자신들에게 미칠 이득을 고려하여 혁신을 채택할 것인지 아니면 기각할 것인지, 또는 어떤 기술방식을 채택할 것인지 등에 대한 전략 대안을 선택하게 된다. 정책혁신이 자신들에게 이익이 될 것이라 판단되면 혁신의 도입을 지지하게 되고, 기존의 기술이 상대적으로 더 이익이 된다고 인식하면 이의 채택을 거부함으로써 기존의 정책대안을 유지하려고 노력하게 된다. 정부도 다른 행위자와 마찬가지로 자신의 이해와 선호를 갖고 있는 집단으로서 다양한 이해갈등과 경쟁 속에서 자신의 이익을 추구하게 된다(강은숙, 2001: 44).

이러한 행위자들 간의 정책이익은 추구하는 방향이 공통적일 수도 있고, 상충적일 수도 있는데 이에 따라 그들 간의 전략적 상호작용의 양태가 달라진다(Blom-Hansen, 1997: 681-682).

(2) 상호작용과 혁신확산

정책네트워크는 특정한 정책영역에 참여하는 공공과 민간부문 행위자 간의 상호의존성에 토대를 둔 연결형태를 의미하므로 상호의존성은 참여자 간의 교환을 동기화하고 성립시키는 역할을 수행한다(Jordan & Schubert, 1992: 7-27). 이러한 상호의존성을 바탕으로 정책네트워크 내 행위자들은 정책혁신의 도입 및 확산과정에서 상호작용(interactions)을 하게 되는데, 행위자들은 상호작용을 통하여 상호 간의 신념, 욕구, 자원(지식, 정보 등) 및 전략을 교환하게 된다. 이러한 행위자들 사이의 의사소통과 전문지식, 신뢰, 그리고 여타 자원의 교환을 통하여 행위자들은 정책혁신의 도입과정에서 영향력과 권한을 행사하게 된다(남궁근, 1999: 178-179).

혁신은 다양한 방법을 통하여 확산될 수 있지만, 정책네트워크 내에서 개인 대 개인 간의 대면적인 접촉은 새로운 아이디어에 관한 정보교환을 촉진하는 데 있어서는 결정적인 요소이다. 대부분의 잠재적 채택자들은 혁신을 채택하는데 있어서 대중매체나 과학적인 연구의 성과물에 의존하기 보다는 혁신에 대한 타당한 지식을 갖고 혁신의 장단점을 설명할 수 있는 사람들로부터 오는 정보에 판단의 기초를 둔다. 혁신을 채택하는데 있어서 가까운 동료들과의 소통된 경험과 주관적 판단에 의존한다는 이러한 사실은 혁신 확산과정의 핵심은 먼저 혁신을 채택한 정책네트워크 내 동료들에 대하여 잠재적 채택자들이 모델로 삼고 이를 모방함으로써 이루어진다는 점을 의미한다(Rogers, 1983: 18, 293).

또한 정책네트워크 내 구성원들 사이의 계속적인 상호작용은 혁신을 제안한 행위자들의 특성과 관련된 각종 판단의 형성과 전파를 가능하게 한다. 혁신에 관한 정책네트워크 내 정보는 혁신 제안자의 확실성(reliability)과 신뢰성(trust-worthiness)에 관한 평판에 따라 평가된다. 그러므로 정책네트워크 내 의사소통은 혁신에 관한 정보를 제안자에 대한 평판에 근거하여 여과시키는 기능을 수행한다(Mintrom & Vergari, 1998: 128).

가) 상호작용의 양태

정책혁신의 도입 및 확산을 둘러싸고 나타나는 상호작용의 양태는 행위자들이 추구하는 정책이익이 어떤 것인가에 따라 행위자들 간의 협력(전략적 제휴)과 갈등(경쟁)이라는 두 가지의 대립적인 방향으로 전개될 수 있다. 행위자들이 가지는 정책이익의 상호관련성을 기준으로 볼 때 혁신에 대하여 행위자들 간의 이익이 서로 공통적이고 촉진적인 경우에는 협력적인 상황으로, 행위자들 간의 이익이 서로 상충적인 경우에는 갈등·경쟁적 상황으로 파악할 수 있다. 따라서 행위자들 간의 협력적 연계는 서로가 공동의 이익을 위하여 함께 목표를 추구하려는 연계를 갖는 구조적인 상황이며, 갈등적 연계는 참여자들이 각자 자신들의 이익을 극대화하기 위하여 상대방의 활동을 봉쇄하거나 방해하려고 노력하는 대립적인 연계 구조를 갖는 상황이라고 할 수 있다(이순호, 1999: 54; 이장재, 1998: 57).

행위자들 간의 이익이 단기·장기적으로 상충적인 경우에는 협조를 통한 공통의 이익을 발견하기 어려운 '제로섬 게임'과 같은 형태의 상황에 직면하게 될 것이고, 장기적으로는 협조를 통한 공통의 이익이 있으나 단기적으로는 비협조를 통한 이익이 존재하는 경우에는 행위자들은 '죄수의 딜레마'와 같은 상황에 직면하게 된다(Blom-Hansen, 1997: 681-682). 특히 이러한 상황은 기존 정책네트워크 내 행위자가 혁신이 자신의 이익을 침해한다고 인식할 때 발생할 수 있다.

정책혁신의 도입을 둘러싸고 행위자들이 혁신을 채택할 것인가 아니면 기각할 것인가, 또는 구체적으로 어떤 내용의 혁신을 채택할 것인가 등에 관한 전략대안을 둘러싸고 경쟁적·갈등적 관계에 있는 경우 행위자들은 자신의 전략대안이 반영될 수 있도록 정책과정에서 노력하게 된다. 이러한 과정에서 혁신의 채택 여부를 둘러싼 행위자들 간의 지지연합(advocacy coalitions)[41]이 형성되게 된다. 정책네트워크 내 주요 행위자인 정부도 타 행위자와의 다양한 이해갈등과 경쟁 속에서 자신의 이해 및 선호를 반영하려고 노력하게 된다(강은숙, 2000: 44).[42] 이러한 상황 하에서는 이해갈등이 얼마만

---

41) Sabatier(1988: 129-168)는 정책은 정책하위체제(policy subsystems) 내에서 경쟁적 관계에 있는 지지연합(advocacy coalitions) 간의 상호작용에 의해 변화한다고 보고 있다. 지지연합집단을 구성하는 행위자들은 특정한 핵심적인 신념(기본가치, 인과적 가정, 문제인식)을 공유하면서 자신들의 목표달성을 위해 영향력을 주고자 하는 많은 공·사 조직의 행위자(예컨대 정치인, 행정 관료, 이익집단의 지도자, 전문가 등)들로 구성된다. 이러한 지지연합집단은 하나의 이슈를 둘러싸고 여러 개 있을 수 있다고 본다. 각 집단들은 자신들이 바라는 대로 정책결정을 유도하기 위하여 각기 상이한 전략을 택하게 되며, 상호 갈등관계에 놓이게 되는 전략은 타협을 중시하는 정책중개인(policy broker)의 도움을 받아 갈등이 해소된다는 것이다. Jenkins-Smith(1990: ch.5, ch.6)는 이러한 Sabatier의 이론을 빌려 특정의 정책하위체계 내에 주도연합(initiating coalition)과 대응연합(responding coalition)의 형성과정과 이들 연합 간의 갈등관계를 분석할 수 있는 틀을 제시하고 있다(남궁근, 1999: 187).

42) 특히 정부기관의 전략은 흔히 정책네트워크의 구조화(structuration)와 관련된다. 그들은 자신들의 문제를 해결하기 위하여 현존하는 정책네트워크의 구조를 바꾸거나 새로운 구조를 만들려고 노력하게 된다. 이러한 정책네트워크의 구조화에는 새로운 참여자를 선택하거나 기존의 참여자를 바꾸는 것과 이들 참여자들 간의 관계를 새롭게 형성하는 것을

큼 원활하게 조정될 수 있느냐에 따라 혁신의 확산에 영향을 미치게 된다. 한편, 이러한 행위자들 간 상호작용의 양태가 어떻게 전개되느냐에 따라 정책네트워크의 구조변화에 영향을 미치게 된다.

나) 영향력

정책혁신의 도입·확산과정에 참여하는 행위자들은 자신들의 이익을 반영시키기 위하여 정책과정에 영향력을 행사하려고 한다. 따라서 특정한 정책과정에 참여하는 행위자들 간의 상호작용 속에서 이루어지는 영향력(또는 권력)관계를 밝히면 정책과정에서 주도집단이 누구이며, 그러한 영향력 행사의 원천이 무엇이며, 그들이 정책혁신에 대하여 어떠한 이익과 선호를 가지고 있는지를 파악할 수 있게 된다.

영향력이란 다른 사람에게 자신이 의도하는 결과를 산출하게 할수 있는 일부 사람의 능력을 말하는데(Laumann & Knoke, 1989: 18), 다른 사람이 찬성하기 않거나 반대하는 경우에 그들의 순응을 획득할 수 있는 능력을 의미한다. 그러므로 영향력의 정도는 영향력을 가진 행위자가 원하는 정책결과를 가능하게 할 수 있는지의 여부와 관련된다. 이러한 영향력은 강제, 공식적 권한의 위임, 전문성, 권력, 협상 등 다양한 수단을 통해 행사가 가능하다.

영향력의 원천은 전문성, 공식적 권한의 위임, 관련단체의 대표성, 인맥이나 학맥, 사회적 지명도, 자원과 정보의 보유력 등으로 구분할 수 있다. 정부가 도입·확산하고자 하는 정책혁신의 내용이 기술적인 성격을 띨수록 기술적 전문성이 주도적인 영향력의 원천이 된다. 영향력이 크다는 것은 상대적으로 많은 자원과 정보를 가지고 있다는 것을 의미하며, 정책과정에서 영향력을 행사하는 집단이 정책과정을 주도하게 된다.[43] 따라서 이러한 영향력 있는 집단

포함한다(Waarden, 1992: 37-38).

이 정책혁신에 대하여 어떤 이익과 선호를 가지고 있느냐에 따라
혁신의 채택 및 확산에 영향을 미치게 된다.

　다른 정책참여자들은 영향력이 큰 행위자와의 상호관계를 높이기
위해 노력하게 되는데(이장재, 1998: 57), 이에 따라 영향력 있는 주
도집단을 중심으로 지지연합이 형성되게 된다. 한편, 정책네트워크
내 행위자들 간의 영향력관계는 시간과 상황에 따라 변화할 수 있
다. 이것이 정책네트워크 구조변화의 원동력이 되어 궁극적으로 정
책결과에 영향을 미치게 된다(배응환, 2001b: 270-271).

다) 정책학습

　현실적으로 인간은 제한된 합리성을 가지고, 타인과의 상호작용
속에서 학습(learning)을 통한 경험과 시행착오(trial and error)를 거
쳐 새로운 지식과 기술을 습득한다(Aoki & Okuno-Fujiwara, 1996;
기업구조연구회외 공역, 1998: 38, 81-83). 정책혁신의 도입 및 확산
과정에는 정책혁신의 추진주체뿐만 아니라 비판집단을 포함하여 정
책혁신으로부터 영향을 받는 다양한 행위자들이 참여를 하게 된다.
이러한 다양한 행위자들 간의 동태적인 상호작용 과정에서 각각의
행위자들은 정책혁신의 내용뿐만 아니라 다른 경쟁적 행위자들의 전
략 등에 대해서도 정책학습을 하게 된다. 여기서 정책학습(policy
learning)[44]이란 '정책과정에 참여하는 개인이나 조직이 정책의 내용

---

43) Waarden(1992: 36)은 조직구조적인 측면에서 정부와 민간기업 간의 권력
　　관계는 조직의 크기, 집권화 또는 분권화의 정도, 대표적 독점권에 의해
　　영향을 받는다고 주장한다.
44) 정책학습(policy learning)의 개념에 대하여는 학자에 따라 다양하게 정
　　의되고 있는데 '본래 의도한 정책목표 외에 부차적으로 정책관련 집단
　　에게 나타난 의도적인 행동의 결과 중에서 본래 정책의 목표 달성에
　　긍정적 혹은 부정적인 영향을 미치게 된 행태상의 변화'(Dixon, 1994:
　　2-3) '정책창도, 정책형성 또는 집행과정에 참여하는 개인이나 조직이
　　어떤 특정한 정책목적이나 정책목표 및 수단의 적절성과 효과성 또는

과 특성에 관한 지식, 정보, 기술을 습득하여 정책을 이해하고, 정책효과에 영향을 미치게 되는 행태상의 변화가 나타나는 과정'을 의미한다. 정책혁신의 도입을 둘러싸고 행위자들 간의 상호작용을 통하여 이루어지는 학습과정에서 정책네트워크는 의사소통의 채널을 제공하여 행위자들 간의 지식과 정보를 연결시켜 주는 연계 고리의 역할을 한다(Rogers, 1983: 293; 이동기, 1998: 54-55). 따라서 정책네트워크 내의 어떤 구성원이 자신의 문제를 해결하기 위하여 혁신을 하고자 할 때 정책네트워크는 이와 관련된 지식 및 정보의 중요한 원천(think tank)이 된다(Kingdon, 1984: 123-128, 정정길, 1997: 206; 남궁근, 1999: 187; 노화준, 2003: 384-385).

그렇다면 정책네트워크 내 행위자들은 상호작용을 통하여 어떻게 정책학습을 하며, 그것이 혁신확산에 어떠한 영향을 미치는가? 먼저, 정책네트워크 구성원들은 정책과정에 참여하는 다른 행위자들과 상호작용을 통해 혁신에 관한 지식과 기술,[45] 정보 등을 주고받

효율성과 관련된 경험이나 체계적인 사고를 통하여 학습하는 것'(노화준, 2003: 525) '정책을 시행하면서 얻어진 경험을 통해 목표를 달성하는 것과 관련된 사고나 행태가 변하는 것'(이민창, 2001: 44-45) 등으로 정의되고 있다.

이러한 정책학습은 개인 차원뿐만 아니라 조직 차원에서도 이루어지며, 학습주체의 의도적인 노력과 연습을 통해 이루어진다(Dixon, 1994: 1-2). 정책학습의 주체는 정책추진집단(정책결정자와 집행자)이나 정책지지연합집단이 될 수도 있고, 또는 정책대상집단이 될 수도 있다(노화준, 2003: 525-526).

45) 여기서 지식 및 기술은 지식창출의 인식론적 차원을 근거로 하여 명시적 지식과 암묵적 지식으로 구분할 수 있다(Nonaka, 1994: 14-37). 먼저, 명시적 지식(explicit knowledge)이란 전문서적, 설명서, 매뉴얼, 규정집, 사례집, 뉴스레터, 지침, 계획서 등의 공식적인 표현형태로 존재한다. 명시적 지식의 이전과 학습은 교육훈련, 학술회의, 토론회, 워크샵, 사례발표회 등을 통해서 이루어진다. 반면에 암묵적 지식(tacit knowledge)은 개인의 체내나 정신에 체화된 형태로 존재하며, 공식적 표현이 아닌 경험이나 관찰, 모방, 시행착오 등에 의해 얻어지는 노하우를 말한다. 암묵적 지식의 획득은 그러한 지식을 가진 구성원의 교환, 계약적 고용, 현장실습, 교육훈련 등의 방법을 통해서 이루어진다. 이러한 두 가지는

으면서 정책학습을 한다(송위진, 1999: 36). 특히 정책네트워크 내 구성원들은 전문가들로부터 혁신에 관련된 지식과 기술, 정보를 획득할 수 있다. 이러한 정책혁신의 내용에 대한 학습을 통하여 행위자들은 혁신의 결과로 자신들에게 돌아올 이득(payoffs)을 계산하게 되고, 혁신에 대한 자신들의 선호를 보다 좀 더 명확히 하거나, 이전의 혁신에 대한 자신의 입장을 바꾸기도 한다. 학습을 통하여 혁신의 상대적 이익을 다시 평가하여 기존 기술의 고수전략에서 혁신의 채택전략으로 바꾸는 행위자들이 많아질수록 혁신이 확산되게 된다.

둘째, 정책네트워크 내 행위자는 상호작용을 통하여 이미 혁신을 채택한 집단[46]에 대해 모방학습[47]을 하게 된다. 이들은 먼저 혁신

상호 순환적·보완적인 관계를 가지며, 시간이 지남에 따라 양자 간의 전이를 통해 지식이 확장되어 간다(박오수외, 1997: 108-109; 박명수외, 1997: 80-81; 이동기, 2000: 321-322).

[46] 사회공동체내에서 혁신을 가장 먼저 도입한 조직 및 집단은 직접적인 실행(경험)을 통하여 학습을 하게 되는데, 이를 실행학습(learning-by-doing or experiential learning)이라고 부른다. 실행학습은 어떤 조직이나 집단이 직면하고 있는 비구조적인 문제 상황에서 어떤 해결책을 선정하여 직접 실행해보고, 그 결과를 검토·분석하는 과정에서 조직의 행태변화가 나타났을 때 학습이 이루어졌다고 본다. 실행학습은 실험을 통해 구성원들이 직접 체험해 볼 때 상황에 적합한 지식을 습득할 수 있다고 본다(유영만, 1995: 211-229).
이러한 실행학습은 어떤 조직이나 집단이 사회 내에 다른 조직이나 집단에서 실행해본 경험이 없는 혁신을 도입하고자 할 때 이루어진다. 실행학습은 불확실한 상황에서 위험부담과 학습비용을 수반하기 때문에 어떤 국가가 혁신을 도입하고자 할 때 대부분 중앙정부가 먼저 시범적인 역할을 수행함으로써 혁신에 관한 지식, 정보, 기술의 이전 및 확산을 촉진시킬 수 있다(Martinez-Brawley, 1995: 670). 이와 같이 혁신의 선도자가 혁신을 성공적으로 수행할 경우 이는 다른 지방정부 및 사회 내 집단들에게 혁신채택을 위한 하나의 유용한 모델을 제공하게 된다(Mintrom, 1997: 740; 박명수외, 1997: 87; 이동기, 1998: 56).

[47] 모방학습(imitative learning)은 어떤 조직이나 집단이 자신의 직접 경험이 아닌, 다른 조직이나 집단에 의해 수용된 행동유형이나 지식체계에 대하여 관찰(observation)과 모방을 통해 자신의 행위를 변화시키는

을 채택한 행위자와 공식적·비공식적인 접촉을 하면서 혁신성과와
관련된 명시적·암묵적인 지식을 습득하게 된다. 이 때 먼저 혁신을
채택한 행위자는 다른 잠재적 혁신채택자의 준거집단(a legitimate
reference group)으로서의 역할을 하게 된다(이동기, 1998: 54-56).
따라서 혁신을 먼저 채택한 선도자의 혁신성과가 어떠하냐에 따라
확산에 영향을 미치게 된다.

셋째, 정책네트워크 내의 행위자들은 상호작용을 통하여 정책혁
신에 대한 지식과 기술을 습득할 뿐만 아니라 정책과정에 참여하는
다른 경쟁적 행위자들의 입장과 전략을 알 수 있게 된다. 경쟁적
행위자들과 상호작용을 통한 학습과정에서 기존의 기술보다 혁신이
더 우수하다고 인식하여 전략을 바꾸는 행위자들이 많아질수록 혁
신이 확산되게 된다.

물론 정책학습의 내용은 각 학습주체, 정책혁신의 내용, 그리고

것을 의미한다. 이러한 예로는 개발도상국의 선진국 기술에 대한 모방
이나, 벤치마킹 등을 들 수 있다. 모방학습은 어떤 조직이나 집단이 불확
실한 상황에서 적은 비용으로 위험부담 없이 혁신을 채택하고자 하기 때
문에 일어난다(DiMaggio & Powell, 1983: 151; Haunschild, 1993: 564;
이동기, 1998: 48).

모방은 대체로 빈발모방과 성과모방 등 두 가지로 이루어진다(Hauns-
child & Miner, 1997: 472-477; 이동기, 1998: 49-52; 2000: 320-321).
첫째, 빈발모방(frequency-based imitation)은 대부분의 조직들이 채택
하고 있는 혁신을 모방하려는 경향을 말한다. 대부분의 많은 조직들이
사용하고 있는 방법, 기술, 내용이나 구조를 채택하려고 하는 것은 이
미 검증된 지식과 정보를 통해 채택의 합리적인 준거 틀을 획득하고자
하는 인식이 조직 내에 확산되었기 때문이다. 이러한 모방은 충분한
검증절차 없이 무의식적으로 채택된다.

둘째, 성과모방(outcome-based imitation)은 새로운 혁신을 채택하기
전에 다른 조직에서 실행되고 있는 혁신에 대한 편익과 가치 등의 성
과를 평가해 본 후 채택여부를 결정한다. 관찰의 대상이 되는 혁신이
긍정적인 효과를 가져 온 것으로 평가되면 모방되고, 부정적인 효과를
가져 온 것으로 평가되면 회피하게 된다. 성과모방이 이루어지기 위해
서는 먼저 다른 조직에서 이루어진 혁신의 성과에 대해서 효과적으로
검증할 수 있어야 한다.

각 집단들이 인지하고 있는 학습의 필요성(need)에 따라 달라진다
(노화준, 1997: 31-32, Senge, 국역본, 1996: 21-54). 즉 학습주체가
정책혁신의 추진집단인지, 대상집단인지, 그리고 정책혁신에 대한
지지집단인지 아니면 반대집단인지에 따라 정책학습의 동기가 달라
진다. 또한 정책혁신의 내용이 행위자의 행태에 유인을 주는 것인
지, 규제를 가하는 것인지에 따라서도 정책학습의 동기나 강도가
달라진다.

본 연구에서는 정책네트워크 내 행위자들의 상호작용을 통하여
이루어지는 정책학습이 혁신(기술)의 확산에 미친 영향을 분석하려
고 하기 때문에 정책학습의 주체는 정책네트워크 내 구성원인 정책
추진집단에 초점을 두고 분석하되, 정책대상집단도 조직화하여 정
책네트워크의 구성원으로 참여한 경우에는 분석의 범주에 포함시키
기로 한다.

(3) 네트워크 구조와 혁신확산

정책네트워크 구조(structure)는 행위자들 간의 관계형태를 나타
내는데(Waarden, 1992: 34), 이러한 관계형태는 의사전달과 상호작
용의 규칙성을 가리키며, 네트워크에서의 참여자들의 위상을 나타
내는데 사용되어진다(Klijn, 1997: 32-33). 정책네트워크의 구조를
나타내는 변수들에 대하여 학자들에 따라 다양하게 제시되고 있으
나,48) 여기서는 네트워크 구조를 배타성과 안정성의 측면에서 고찰

---

48) Waarden(1992: 34-35)은 정책네트워크의 구조를 나타내는 주요변수들
로 정책네트워크의 규모, 경계의 개방성, 구조의 안정성, 구성원 자격
의 자율성, 연계의 유형(규칙성 또는 무작위성), 관계의 밀도(빈발성과
지속성), 상호작용의 성격(대칭성 또는 교호성), 하위망의 융해와 분화,
조정의 형태(계층적 권위, 수평적 협의 및 협상 등), 의사결정에 있어
서 권한의 집중과 위임의 정도, 행위자들의 관계의 특성(갈등·경쟁·
협력관계) 등을 들면서, 이들 변수들 간에는 상호 연계되어 있다고 언
급하고 있다. 그러나 그의 네트워크 구조에 대한 논의는 중복적이고

하기로 한다. 먼저, 네트워크 구조의 배타성(exclusions)이란 정책과정에 대한 참여자들의 접근성의 문제로서 네트워크의 구조가 신규 참여자에 대해 어느 정도 개방적인가의 정도를 나타낸다(Yishai, 1992: 91). 이러한 네트워크의 배타성은 네트워크의 경계(boundary)와 밀접한 관계를 가진다. 경계는 공식적인 제도들에 의해서 결정되는 것이 아니라 기능적 적합성과 구조적 틀에 의존하는 상호 인지의 과정으로부터 결정된다(Jorden & Schubert, 1992: 12). 폐쇄적인 네트워크, 즉 구성원들의 의무적 가입, 계층적 연계, 강한 응집성, 다면적이고 균형적인 관계, 중복회원, 일관된 리더쉽, 집권적인 정책단위 등을 갖는 네트워크일수록 제도화(institutionalization)[49]의 수준이 높다. 반면에 개방적 네트워크일수록 구성원들 간의 무질서한 관계의 양태와 낮은 응집성 및 균형성(symmetry)이 나타난다.

다음으로, 네트워크 구조의 안정성(stability)이란 참여자들 간의 관계가 얼마나 지속적이며, 참여자의 연속성이 있느냐의 문제와 관련된다. 특정한 정책영역에서 일정한 참여자들이 지속적으로 참여하고, 참여자들 간의 관계가 지속적일 경우, 네트워크의 구조는 안정성을 띠게 되며, 이에 따라 제도화의 수준이 높아진다. 네트워크 구조의 안정성이 높을수록 구성원 간의 상호연계성이 응집적·다면적·균형적이며, 중심조직이 나타나게 된다(Warrden, 1992: 35).

네트워크 구조의 배타성과 안정성은 밀접하게 관련되는데 네트워크 내의 참여자 수가 제한되고 폐쇄적일수록 네트워크는 안정성을 띠게 된다. 따라서 네트워크 구조가 폐쇄적이고 안정적일수록 구성원들 간의 빈번한 상호작용이 나타나고 제도화의 수준이 높은 반면에, 네트워크의 구조가 개방적이고 유동적일수록 구성원들 간의 상호작용이 일시적이고 제도화의 수준이 낮다. 현실의 정책네트워크

너무 복잡하다는 단점이 있다(이장재, 1998: 58).

49) 제도화(institutionalization)란 제도가 형성되어 정착에 이르는 과정을 의미한다(배병룡, 1999: 125).

의 구조는 엄격한 공식조직과 명백한 경계가 없는 네트워크 내에서 일시적인 비공식적 관계의 군집들을 양극단으로 하는 어떤 모습을 띠게 된다. 이러한 네트워크의 구조적 특징이 어떤 것인가에 따라 정책공동체나 이슈네트워크와 같은 특정한 정책네트워크의 유형을 특징짓게 한다(Warrden, 1992: 35).

이러한 네트워크의 구조는 행위자들의 선호 및 상호작용에 영향을 미치며(Daugbjerg, 1998b: 80), 행위자들 또한 상호작용을 통하여 네트워크의 구조 형성에 영향을 미친다(배응환, 2001: 271). 즉 정책참여자들 간의 상호작용의 결과로 네트워크가 형성 또는 유지된다고 볼 때 상호작용을 통해 형성되는 관계에 따라 네트워크는 구조적 측면에서 다양한 형태로 나타나고, 독립적인 여러 하위체제가 존재하게 된다(Feld, 1981: 101-135; Jacobson, 1985: 341-351).

하나의 정책네트워크는 어떤 정책영역에서 관심을 공유하면서, 상호 간의 직·간접적인 접촉에 의해 연결된 행위자들의 집단으로 구성되어 있다. 이러한 정책네트워크는 정보의 유형화된 흐름에 의해 연계되 상호 긴밀된 행위자들로 구성된 의사소통 네트워크(communication network)를 의미한다(Rogers, 1983: 294). 따라서 정책네트워크는 정책혁신의 채택과 관련된 정부 내·외부의 행위자들을 연계시키고, 이들 간의 의사소통(communication)의 채널을 제공함으로써 정책혁신의 확산에 중요한 영향을 미친다(Mintrom & Vergari, 1998: 128; Rogers, 1983: 293).

혁신에 관한 지식과 기술, 정보는 다양한 방법을 통하여 소통될 수 있지만, 특히 정책네트워크 내에서 개인 대 개인 간의 대면적인 접촉은 새로운 아이디어에 관한 정보교환 및 혁신의 확산을 촉진하는 데 있어서 결정적인 요소로 작용한다. 왜냐하면 대부분의 잠재적 채택자들은 혁신을 채택하는데 있어서 대중매체나 객관적인 연구 성과에 의존하기보다는 혁신에 대해 타당한 지식을 갖고 있는 가까운 동료들과의 소통된 경험과 주관적 판단에 의존하기 때문이다(Rogers, 1983: 18, 293).

정책네트워크는 행위자들 간의 연계가 느슨한 이슈네트워크와 연계가 견고한 정책공동체가 있다. 정책네트워크의 이러한 구조적 특성은 혁신에 관한 지식과 기술, 정보에 대한 의사소통과 혁신의 확산에 영향을 미친다. 먼저, 이슈네트워크는 참여자가 광범위하고 신규 참여가 용이하며, 참여자들 간의 상호의존성 및 관계의 지속성이 낮기 때문에 이들 행위자들 간의 연계가 약하다는 특징이 있다. 따라서 이러한 네트워크의 구조적 특징은 보다 많은 행위자들에게 혁신에 관한 정보교환은 촉진시킬 수 있으나(Granovetter, 1973; 1360-1380), 그것이 혁신의 확산과 직접 연결되는 것은 아니다(Rogers, 1983: 295-299). 구성원들 간의 의견갈등이 존재하고, 접촉빈도 및 강노가 유동적이기 때문이다.

반면에 정책공동체는 참여자가 소수에 국한되고, 그들 간의 상호의존성과 관계의 지속성이 매우 높기 때문에 참여자들 간의 연계가 매우 강하다는 특징이 있다. 이러한 네트워크의 구조석인 특징으로 인하여 구성원들 간에는 상호 신뢰가 형성되어 있으며, 이를 바탕으로 구성원들 간의 정보교환뿐만 아니라 미리 혁신을 채택한 다른 동료들을 모방함으로써 혁신의 도입 및 확산에 유리하게 작용한다(Rogers, 1983: 299).

제3장 연구의 분석틀 설정

제1절 연구의 분석틀

1. 분석대상 행위자

가. 행위자에 대한 가정

전통적인 합리적 선택모형에서는 인간은 완벽한 정보와 계산능력을 이용하여 자신의 이익을 극대화하기 위한 행동을 할 것이라고 가정한다. 그러나 현실적으로 인간은 불확실성(uncertainty)과 위험(risk)이 지배적인 상황에서 불완전한 정보를 가지고 의사결정을 해야 하는 경우가 일반적이다(이명석, 1999a: 13). 또한 인간의 인지능력이나 예측능력, 계산능력의 한계로 인하여 결국은 자신이 인지할 수 있는 범위 내에서 정보를 수집하고 수집된 정보 내에서 의사결정을 할 수밖에 없는 '제한된 합리성(bounded rationality)'을 갖게 된다(Simon, 1976).

본 연구에서 행위자는 정책네트워크의 구조적 제약 속에서 행위자들이 자신의 이익을 극대화하기 위하여 전략적인 선택을 하는 합리적인 존재로 가정한다. 여기서 합리적인 행위자란 완전한 정보하에서 엄격한 의미의 합리적인 존재가 아닌 주어진 정보와 규칙 등의 여건하에서 가장 적절하다고 생각되는 행동을 하는, 즉 제한된 합리성을 가진 행위자를 의미한다. 따라서 행위자들은 정책혁신의 내용이나 혁신의 채택결과 등에 대한 정확한 정보를 갖고 있지 않은 상황에서 그들이 합리적이라고 판단되는 행동지침에 따라 학습과정(learning process)을 통해서 정보를 축적·수정하고, 이에 따라 주어진 정보에 의해서 가장 합리적이라고 판단되는 행동을 한다고 본다.

본 연구에서 정책네트워크 내 행위자는 특정한 이슈와 관련하여 영향을 받거나 영향을 미치려는 이해관계 있는 조직 또는 집단을 의미한다. 따라서 정책네트워크 내 행위자는 개인이 아닌 전략적 의사결정 능력이 있는 정부기관, 연구기관, 협회, 민간기업 등과 같은 의인화된 '복합 행위자(composite actors)'로 가정한다. 본 연구에서는 정책네트워크 내 구성원으로 참여하는 행위자로는 정책추진집단 또는 지지연합집단뿐만 아니라 정책비판집단 및 정책대상집단도 조직화하여 참여한 경우에는 분석의 범주에 포함시켜 분석한다.

이러한 행위자들은 제도로서 기존의 정책네트워크에 의해 그들의 선호와 상호작용이 제약을 받는 수동적인 존재이기도 하지만, 그들 간의 상호작용에 의하여 새로운 정책네트워크를 형성하거나 유지·변화시키는 능동적인 존재이기도 하다. 따라서 정책네트워크와 행위자 간의 관계를 보면 정책네트워크란 다양한 정책과정의 참여자들의 행동을 제한·처방하는 제도를 의미하며, 행위자들은 자신의 이익을 극대화하기 위해 정책네트워크의 제도적 요인에 의해 규정된 게임상황에서 정책과정에 영향을 행사하려고 하고 때로는 정책네트워크의 구조를 변경시키려고 노력하는 존재라고 할 수 있다(이명석, 2000: 121).

나. 행위자의 유형

정책혁신으로서 ITS의 도입 및 구축과정에서 형성되는 정책네트워크에는 다양한 정부부처, 지자체, 공공연구소, 정부투자기관 및 협회, 대학, 민간기업, 이용자집단 등 수많은 행위자들이 참여한다. 이들은 크게 보아 정부부문(정부부처, 지자체), 민간부문(민간기업, 대학, 이용자집단 등), 제3부문 또는 준공공부문(정부투자기관, 공공연구소, 협회 등) 행위자로 나누어 볼 수 있는데, 본 연구에서는 이들 행위자들이 ITS의 도입 및 구축과정에서 어떠한 역할을 하는지에 초점을 맞추어 다음과 같이 구분하여 분석하였다.

(1) 정부기관

정부기관에는 중앙부처와 지자체가 포함된다. 먼저 중앙부처는 ITS의 도입과 관련된 정책결정을 하고, 도입된 ITS의 확산을 위한 공식적인 제도 정비 등의 역할을 한다. 또한 이들은 국내 ITS의 기술수준을 제고하기 위하여 연구개발을 지원하고, 시범사업 및 시스템 구축사업 등을 직접 주관함으로써 집행에 관여하기도 한다. 다음으로 지자체는 국내에 도입된 ITS를 자신들의 여건에 맞춰 시스템을 구축하려는 집행기관으로서의 역할을 한다. 이들이 ITS 도입에 어떠한 태도를 보이느냐에 따라 집행체제 내부에서 ITS 확산의 정도가 달라진다.

정부기관이 정책과정에서 어떠한 역할을 하느냐에 대하여 종래 다원주의 혹은 집단이론에서는 정부를 집단 간의 상호작용을 중개하는 중립적인 존재(하연섭, 1999: 21) 혹은 공익의 대변자로 인식하였다. 그러나 현실적으로 보면 정부는 정책을 추진하는 과정에서 많은 비용을 부담하여야 할뿐만 아니라 정책과정에 참여하는 행위자들의 요구로부터 자유롭지 못하며, 정부의 자기 이익 추구행위 등도 존재한다. 따라서 정부는 정책과정에서 여타 행위자들의 정책요구에 수동적으로 반응할 뿐만 아니라 적극적으로 정책요구를 유도하기도 하고 자신들의 이익을 투영하기도 한다(이민창, 2001: 41-42). 따라서 본 연구는 이러한 관점에서 정부도 다른 행위자와 마찬가지로 자신의 이해관계 및 선호를 갖고 있으며, 다양한 이해 갈등과 경쟁 속에서 자기 이익을 추구하는 집단으로 가정하고, 이들의 행위유인이 ITS라는 신기술의 도입 및 확산에 어떻게 영향을 미쳤는지를 분석하였다.

(2) 준정부기관

준정부기관인 공사나 공단, 협회 등이 정부로부터 공식적인 집행권한을 위임받아 ITS 구축사업을 추진하는 경우가 많다. 이 경우 이들은 집행대행기관으로서 역할을 하게 되는데, 징부기 ITS를 도입하여 국내에 확산하고자 할 때 이들의 정책에 대한 순응(또는 기술 채택) 여부가 집행체제 내부에서의 ITS 확산에 영향을 미치게 된다. 이들은 자신들의 이익의 관점에서 기존 기술의 대체에 따른 매몰비용과 신기술로서 ITS의 상대적 이점을 비교·평가하여 ITS의 채택여부를 결정하고, 국내외 기술동향을 분석하여 ITS의 채택시기 등을 결정하게 된다.

(3) 전문가집단

전문가집단의 범주에는 정부출연연구소, 대학교수 및 이들의 집합체인 학회, 기술협회 등이 포함된다. 오늘날 사회문제가 갈수록 복잡·다양해지면서 그 해결에 있어서 전문적인 기술이 요구되어지는 경우가 많아지고 있다. 정책과정에서 전문가집단은 심각한 사회문제를 정책의제화 하는 점화역할을 하기도 하고(정정길, 1997: 204-205), 문제해결을 위한 새로운 아이디어나 신기술을 제시하여 정책으로 채택될 수 있도록 노력하는 '정책창도자'의 역할을 하기도 하며, 정책대안들에 대한 비교·평가를 통하여 정책결정자에게 자문역할을 수행하기도 한다.

특히 ITS와 같이 전문성에 의한 기술적 문제 해결이 요구되는 정책 영역에 있어서는 행정 관료가 외부 전문가집단(professional associa-tions)의 전문적 기술에 크게 의존하는 현상이 나타나게 된다. 이러한 경우 정책네트워크 내의 전문적 권력(professional power)이 외부의 투입을 막는 배제성과 폐쇄성을 초래함으로써 정책결정과정에서 행정 관료와 전문가집단 간의 철의 양자관계(iron duet)가 나타나기도 한다 (Yishai, 1992: 91-105).

(4) 민간기업

민간기업은 ITS의 기술개발 및 공급자로서의 역할을 한다. 이들은 ITS의 도입이 향후 자신들의 이익에 어떠한 영향을 미치게 될지에 대하여 평가를 한 후 ITS 기술개발 사업의 참여여부를 결정하게 된다. 정부가 ITS를 국내에 도입·확산하고자 할 때는 이러한 민간기업의 기술수준이 어느 정도이냐에 따라 영향을 받게 된다. 국내에 ITS기술이 없거나 미흡할 경우 민간기업들은 선진국으로부터 필요한 기술을 모방 또는 벤치마킹 하거나 혹은 전략적 제휴를 통하여 도입하게 된다(김용훈, 1996: 24; 임윤철외, 2000: 28-32). 그러나 이 경우 국내 기업은 외국 기업에 높은 기술이전료 등을 지불하여야 하는 부담이 있으므로 결국은 국내 민간기업들이 얼마만큼 빨리 자체 기술개발을 통하여 필요한 기술을 획득하느냐가 ITS의 확산에 영향을 미치게 된다.

(5) 이용자집단

이용자집단은 집행기관이나 집행대행기관에서 제공하는 ITS 서비스를 이용하는 최종 사용자로서 정책대상집단을 의미한다. 집행기관이 ITS를 채택하여 서비스를 제공할 경우 어떤 경우에는 그

효과가 직접 정책대상집단에게 미치기도 하지만(예컨대, 무인과속단
속시스템의 경우), 어떤 경우에는 정책대상집단의 ITS 서비스 이용
여부에 따라 그 효과가 달라지는 경우도 있다(예컨대, 화물운송정보
시스템과 자동통행요금징수시스템의 경우). 전자의 경우에는 집행체
제 내부에서 집행기관의 순응의 정도에 따라 바로 ITS의 확산에
영향을 미치게 되나, 후자의 경우에는 집행체제 내부에서 ITS의 확
산이 이루어졌다고 하더라도 서비스의 최종이용자인 정책대상집단
이 얼마만큼 ITS 서비스를 이용하느냐에 따라 ITS의 확산 정도가
달리긴다. 따라서 집행체제 외부로의 확산의 정도는 정책대상집단
인 이용자의 순응문제와 직결된다.

ITS의 도입은 사회체제 내의 모든 대상집단에게 바람직한 것으
로 인식되는 것은 아니다. ITS가 어떤 집단에게는 바람직할 수 있
지만, 또 다른 집단에게는 바람직하지 않는 것으로 인식될 수도 있
다(Rogers, 1983: 12). 이와 관련하여 ITS가 제공하는 서비스의 최
종이용자인 정책대상집단의 특성(특정적 또는 불특정적)이 어떠하
냐에 따라 정책네트워크의 구성 및 ITS의 확산양태가 달라질 수
있다. ITS가 제공하는 서비스의 편익과 비용이 불특정 다수의 이용
자에게 미치는 경우, 즉 Wilson(1980)[50]의 이른바 '대중적 정치

---

50) Wilson(1980)은 정부정책으로부터 각각의 이익집단이 감지하는 비용과 편
   익의 분포가 어떠가에 따라 정치적 상황을 다음의 네 가지로 분류하고
   있다(최병선, 1992: 125-139).

<표 3-1> 정책의 네 가지 정치적 상황

		감지된 편익	
		넓게 분산	좁게 집중
감지된 비용	넓게 분산	대중적 정치	고객 정치
	좁게 집중	기업가적 정치	이익집단 정치

자료: 최병선(1992: 126).

첫째, '대중적 정치(majoritarian politics)'는 해당 정부정책에 대한 감지
된 비용과 편익이 쌍방 모두 이질적인 불특정 다수에 미치나 개개인

(majoritarian politics)' 상황 하에서는 ITS의 확산을 강력히 요구하거나 반대하는 집단이 존재하지 않는다. 이러한 유형에 있어서는 불특정 다수의 이용자들은 조직화하여 정책네트워크의 구성원으로 참여하지 않기 때문에 집행체제 내부에서 정책추진집단(집행자)의 순응이 ITS 확산에 일차적으로 중요한 영향을 미치게 된다. 반면에 ITS가 제공하는 서비스의 편익과 비용이 특정집단에게 미치는 경우, 즉 Wilson(1980)의 이른바 '이익집단 정치(interest-group politics)' 상황 하에서는 수혜집단과 피해집단 쌍방이 모두 조직화와 정치행동의 유인을 강하게 갖게 되고(최병선, 1992: 134), 그들은 조직적 힘을 바탕으로 정책네트워크의 구성원으로 참여하려고 한다. 따라서 이 경우 정책추진집단(집행자)뿐만 아니라 정책대상집단의 순응이 ITS 확산에 있어서 중요한 영향을 미치게 된다.

2. 분석틀의 설정

정부정책의 추진과정은 정책과정에 참여하는 다양한 행위자들 간의 전략적 상호작용 관계로 파악될 수 있다. 본 연구에서는 ITS라는 혁신(신기술)의 도입 및 확산과정의 제 측면을 정책네트워크 모형으로 분석하였다. 합리적 선택제도주의의 관점에서 정책네트워크를 하나의 비공식적인 제도로 규정하고, 정책네트워크 내의 행위자

또는 개개 기업의 입장에서 보면 그 크기가 작은 경우이다. 둘째, '이익집단 정치(interest-group politics)'는 정책으로부터 예상되는 비용과 편익이 모두 소수의 동질적 집단에 국한되고 그것의 각각의 크기도 개개인 또는 개개 기업의 입장에서 보면 대단히 큰 경우이다. 셋째, '기업가적 정치(entrepreneurial politics)'는 비용은 소수의 동질적 집단에 집중되어 있으나 편익은 대다수에 넓게 확산되어 있는 경우이다. 넷째, '고객정치(client politics)'는 정부정책으로 인해 발생하게 될 비용은 상대적으로 적고 이질적인 불특정 다수에게 부담되나 그것의 편익은 대단히 크며 동질적인 소수의 개인 또는 기업들에게 귀속되는 경우이다.

들이 구조적 제약하에서 자신들의 이익을 극대화하기 위하여 정책 결정 및 집행과정에서 전략적 행위를 하며, 이러한 행위자들 간의 상호작용의 양태에 따라 ITS의 도입 및 확산에 영향을 미친다는 점에 초점을 맞추어 분석하였다.

본 연구에서는 ITS의 도입 및 확산과정을 대상으로 분석하고 있는데, 여기서 ITS의 국내 도입문제는 혁신(기술)의 국제적인 확산문제와 관련되며, ITS의 확산문제는 일단 국내에 도입하기로 결정된 ITS의 국내적인 확산문제와 관련된다. ITS의 확산은 집행체제외 내부적 확산과 정책대상집단으로의 외부적 확산을 포함하는 개념이다.

ITS 도입 및 확산에 영향을 미친 요인은 크게 정책환경 요인과 정책네트워크요인으로 나누어 살펴볼 수 있다. 먼저 정책환경 요인으로서 정책문제와 기술발전은 정책네트워크 내 행위자들의 선호(이익)에 영향을 미쳐 ITS의 도입에 영향을 미친다. 첫째, 성책딤딩자가 국내 교통문제를 얼마만큼 심각하게 인식하느냐에 따라 정책혁신으로서 ITS의 도입에 영향을 미치게 된다. 둘째, 정책담당자들이 기존 교통문제 해결의 대안으로서 ITS를 인식하였을 때 ITS의 도입을 위하여 ITS의 기술적 실행가능성에 대하여 검토하게 된다. 여기에는 해외 선진국 및 국내 ITS의 기술개발 수준에 대하여 정책관련자들이 어떻게 인식하느냐에 따라 ITS의 도입에 영향을 미치게 된다.

다음으로 기존의 교통문제를 해결하기 위한 새로운 정책대안으로서 ITS가 정책이슈로 제기됨에 따라 ITS의 국내 도입문제를 둘러싸고 다양한 행위자들이 정책형성과정에 참여함으로써 새로운 정책네트워크가 형성되게 된다. 정책네트워크요인으로는 ⅰ) 행위자, ⅱ) 상호작용, ⅲ) 네트워크의 구조 변수로 나누어 살펴 볼 수 있다.

첫째, 정책네트워크의 구성원으로 참여하는 행위자들이 ITS에 대하여 어떠한 이익과 선호를 가지느냐에 따라 ITS의 확산에 영향을 미치게 된다. 즉 행위자들이 기존 기술에 비해 신기술로서 ITS가 가져다주는 상대적 이익을 어떻게 인식하느냐에 따라 ITS의 확산에 영향을 미치게 된다. 이러한 행위자들 간의 이익은 추구하는 방향이 공통적일 수도 있고, 상충적일 수도 있는데 이에 따라 그들 간의 전략적 상호작용의 양태가 달라진다.

둘째, 정책네트워크에 참여하는 행위자들은 상호작용을 통하여 ITS의 확산에 영향을 미치게 되는데, 상호작용은 ⅰ) 상호작용의 양태와 ⅱ) 정책추진집단의 영향력, ⅲ) 정책학습이라는 세 가지 측면에서 고찰해 볼 수 있다. ⅰ) 행위자들 간의 상호작용의 양태로서 행위자들 간의 이익의 성격이 상호 공통적이냐 상충적이냐에 따라 상호작용의 양태가 협력적으로 나타날 수도 있고, 갈등적으로 나타날 수도 있는데 이러한 상호작용의 양태는 ITS의 확산에 영향을 미치게 된다. ⅱ) 행위자들 간의 상호작용 속에서 누가 영향력을 행사하고, 그들의 영향력이 어느 정도이냐에 따라 ITS의 확산에 영향을 미치게 된다. 특히 ITS를 도입하고자 하는 정책추진집단이 어느 정도 나른 행위자에 대하여 영향력을 갖느냐에 따라 ITS의 확산에 영향을 미치게 된다. ⅲ) 행위자들 간의 상호작용 속에서 이루어지는 정책학습을 통하여 잠재적 채택자들이 먼저 ITS를 도입하고 있는 행위자들의 성과에 대하여 어떻게 판단하느냐에 따라 ITS의 확산에 영향을 미친다. 이러한 행위자들 간의 상호작용은 정책네트워크의 구조에 영향을 받으면서, 반면에 구조변화에 영향을 미치기도 한다.

셋째, 정책네트워크의 구조는 타 참여자에 대한 배타성과 행위자들 간의 관계의 지속성(안정성)에 따라 그 성격이 달라진다. 정책네트워크의 구조는 행위자들의 이익(선호)과 상호작용에 제약으로 작용하는 반면에 행위자들 간의 상호작용의 양태에 따라 네트워크의 구조도 다른 모습으로 나타나게 된다. 여기서 정책네트워크의 구조가 이전의 제도화된 정책공동체적 성격을 지속하느냐, 아니면 이슈네트워크적 성격으로 변하느냐에 따라 기존의 게임규칙(참여의 범위, 참여자의 지위, 의사결정방식, 정보교환 방식 등)의 변화에 영향을 미쳐 ITS의 확산에 영향을 미치게 된다.

본 연구에서는 ITS의 하위 시스템들 중에서 정책혁신의 '확산' 연구에 특히 의미가 있다고 판단되는 세 가지 사례, 즉 단기간에 급속히 확산된 사례와 그렇지 못하고 지체되고 있는 두 사례로 분류하여 개별 시스템의 구축과정을 분석하였다. 먼저 ITS가 급속도로 확산되고 있는 사례로는 무인과속단속시스템의 구축사업을, 다음으로 ITS 확산이 원래 계획대로 이루어지지 못하고 지체되고 있는 사례로는 집행체제 내부에서 확산이 지체되고 있는 자동통행요금징수시스템과 대상집단으로 확산이 지체되고 있는 첨단화물운송정보시스템 구축사업을 선정하여 정책네트워크의 구성요소가 이들 시스템의 확산에 미친 영향을 분석하였다.

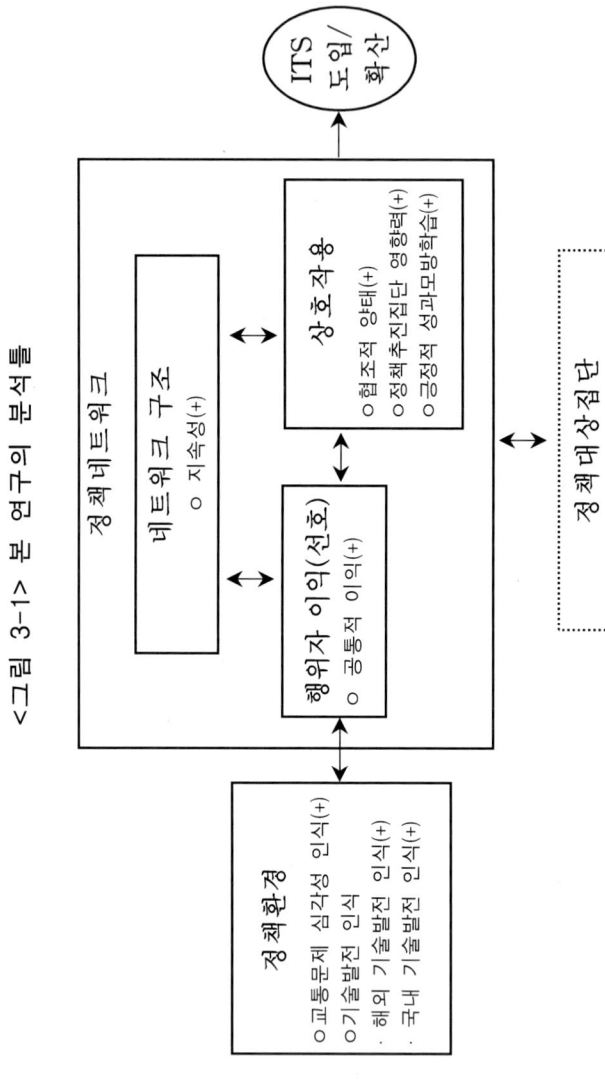

<그림 3-1> 본 연구의 분석틀

* 기호설명 : → : 영향의 방향, (+) : ITS 도입 및 확산에 긍정적 영향

제2절 분석 변수

여기서는 분석틀을 바탕으로 ITS의 도입·확산에 영향을 미치는 구체적인 변수들을 선정하고, 그러한 변수들이 ITS의 도입·확산에 미칠 영향관계를 가설형식으로 구성하였다. 분석변수로는 크게 정책환경 요인과 정책네트워크 요인으로 구분하여 ⅰ) 정책환경 요인에는 정책문제, 기술발전 변수를, ⅱ) 정책네트워크 요인에는 행위자, 상호작용, 네트워크의 구조 변수를 선정하고, 이들 변수는 다시구체적인 하위변수들로 세분화하여 분석하였다. 분석변수와 하위변수들은 관련문헌의 조사와 정책참여자들에 대한 일차적인 면접조사를 통해 선정하였다.

<표 3-2> 본 연구의 분석변수

분 석 변 수		하 위 변 수	하위변수의 내용
정책환경요인	정책문제	문제의 성격	교통문제의 심각성 인식수준
	기술발전	해외 기술발전	해외 선진국의 ITS 기술발전 인식수준
		국내 기술발전	국내 민간기업의 ITS 기술발전 인식수준
정책네트워크요인	정책행위자	이익(선호)	공통적 vs 상충적
	상호작용	양 태	협력적 vs 갈등적
		추진집단 영향력	정책추진집단의 영향력 정도
		정책학습	긍정적 성과모방 vs 부정적 성과모방
	네트워크 구조	성 격	지속적(정책공동체) vs 유동적(이슈네트워크)

1. 정책환경 요인

정책환경 요인으로는 정책문제 변수와 기술변수로 나누어 볼 수 있는데, 이러한 변수들에 대하여 정책네트워크 내 행위자들이 어떻게 인식하느냐에 따라 ITS의 도입에 영향을 미친다.

가. 정책문제 인식수준

사회경제적 환경이 변화하면 사회에서 해결이 요구되는 문제의 성격 또한 변하게 된다. 사회의 수많은 문제들 중에서 정부가 그 해결을 위하여 심각하게 검토하기로 결정한 문제를 정책문제(policy problem 또는 policy issue)라고 하는데(정정길, 1997: 247), 일반적으로 정책담당자가 특정한 문제를 심각하다고 인식할수록 그러한 문제들을 정책의제로 채택할 가능성이 크다(정정길, 1997: 275).

정책담당자들의 문제에 대한 인식의 변화는 ⅰ) 문제에 대한 세세적인 지표(indicators), ⅱ) 극적 사건, ⅲ) 기존 사업으로부터의 환류 등을 통해 영향을 받는다(Kingdon, 1984: 95-108). 특히 정책혁신을 제안하고 정책화하고자 하는 정책창도자들은 정책담당자의 관심을 끌고, 그들을 설득시키기 위하여 어떤 문제의 중요성을 연출해 낼 수 있는 체계적인 지표들을 조명하려고 노력하게 된다(Kingdon, 1984: 214-215). 이러한 지표들은 정책담당자들이 문제의 심각성을 파악하고, 지표의 변화를 통하여 문제의 변화를 인식케 하는데 이용된다. 본 연구에서도 ITS라는 신기술의 도입을 주장하는 정책창도자 및 주도집단들이 논리적 근거로서 제시하는 교통문제에 대한 주요 지표들에 초점을 맞추어 분석하였다.

정책문제 정의(definition)에 대해서는 다양한 접근방법이 있으나[51] 본 연구에서는 교통 분야의 정책문제로서 교통문제를 ITS를 도입하고자 하는 개인이나 집단이 자신의 주장의 설득력과 호소력을 높이기 위하여 자신의 이해관계, 가치관, 신념 등의 가치판단에 근거하여 사회에 존재하는 객관적인 문제 상황을 주관적·인공적으로 구성한 가공물로 보고 접근하였다. 정책문제를 어떻게 정의하느냐에 따라 정책목표, 정책수단 등 정책내용과 정책의 우선순위가 달라지고, 관련된 집단들 간의 이해관계도 달라지기 때문에(정정길, 1997: 304-306) 정책담당자나 사회구성원들은 자신들의 이해관계에 따라 정책문제의 정의, 그 해결방안 등에 대해서 각기 상이한 시각을 갖는다. 예컨대 제한된 정부예산의 제약 속에서 도로 확충을 우선할 것인지, 대중교통수단의 확대를 우선할 것인지에 대하여 교통

---

51) 정책문제를 정의하는 접근방법은 크게 다음 네 가지로 구분된다(노화준, 1999: 39-42; 2003: 202-205). ⅰ) 기능적·규범적 접근방법: 먼저, 기능적 접근방법은 사회적 병리현상을 나타내는 사회적 무질서, 일탈행위 등 사회적 역기능을 사회문제로 보는 전통적인 접근방법이다. 다음으로 규범적 접근방법은 규범적 표준들과 실제 사회생활 조건들 간의 차이가 심각할 때 이것을 사회문제로 본다. 이러한 기능적·규범적 접근방법은 정책문제가 객관적인 현실로 주어진 것이기 때문에 정책분석가는 이러한 객관적인 현실을 그대로 기술하면 된다고 본다. ⅱ) 가치·갈등적 접근방법: 여기서는 정책문제를 사회에 존재하는 객관적인 문제 상황에 대하여 사회구성원들의 주관적인 이해관계, 가치관, 선입견, 신념 등에 의해 구성된 인위적인 가치판단의 표현이라고 본다. 이러한 접근방법은 정책문제를 사회구성원들에 의해 주관적·인공적으로 창조된 구성물로서 정부개입의 기회로 정의한다. ⅲ) 사회적 주장형성 접근방법: 여기서는 정책문제를 어떤 추정되고 있는 조건에 대하여 불만이 있는 개인이나 집단이 조건에 대한 변화나 개선 또는 개혁을 주장하기 위한 주관적·인공적으로 창조한 표현이라고 본다. 이러한 접근방법은 정책문제를 주관적·인공적으로 창조된 정부개입의 기회로 보고, 정부의 행동대안을 창조함으로써 새로운 사회를 실현하려는 사회설계의 기회로 본다. ⅳ) 절충적 접근방법: 여기서는 정책문제란 개인 또는 집단이 자신들의 이해관계, 가치관, 신념 등 가치판단에 근거하여 사회적 조건의 개선을 주장하기 위해 주관적·인공적으로 창조된 가공물이라고 본다. 이러한 관점에서는 사회적 조건에 대한 가치 판단적 요소와 주장형성 활동적 요소들이 조화를 이룰 때 사회문제 정의의 설득력과 호소력이 더욱 높아진다고 본다.

분야의 정책담당자들의 입장이 다르고, 승용차 소유자와 대중교통
이용자의 입장도 다르다고 할 수 있다. 이러한 관점에서 볼 때 교
통문제를 어떻게 정의하느냐에 따라 이를 해결하기 위한 새로운 정
책수단으로서 ITS의 도입에 대한 관련 집단들의 인지 및 선호, 그
리고 그들 간의 이해관계가 달라진다.

우리나라의 경우 1960년대 이후 1990년대 초까지 6차에 걸친 경
제개발 5개년계획의 지속적인 추진으로 경제규모의 급속한 성장과
함께 산업구조의 고도화를 이룩하였다. 동 계획기간 동안 고속도로
뿐만 아니라 국도 및 지방도로의 건설 등 사회간접자본시설에 대한
지속적으로 이루어져 왔으며, 경제규모의 확대 및 소득수준의 향상
으로 도로부문의 수송량과 자동차 수의 증가가 점점 가속화되고 있
다. 그러나 급증하는 교통수요에 교통시설의 공급이 따라가지 못함
으로써 교통 혼잡, 교통사고, 대기오염 등 제반 사회·경제적인 문
제들이 제기되고 있다.

이러한 교통문제를 해결하기 위하여 그동안 정부에서는 도로 등 교
통시설의 확충뿐만 아니라 다양한 교통수요관리(Transportation De-
mand Management) 및 교통안전정책을 시행하여 왔으나, 교통문제
는 갈수록 악화되어 가고 있다. 따라서 교통정책 담당자들이 기존 정
책대안들의 실효성에 대하여 한계를 인식하고 있는 상황에서, 교통문
제를 심각하게 인식할수록 새로운 대안으로서 ITS의 도입을 적극적
으로 검토하게 될 것이다.

나. 기술발전 인식수준

기술(technology)이란 '유용한 것을 만들고, 사용하는 기법, 지식
및 절차의 집합'(김정홍, 2003: 3)을 의미한다. 이러한 기술의 발전
은 정책담당자가 선택할 수 있는 정책대안의 폭을 넓혀 준다. 즉,
이전의 기술수준으로는 정책문제를 해결에 적용할 수 없었던 정책

대안이 전반적인 과학기술의 발전으로 인하여 그것이 실행가능해지는 경우[52] 정책담당자는 그러한 정책대안을 정책문제의 새로운 해결책(solutions)으로 고려하게 된다.

　여기서는 교통 분야의 신기술로서 ITS의 도입에 영향을 미친 요인을 해외 ITS 기술발전과 국내 ITS 기술발전으로 나누어 분석하였다. 국내외 기술수준에 대하여 정책관련 행위자들이 어떻게 인식하고, 그것이 ITS의 도입에 미친 영향을 분석하였다. 먼저, ITS의 해외기술동향을 개괄적으로 살펴보면 ITS의 요소기술은 1970년대 중반부터 유럽, 일본, 미국 등의 민간기업을 중심으로 개발되어 왔으나, 1980년대 후반부터 이들 선진외국은 ITS를 주요 국책과제로 설정하여 다양한 연구개발 및 사업들을 추진하고 있다. 그러나 이들 선진국을 제외한 대부분의 국가들은 1990년대 초까지 하더라도 ITS를 생소한 개념으로 인식하고 있었다. 따라서 선진국에서 추진되고 있는 ITS에 대해 아직 ITS를 도입하지 않고 있는 국가의 정책담당자들이 획기적인 정책혁신으로 인식할 경우 국내에 ITS를 적극적으로 도입하려고 노력할 것이다.

　다음으로, 국내 ITS 관련 기술수준이 어느 정도이냐에 따라 ITS의 도입에 영향을 미치게 된다. 이는 국내 기술의 실행가능성과 관련되는 것으로서 국내 기술이 없거나 미흡할 경우 국내 기업들은 선진국으로부터 필요한 기술을 모방 또는 벤치마킹 하거나, 혹은 전략적 제휴를 통하여 도입하게 된다. 그러니 이 경우 국내 기업은 외국 기업에 높은 기술이전료 등을 지속적으로 지불해야 하는 부담이 있으므로 결국은 국내 민간기업들이 얼마만큼 빨리 자체 기술개발을 통하여 필요한 기술을 획득하느냐가 ITS의 도입에 영향을 미

---

52) 정책 또는 정책대안의 기술적 실행가능성은 정책 또는 정책대안이 현재 이용 가능한 기술로서 그 실현이 가능한 정도를 의미한다. 기술적 실행가능성은 기술의 개발로서 또는 기술의 획득으로 이용 가능한 기술수준이 향상되면 이에 따라 향상된다(정정길, 1997: 389).

치게 된다. 따라서 정책관련 행위자들이 국내 ITS 기술력을 충분하다고 인식할수록 ITS의 도입에 긍정적인 영향을 미치게 될 것이다.

2. 정책네트워크 요인

심각한 정책문제를 해결할 수 있는 신기술을 먼저 인식한 정책창도자가 새로운 정책이슈로 신기술을 제안할 때, 이러한 신기술의 도입을 둘러싸고 새로운 정책네트워크가 형성된다. 새로운 정책네트워크에는 기존 정책네트워크의 구성원들 중에서 기존 기술에 불만이 있거나 새로운 기술 도입으로부터 영향을 받게 되는 행위자들을 중심으로 참여하게 되며, 때로는 다른 분야의 새로운 행위자들이 참여하기도 한다. 따라서 기존 정책네트워크는 신기술을 도입·확산하려고 하는 행위자들에게 하나의 제약요소로 작용하기도 한다. 그렇다면 어떠한 경우에 기존 정책네트워크가 신기술의 도입·확산을 하고자 하는 행위자에게 제약으로 작용하고, 어떤 경우에는 그렇지 않은가? 본 연구에서는 이에 대하여 ⅰ) 행위자들의 이익(선호), ⅱ) 행위자들 간의 상호작용, 그리고 ⅲ) 정책네트워크의 구조 측면에서 분석하였다.

가. 행위자의 이익(선호)

ITS의 도입에 의하여 영향을 받거나 영향을 미치려고 하는 행위자는 자신들의 이익을 반영하기 위하여 정책과정에 참여한다. ITS의 도입을 둘러싸고 형성된 정책네트워크에는 정부기관이나 준정부기관, 대학, 민간기업 등 다양한 부처 및 기관이 구성원으로 참여한다. 특히, ITS는 첨단기술로 구성된 복합시스템이기 때문에 정부연구소, 대학 및 산업체 등의 전문가집단들이 ITS 도입과정에 적극적으로 참여하게 된다. 또한 ITS는 기존의 교통체계에 정보통신, 전자, 제어 등 신기술을 접목한 시스템이기 때문에 ITS 정책네트워크에는 기존의 교통 분야의 행위자뿐만 아니라 정보통신, 전자, 제어 등 새로운 분야의 행위자들이 추가로 참여하게 된다. 본 연구에서는 정책네트워크 내 구성원으로 참여하는 행위자로서 정책추진집단을 중심으로 분석하되, 정책대상집단도 조직화하여 정책네트워크의 구성원으로 참여할 경우에는 분석의 범주에 포함시키고 있다.

ITS의 도입과정에서 행위자들은 ITS가 자신이 소속한 조직과 구성원들에게 미칠 이해득실(payoffs), 즉 정책이익(policy interest)을 계산함으로써 ITS에 대한 구체적인 선호를 갖게 된다. 행위자들이 이러한 이득을 계산하는데 있어서는 ITS를 수용하고 실행하는 것이 기존의 기술을 이용하는 것보다 얼마만큼 상대적인 이익(relative advantage)이 있느냐를 기준으로 평가한다. 이러한 상대적 이익은 경제적 이익뿐만 아니라 전문적 권위, 사회적 지위, 편리함, 만족감 등 다양한 이익이 포함된다.

이와 같이 행위자들은 ITS가 자신들에게 미칠 상대적 이익을 고려하여 ITS에 대한 선호를 형성하게 된다. 정책혁신으로서 ITS가 자신들에게 이익이 될 것이라 판단되면 ITS의 도입을 지지하게 되고, 기존의 기술이 상대적으로 더 이익이 된다고 인식하면 이의 채택을 거부함으로써 기존의 기술을 유지하려고 할 것이다. 따라서 정책네트워크 내에 ITS가 기존 기술보다 상대적 이득이 크다고 생각하는 행위자가 많을수록, 즉 행위자들이 ITS에 대한 공통적인 이익(이해관계)을 갖는 경우에는 ITS의 확산에 긍정적인 영향을 미칠 것이다. 반면에 정책네트워크 내 행위자들이 ITS에 대한 상충적인 이익(이해관계)을 갖는 경우에는 ITS의 확산에 부정적인 영향을 미칠 것이다.

나. 상호작용

ITS를 도입·구축하는 과정에서 정책네트워크 내 행위자들은 상호의존성을 바탕으로 정책행위자들은 상호작용을 하게 되는데, 이들 간의 상호작용을 통하여 상호 간의 신념, 욕구, 자원(지식, 정보 등) 및 전략을 교환하게 된다. 이러한 행위자들 간의 상호작용의 양태, 정책추진집단의 영향력의 정도, 정책학습의 양태에 따라 ITS의 확산에 영향을 미치게 된다. 이러한 상호작용은 정책네트워크의 구조에 의해 영향을 받지만, 반면에 상호작용을 통하여 구조변화에 영향을 미치기도 한다.

(1) 상호작용의 양태

ITS의 도입 및 구축과정에서 다양한 부처 및 기관이 참여한다. 이들 행위자들 간의 상호작용의 양태는 ITS에 대한 그들의 정책이익이 어떤 것인가에 따라 상호 협력(전략적 제휴)과 갈등(경쟁)이라는 두 가지의 대립적인 방향으로 전개될 수 있다. ITS에 대하여 행위자들 간의 이익이 서로 공통적이고 촉진적인 경우에는 협력적인 상황으로, 행위자들 간의 이익이 서로 상충적인 경우에는 갈등·경쟁적 상황으로 나타난다. 후자의 경우 특히 기존 정책네트워크 내 행위자가 ITS가 자신의 이익을 침해한다고 인식할 때 발생한다.

ITS의 도입·구축을 둘러싸고 행위자들 간에 경쟁적·갈등적 관계에 있는 경우 각각의 행위자들은 자신들이 원하는 전략대안(ITS의 채택여부, ITS의 기술방식 선택 등)이 정책과정에 반영되도록 노력하게 되며, 이러한 과정에서 ITS의 채택 여부 등을 둘러싼 행위자들 간의 지지연합(advocacy coalitions)이 형성되게 된다.

따라서 ITS에 대한 행위자들 간의 이익이 공통적일 경우에는 협력적인 상호작용으로 인하여 ITS의 확산에 긍정적인 영향을 미칠

것이다. 그러나 ITS에 대한 행위자들 간의 이익이 상충적일 경우에
는 갈등적인 상호작용으로 인하여 ITS의 확산에 부정적인 영향을
미칠 것이다.

(2) 정책추진집단의 영향력

정책혁신으로서 ITS의 도입·구축과정에는 다양한 부처, 조직 및
전문가집단이 참여하여 자신들의 정책이익(policy interest) 또는 전
략대안을 반영시키기 위하여 영향력을 행사하려고 한다. 따라서 ITS
의 도입 및 구축과정에 참여하는 행위자들의 영향력(또는 권력)관계
를 밝히면 정책과정에서 주도집단이 누구이며, 그들이 ITS의 도입
및 확산과정에서 어떠한 역할을 하는지를 파악할 수 있게 된다.

정책과정에서 영향력을 행사하는 집단이 정책과정을 주도하게 되
는데, 정책네트워크 내에 참여하는 행위자들은 상호작용을 통하여
이러한 주도집단을 중심으로 지지연합을 형성하게 된다. 정책네트
워크 구성원들 중에서 ITS를 도입하고자 하는 정책추진집단은 ITS
의 잠재적 채택자들에게 기존 기술보다 ITS의 상대적 이익이 크다
는 점을 설득하고 확산시키려 한다. 따라서 ITS 도입 및 구축과정
에서 정책추진집단이 이들 잠재적 채택자들에 대하여 영향력이 클
수록 정책과정을 주도하게 되어 ITS의 확산이 용이해질 것이다.

(3) 정책학습

ITS의 도입 및 구축과정에 참여하는 다양한 행위자들 간의 동태
적인 상호작용 과정에서 각각의 행위자들은 ITS에 관한 지식, 기
술, 정보뿐만 아니라 다른 경쟁적 행위자의 전략에 대해서도 정책
학습(policy learning)을 하게 된다. 이러한 학습과정을 통하여 각각
의 행위자들은 ITS가 자신에게 가져다 줄 이득(payoffs)을 계산하
게 된다. 신규참여자의 경우 ITS에 대한 자신들의 선호를 분명히

하게 되고, 기존 참여자의 경우 자신의 선호를 좀 더 강화하거나,
이전의 선호를 바꾸기도 한다. 이러한 학습을 통하여 좀 더 많은
행위자들이 기존 기술보다 신기술인 ITS가 그들에게 상대적 이익
이 크다고 인식할수록 ITS가 확산되게 된다.

정책네트워크 내 구성원들은 다른 구성원들로부터 ITS에 대한
지식과 정보를 습득하기고 하고, 먼저 ITS를 채택한 집단의 구성원
들과 공식·비공식적인 접촉을 하면서 모방학습을 하게 된다. 이
때 ITS를 먼저 채택한 집단은 타 행위자들에게 하나의 준거집단이
된다. 따라서 ITS를 먼저 채택한 집단의 ITS 성과에 대하여 다른
행위자가 어떻게 평가하느냐에 따라 ITS의 확산에 영향을 미치게
된다. 정책네트워크 내 ITS의 잠재적 채택자가 ITS를 먼저 시행한
집단의 ITS 성과를 긍정적으로 평가하고 이를 모방할수록 ITS의
확산에 긍정적인 영향을 미칠 것이다. 그러나 ITS의 성과를 부정적
으로 평가할수록 ITS의 확산에 부정적인 영향을 미칠 것이다.

다. 네트워크의 구조

ITS의 도입 및 구축과정을 둘러싸고 형성된 정책네트워크에는
기존 교통정책네트워크 구성원뿐만 아니라 새로운 행위자들이 참여
를 하게 된다. 정책네트워크의 구조적 성격은 참여하는 행위자들
간의 유형화된 관계의 특징이 어떠하냐에 따라 달라진다. 본 연구
에서는 네트워크의 구조를 안정성과 배타성의 측면에서 분석하였
다. 먼저, 네트워크의 안정성(stability)이란 정책네트워크 내 참여자
들 간의 관계의 지속성과 연속성을 의미한다. 본 연구에서는 오랫
동안 행위자들 간의 관계가 지속되고 연속성을 갖는 경우 네트워크
의 구조가 안정적이라고 보고, 그렇지 않는 경우에는 유동적이라고
보기로 한다. 다음으로, 네트워크 구조의 배타성(exclusion)이란 네
트워크 내에 다른 행위자들의 진입의 용이성을 말하는데, 이는 네

트워크의 경계와 관련된다. 본 연구에서는 네트워크 내 기존 구성원외에 신규참여자의 수가 적은 경우에는 네트워크 구조가 배타적(폐쇄적)이라고 보고, 많은 경우에는 개방적이라고 보기로 한다. 이러한 기준에 비추어 볼 때 네트워크가 유동적이고 개방적인 경우에는 이슈네트워크의 모습을 띠게 되고, 네트워크가 안정적이고 폐쇄적인 경우 제도화된 정책공동체의 모습을 띠게 된다.

ITS의 도입 및 구축과정에서 새로 형성된 정책네트워크의 구조가 이전의 제도화된 정책공동체적 성격을 지속하느냐, 아니면 이슈네트워크적 성격으로 변하느냐에 따라 게임의 규칙(참여의 범위, 참여자의 지위, 의사결정방식, 정보교환 방식 등)에 영향을 미쳐 ITS의 확산에 영향을 미치게 된다. 먼저, 정책공동체는 참여자가 소수에 국한되고, 참여자의 안정적인 지위가 유지되며, 그들 간의 상호의존성과 관계의 지속성이 매우 높기 때문에 참여자들 간의 연계가 매우 강하다는 특징이 있다. 구성원들 간에는 상호 신뢰를 바탕으로 합의형성과 대면적 접촉을 통한 긴밀한 정보교환이 이루어진다. 따라서 ITS를 둘러싼 행위자들 간의 관계가 기존의 정책공동체적 성격을 유지할 경우에는 기존의 게임의 규칙이 그대로 적용이 되고, 참여자들 간의 긴밀한 의사소통과 합의형성의 용이성으로 인하여 ITS의 확산에 긍정적인 영향을 미칠 것이다.

반면에 이슈네트워크는 참여자가 광범위하고 신규 참여가 용이하며, 참여자들 간의 상호의존성 및 관계의 지속성이 낮기 때문에 이들 행위자들 간의 연계가 약하다는 특징이 있다. 따라서 ITS의 도입을 둘러싸고 형성된 정책네트워크의 구조가 시스템을 구축하는 과정에서 기존의 정책공동체에서 이슈네트워크로 그 성격이 변하게 될 경우에는 보다 많은 행위자들에게 혁신에 관한 정보교환은 촉진시킬 수 있으나, 게임의 규칙 변화에 따른 다양한 참여자들 간의 신뢰가 형성되어 있지 않고 그들 간의 의견갈등으로 인하여 ITS의 확산에 부정적인 영향을 미칠 것이다.

제4장 사례분석

제1절 무인과속단속시스템의 확산사례

무인과속단속시스템(ATES; Automated Traffic Enforcement System[53])은 법규를 위반하여 과속으로 운행하는 운전자를 자동으로 적발하고, 범칙금 및 과태료 등으로 제재를 가함으로써 교통사고의 감소 효과를 기대할 수 있는 신기술이다. ATES는 정책집행기관의 시스템 구축과 동시에 정책대상집단인 불특정 다수의 법규 위반자에게 직접적으로 규제의 효과를 미치기 때문에 ATES의 확산에는 정책집행기관의 순응이 중요하다.

정부에서는 1980년대 이후 자동차 보유대수의 급속한 증가에 수반되는 심각한 교통사고를 줄이기 위하여 교통안전법 및 교통사고처리특례법 제정, 교통안전기본계획 및 교통안전종합대책 수립 등 다양한 교통안전정책을 시행하고 있다. 특히 1990년대 중반부터는

---

53) ATES는 속도위반, 신호위반, 버스전용차로위반 등 각종 법규 위반차량을 사람이 아닌 기계적 장치에 의해 단속하는 자동교통단속시스템을 의미하는데, 본 연구에서는 ATES를 무인과속단속시스템과 같은 의미로 사용하기로 한다. 무인과속단속시스템은 도로변 안내표지판에 '무인속도측정기' 또는 '무인단속카메라' 등으로 표시되어 있다. 무인과속단속시스템은 ⅰ) 교통경찰이 임의의 지역에 이동시켜 가동시키는 이동식 ATES와 ⅱ) 특정지점에 고정적으로 설치되어 24시간 지속적으로 가동되는 고정식 ATES로 대별된다. 이동식이 불특정 지점에서 불시단속을 통하여 운전자의 법규준수율을 높이자는 데에 그 목적이 있다면, 고정식은 과속으로 인한 사고다발지점에 지속적으로 설치·운영하여 교통사고를 예방하자는 데에 그 목적이 있다. 본 연구의 대상이 되는 무인과속단속시스템은 고정식 ATES에 국한된다.

첨단기술을 활용한 온라인식 ATES를 구축하여 과속 운전자를 단속하고 있는데, 온라인식 ATES는 현재까지 추진된 다양한 ITS 시스템 중에서 가장 급속하게 확산된 사례로 평가되고 있다.

그런데 ATES가 제공하는 서비스가 정책대상집단의 행태를 제약하는 규제정책(regulatory policy)의 성격을 가지고 있음에도 불구하고, 우리나라의 경우 세계에서 유례를 찾아 볼 수 없을 정도로 시스템이 단기간에 확산되고 있다(도로교통안전협회, 1997: 4). 그 이유는 무엇인가? 이러한 요인에 대해서 1995년 말부터 도입하기 시작한 온라인식 ATES의 도입배경 및 기술수준, 시스템의 도입을 둘러싸고 형성된 정책네트워크 내 행위자들의 정책선호 및 상호작용, 네트워크의 구조적 특징을 중심으로 분석하였다.

1. 도입과정 및 추진현황

가. 수거식 무인과속단속시스템의 도입 실패

경찰청은 1995년 말 온라인방식의 ATES를 도입하기 전에 먼저 1991년부터 수거방식의 ATES를 도입하여 운영하였는데, 이 시스템은 단속영상을 테이프나 디스크에 저장하여 일정주기로 관리자가 직접 현장에서 수거하는 반자동시스템이었다. 우리나라에 처음 도입된 수거방식의 ATES의 도입경위를 살펴보면 다음과 같다. 당시 교통부는 1988년 올림픽을 앞두고 교통안전종합대책의 일환으로 기계적인 방법에 의한 무인과속단속시스템을 활용하여 과속을 단속하는 방안을 적극 검토하고, 1987년 2월 대통령 업무 보고 시 이의 도입을 건의함으로써 국내에 ATES를 도입하기로 결정하였다. 이에 따라 단속권한이 있는 경찰청은 1988년 1월 교통안전종합대책 추진계획에 ATES의 도입계획을 구체화하고, 1989년 3월 경찰청 경찰장비관리위원회의 심의를 거쳐 1991년부터 시스템을 설치하기 시작하였다.[54] 이 당시만 하더라도 첨단기술을 이용한 수거식 ATES는 획기적인 장비로 인식되었기 때문에 경찰청과 관련기관(도로공사)에서는 매년 시스템을 구매하여 주로 고속도로, 국도, 지방도로상의 사고 발생가능성이 높고 과속우려가 있는 지점에 설치하여 1995년까지 총 45대를 설치하였다. 경찰청의 수거식 ATES의 도입경위는 <표 4-1>과 같다.

<표 4-1> 수거방식의 무인과속단속시스템 도입경위

시행시기	추 진 내 용	비 고
1987. 2. 26	교통부 업무 보고 시 대통령이 무인속도측정기 도입 지시	
1988. 1. 27	「교통안전종합대책 추진계획」에 반영	
1989. 3. 21	제66차 경찰장비관리위원회 신이 의결	
1990. 12~	도로공사 고속도로 무인속도측정기 설치·가동(12대)	1993. 7월 관리전환
1991. 1~	서울·경북경찰청 무인속도측정기 설치·가동(총8대)	
1992. 7~	충북경찰청 무인속도측정기 설치·가동(2대)	
1993. 7	도로공사로부터 경찰청에 10대 기부채납	
1994. 3~9	전북·경기·충남·부산·인천경찰청 설치·가동(총8대)	

그러나 수거식 ATES는 시스템상의 기술적 결함과 운영상의 여러 가지 문제점들이 발견되면서 더 이상 전국적으로 확대되지 못하였다. 여전히 경찰인력이 현장에 투입되어 휴대용단속기(Speed Gun)

---

54) 경찰청에서 수거식 ATES를 설치하기 이전에 도로공사에서 먼저 1990년 12월 ATES를 12대 구매하여 설치·운영하였는데, 이 시스템들은 1993년 7월 지방경찰청으로 관리전환 되었다.

로 속도 위반자를 단속하는 인적 단속이 주류를 이루고 있었다.

나. 온라인식 무인과속단속시스템의 도입 경위

수거식 ATES의 문제점을 인식한 경찰청은 1994년 산하기관인 당시 도로교통안전협회[55]에 수거식 ATES의 단점을 보완할 수 있는 새로운 온라인식 ATES의 도입에 대한 연구를 의뢰하였다. 이에 따라 동 협회에서 1995년 온라인식 ATES의 운영체계 및 신뢰도분석에 관한 연구, ATES 규격 제정 연구 등을 수행하였으며, 현장실험과 민간업체, 전문가 등의 자문을 통해 온라인 ATES의 규격서(안)을 작성하여 경찰청에 제출하였다. 경찰청은 동 규격서(안)를 경찰장비위원회의 심의를 거쳐 1996년 4월 『교통단속용 무인장비 규격서』라는 명칭으로 관보에 공포하였다.

동 규격에 따라 경찰청은 1996년 디지털 방식의 온라인 ATES 2 대를 구매하여 경기지방경찰청 관내의 사고 다발지점에 시범적으로 설치·운영하였다. 시범사업의 결과, 설치지점에서 과속사고가 급격히 감소한 것으로 나타나자 경찰청은 1997년 4월부터 경기, 경북, 경남, 충남, 전남의 5개 지방경찰청에 32대를 설치·운영하게 함으로써 전국적으로 온라인 시스템 구축이 본격화 되었다.

아울러 경찰청은 이전의 수거식 방식의 시행착오를 바탕으로 온라인방식의 ATES의 운영효율화를 위한 제도적 보완도 병행하였다. 즉 수거방식에서는 피단속 차량의 운전자 확인이 어려워 범칙금 부

---

55) 도로교통안전협회는 도로교통의 위해방지를 위하여 1954년 2월 내무부 산하로 발족한 이후, 1980년 5월 도로교통법에 의한 공법인으로 개편되었으며, 1999년 1월 도로교통안전관리공단으로 개편되었다. 동 협회(공단)는 도로교통법의 규정(제86조)에 의하여 교통안전대책에 관한 조사·연구·개발·보급 및 기술용역, 홍보, 도로교통사고의 조사·분석, 교통관련법령의 시행상의 문제점 건의, 교통안전교육 등을 시행하고 있다. 경찰청(1998: 233-234; 1999: 236-238), 「도로교통안전백서」.

과가 불가능할 경우 피단속 차량의 처벌이 곤란하였는데, 경찰청은
1997년 도로교통법 및 동법 시행령을 개정하여 차량소유주에게 과
태료를 부과할 수 있도록 하였다.

<표 4-2> 온라인 무인과속단속시스템 추진경위

구 분	경 찰 청	도로교통안전관리공단	관련업체
1994	· 온라인시스템 도입 타당 성을 공단에 검토의뢰	· 외국 사례 조사 등 온라인 시스템 타당 성 검토 · 현장실험 등	· 기술가능성 협조
1995	· 온라인시스템 규격제정 을 공단에 의뢰	· 현장실험을 통한 규 격서(안)개발 · 검지기술 및 운영체 계 개발 등	· 현장실험 협조
1995. 12	· 경기경찰청 시범운영 (2대)	· 온라인시스템 설치효 과분석	
1996. 4	· 규격서 공포	· 규격서에 의거 각종 성능검사지침 개발 · 개발업체의 성능검사 실시 · 현장설치장비의 인수 성능 검사 실시	· 3개 업체 인수성능 검사 합격
1997. 4	· 32대 설치 · 운영	· 온라인시스템 설치효 과분석	
1997. 8	· 도로교통법 및 동법시 행령 개정(무인과속카 메라 적발차량 소유자 과태료 부과제도 도입)	· 업체의 인수 성능시 험 실시	· 2개 업체 성능검사 합격 · 유지관리 위탁수행
1998 - 현재	· 전국 온라인시스템 확 대 설치	· 온라인시스템 유지검 사 실시 · 온라인 시스템 검사부 문 국가공인검사기관 (KOLAS) 인정취득	· 10개 업체 성능검 사 합격 · 외국에 온라인 시 스템 수출

다. 온라인식 무인과속단속시스템의 추진현황

경찰청은 1997년 4월부터 온라인방식의 ATES를 32대를 정상 운영한 결과 설치지점에서 그 효과가 탁월한 것으로 나타나자 1998년부터 전국에 확대·설치하기 시작하였으며, 각 지방경찰청별로 전담조직인 교통영상단속실을 설치·운영 하고 있다. <표 4-3>에서 보는 바와 같이 ATES는 1998년에 100대, 1999년에 100대, 2000년에 280대, 2001년에 515대, 2002년에 490대, 2003년에 519대가 설치됨으로써 2003년 말까지 전국적으로 총 2,036대가 설치·운영되고 있다. 경찰청은 앞으로도 ATES를 지속적으로 확대 설치할 계획인데, 『제5차 교통안전기본계획(2002-2006)』에 따르면 매년 500대씩 확대 설치할 예정이다. 이와 같이 우리나라에서 온라인방식의 ATES는 세계적으로도 유례가 없을 정도로 단기간에 급속히 확산되어 가고 있다.

<표 4-3> 연도별 무인과속단속시스템 설치현황

연 도	1995~1997년	1998년	1999년	2000년	2001년	2002년	2003년	계
대 수	32	100	100	280	515	490	519	2,036

자료: 도로교통안전관리공단(2000: 20), 『무인 과속단속시스템의 효율적 관리 방안연구』, 2000년 이후는 경찰청 교통안전과 자료(2005. 6)를 참조하여 재구성.

한편, 시스템의 도입 및 설치절차를 보면, 먼저 경찰청이 매년 ATES 구매 및 유지관리를 위한 예산을 '자동차교통관리개선특별회계'에서 확보하고, 전국 지방경찰청의 소요량을 파악하여 예산의 범위 내에서 각 지방청별로 설치대수를 조정·배분한다. 각 지방경찰청은 자신들에게 할당된 시스템을 조달청에 구매를 의뢰하고, 경쟁입찰로 선정된 시스템 설치 업체와 계약을 체결하고, 시스템의 설치, 유지관리업무를 담당한다. 한편, 시스템 설치 업체는 우선 경찰청 규격기준에 의거하여 시스템을 개발하고, 도로교통안전관리공단의 성능시험절차를 거쳐 시험에 합격하여야만 입찰자격을 부여받을 수 있다. 2002년까지는 경찰청이 시스템을 리스로 임차하여 5년간 분납하였으나, 2003년부터는 직접 구매하여 설치하고 있다.

2. 무인과속단속시스템 확산에 미친 영향요인 분석

가. 정책환경 요인

(1) 교통사고문제 인식수준

1995년 말 온라인식 ATES를 도입하기 전까지 자동차 보유대수는 <표 4-4>에서 보는 바와 같이 1985년에 약 110만 대에서 1995년 말에는 약 847만 대를 기록함으로써 약 7.7배가 증가하고, 연평균 증가율도 22.5%의 매우 높은 증가 추세를 나타내고 있다. 자동차 보유대수의 급증과 함께 교통사고의 발생건수도 증가하고 있다. 지난 10년간(1985~1995년)의 교통사고 발생추세를 보면 1991년까지 계속 증가추세를 보이다가 그 이후에 약간 감소하고 있지만 교통사고 발생건수는 1985년에 총 146,836건에서 1995년에는 248,865건으로 약 1.7배가 증가하였다. 교통사고의 증가에 따라 사망자 수도 1일 평균 1985년 20.6명에서 1995년에는 28.3명으로 증가하였다. 1일 평균 부상자도 1985년 505명에서 1995년에 909명으로 크게 늘어났다. 우리나라의 교통사고 건수는 다른 나라에 비해 매우 심각한 수준으로서, 국제도로교통안전협회(PRI)의 통계에 의하면 1995년의 경우 인구 10만 명당 교통사고 사망자수는 세계 5위로서 영국, 일본, 독일 등 선진국에 비교할 때 2~3배가 높은(경찰청, 1997: 42)

자동차 사고의 불명예국으로 기록되고 있다.

<표 4-4> 연도별 교통사고 발생 추이

구분 \ 연도	차량대수	사고발생건수			사망자(명)			부상자(명)		
		총계	일평균	10만명당	총계	일평균	10만명당	총계	일평균	10만명당
1985	1,113,430	146,836	402	258	7,522	20.6	18.3	184,420	505	449
1987	1,611,375	175,661	481	417	7,206	19.7	17.1	222,701	610	529
1989	2,660,212	255,787	701	604	12,603	34.5	29.7	325,896	893	769
1991	4,247,816	265,964	729	616	13,429	36.8	31.1	331,610	909	768
1993	6,274,008	260,921	715	592	10,402	28.5	23.6	337,679	925	767
1995	8,468,901	248,865	682	555	10,323	28.3	23.0	331,747	909	740
연평균 증가율(%)	22.5	5.4	5.4	8.0	3.2	3.2	2.3	6.0	6.1	5.1

자료: 도로교통안전관리공단(2002: 34, 64), 「교통사고 통계분석」 재구성.

교통사고 건수가 전반적으로 증가하고 있다는 것은 전 국민 중에 교통사고를 당하는 비율이 점차 늘어나고 그에 따른 인적·재산적 피해의 비중도 커지고 있다는 것을 의미한다. 1993년 현재 우리나라의 연간 교통사고로 인한 사회적 비용(대인·대물 보상 등)은 국내총생산의 3%인 6조 6천억 원에 달하는 것으로 추정되고 있다(건설교통부, 1997: 1).

교통사고는 여러 가지 요인에 의하여 발생하는데,56) 그중에서도

---

56) 교통사고는 ⅰ) 자동차 정비 불량 등에 의한 자동차 요인, ⅱ) 도로의 여건이나 일기상태 등 환경적 요인, ⅲ) 운전자 요인 등에 의해 발생하는데, 특히 운전자의 교통위반에 의한 교통사고가 대부분이다. 1991년부터 1995년까지 5년간 운전자의 법규위반, 즉 안전운전 불이행, 안전거리 미확보, 중앙선 침범, 무면허운전, 교차로 통행위반, 신호위반, 취중운전, 보행자 보호위반 등으로 인한 교통사고가 전체 교통사고의 약

특히 과속에 의한 교통사고의 치명도가 가장 심각하다. 과속은 직·간접적으로 교통사고 발생원인의 높은 비율을 점유하고 있으며 특히 치명도가 높은 교통사고의 주요 요인이 된다. 국내의 경우 <표 4-5>에서 보는 바와 같이 속도위반으로 인한 교통사고의 치사율[57]이 전체교통사고의 치사율보다 4~5배 이상을 차지하고 있다.

<표 4-5> 전체 교통사고와 속도위반 사고의 치사율 비교

년도 구분	1990	1991	1992	1993	1994	1995
전체교통사고 치사율	4.8	5.0	4.5	4.0	3.8	4.1
속도위반사고 치사율	18.4	22.0	23.2	22.5	22.2	21.9

자료: 도로교통안전관리공단(2002), 「교통사고 통계분석」, 각 년도 참조 재구성.

이와 같이 과속으로 인한 교통사고는 치명적인 결과를 가져오기 때문에 과속에 대한 규제는 세계적으로 일반화되어 있으며, 주로 교통경찰관을 현장에 투입하여 과속 운전자를 단속하는 인력에 의한 단속이 주류를 이루고 있다. 그러나 인력에 의한 단속은 다음과 같은 한계와 문제점을 안고 있다. 첫째, 한정된 교통경찰관이 모든 위반자를 단속하는 데는 한계가 있다. <표 4-6>에서 보는 바와 같이 1985년 자동차 대수는 약 111만 대였으나, 1995년에는 약 847만 대로 연평균 22.5%의 증가율을 보이고 있으나 단속경찰관 수는 1985년 5,375명에서 1995년 10,104명으로 연평균 6.5%의 증가에 그치고 있어 모든 법규 위반차량을 단속하는 데는 물리적인 한계가 있다.

98%를 차지하고 있다. 이러한 운전자의 법규위반을 방지하기 위하여 교통단속이 이루어지고 있다. 경찰청(1996: 275), 「도로교통안전백서」.

57) 치사율 = 사망자/사고발생건수 × 100

<표 4-6> 교통경찰 단속건수와 교통사고 사망자수 비교

연 도	차량대수	교통 경찰수	단속건수	교통경찰 1인당 단속건수	교통사고 사망자수
1985	1,113,430	5,375	1,703,487	317	7,522
1987	1,611,375	5,802	1,232,619	212	7,206
1989	2,660,212	5,957	6,066,617	1,027	12,603
1991	4,247,816	7,600	9,727,470	1,280	13,429
1993	6,274,008	9,113	10,764,406	1,179	10,402
1995	8,468,901	10,104	8,544,615	846	10,323
연평균 증가율(%)	22.5	6.5	17.5	10.3	3.2

자료: 도로교통안전관리공단(2002: 34), 「교통사고통계분석」, 경찰청(1996: 187),
「도로교통안전백서」, 경찰청 교통안전과 내부자료(2003. 4)를 재구성.

둘째, 인력에 의한 단속은 선별단속과 함정단속에 따른 단속의 불공정성 문제를 야기 시킨다. 또한 위반자 적발 및 법규적용에 경찰관의 재량적인 판단이 개입될 수 있기 때문에 위반자들은 경찰관에게 선처를 호소하거나,[58] 시비와 다툼이 끊이지 않는다.

셋째, 인력에 의한 단속은 교통위반에 대한 비효율적인 단속으로 교통사고 예방이라는 단속의 효과를 가지고 오지 못하고 있다. 사망사고를 기준으로 볼 때 치사율이 높은 위반행위, 즉 과속이나 신호위반, 중앙선 침범 등에 대하여 단속할 경우 단속의 효과가 크나, 단속 경찰관의 사고 위험이 높고, 또한 단속 자체가 곤란한 경우도 많기 때문에 실제로는 이러한 단속을 회피하기도 한다. <표 4-6>에서 보는 바와 같이 1991년 교통경찰관 1인당 단속건수가 1,280명으로 최고수준을 기록하고 있으나, 같은 해에 교통사고 사망자 수도 13,429

---

58) 한 조사결과에 따르면 교통법규 위반으로 경찰관에게 적발 당했을 경우 위반내용을 약하게 해달라고 부탁한다가 40.1%, 가능한 한 현장에서 다른 방법으로 해결한다가 22.8%로 나타나고 있다(서규하, 1995: 109-130).

명으로 최고수준을 기록하고 있다. 이는 인력에 의한 단속이 교통
사고 유발가능성이 높은 위반행위를 중심으로 이루어지는 것이 아니
고, 단속하기 쉬운 위반행위를 중심으로 이루어지기 때문에 실질적
으로 단속효과가 나타나지 않고 있음을 반증한다.

이와 같이 우리나라 교통사고 건수와 사망자 수는 계속 증가하여
교통사고 문제는 심각한 사회문제로 인식되고 있다. 특히 우리나라
의 교통사망자 수는 세계 모든 국가의 4~5위를 기록하고 있고,
OECD국가들 중에서는 가장 높아 자동차 사고의 불명예국으로 낙
인 받고 있다. 이러한 상황에서 도로교통 안전정책을 책임지고 있
는 경찰청으로서는 교통사고문제를 당연히 심각하게 받아들이지 않
을 수 없었다. 그동안 경찰청은 교통사고 문제를 해결하기 위하여
단속강화의 필요성을 강조하여 왔으나, 인력에 의한 단속의 경우
제한된 단속인력, 단속의 불공정성, 비효율적인 단속 등으로 인하여
사고 감소의 효과가 크게 나타나고 있지 않다고 인식하고 있었다.
이러한 상황에서 기존 인력에 의한 단속의 한계를 극복할 수 있는
첨단 장비인 ATES라는 새로운 대안이 제시되었을 때 경찰청 정책
담당자에게는 획기적인 수단으로 인식되었다. 따라서 정책담당자들
의 교통사고문제에 대한 심각성 인식은 ATES의 도입에 긍정적인
영향을 미쳤다.

(2) 기술발전 인식수준

가) 해외 기술발전 인식수준

1970년대 이후부터 각국에서는 신호위반, 속도위반, 과적, 버스전
용차선 위반, 자동요금 징수 위반 등을 단속하기 위하여 다양한 목
적과 기능을 가진 ATES를 개발하여 왔으나 그 중에서 현실적으로
도입효과가 입증되어 가장 광범위하게 설치되어 있는 시스템은 과

속단속시스템이다. ATES는 1973년 독일 아우토반에 설치된 이후 전 세계적으로 40개국 이상에서 다양한 ATES[59]가 설치·운영 되고 있다(도로교통안전관리공단, 1997: 9-16).

세계 각국에서 운영되고 있는 ATES의 도입효과는 다양하나 단속효율의 증대, 속도감소와 이에 따른 교통사고율의 감소 효과가 대표적이다. 이외에도 ATES의 설치로 인하여 경찰 단속인력을 크게 감소[60]시키는 효과를 보여 주고 있다. <표 4-7>은 독일, 호주, 영국, 네덜란드, 노르웨이 등 세계 주요국가에서 도입·운영 중에 있는 ATES의 시스템 방식 및 도입효과 등을 정리한 것이다. 이외에도 미국에서는 지역별로 ATES를 활발하게 도입되고 있으며 New York시 등에서는 과속단속시스템을 신호등과 연결시킨 신호위반단속시스템을 도입·운영 하고 있다. 일본의 경우는 ATES가 중요 교통법규 단속 기기로 사용되고 있으며, 싱가폴에서는 신호등에 부착해서 번호판 위반차량, U-Turn 위반차량, 속도 위반차량 등

---

59) ATES는 ⅰ) 단속기법, ⅱ) 카메라방식, ⅲ)단속차량 자료 수거방식 등의 특징에 따라 구현하는 기술이 달라진다(도로교통안전관리공단, 1998: 109-110). 첫째, 단속기법을 기준으로 볼 때, 한 지점의 속도를 측정하여 단속하는 지점단속과, 일정 구간의 평균속도를 측정하여 위반차량을 단속하는 구간단속으로 구분되는데, 현재 대부분의 국가들은 지점단속을 시행하고 있으며, 네덜란드, 호주 등 일부 국가에서는 구간단속을 시행하고 있다. 둘째, 카메라방식을 기준으로 볼 때 단속차량을 필름 또는 VHS카메라로 촬영하고 현상하는 아날로그방식과 단속차량을 촬영하고 차량번호를 자동으로 처리할 수 있는 해상도를 가진 디지털방식이 있다. 대부분 국가들은 아날로그방식으로 운영하고 있으나, 1990년대 초 이후에는 일부 국가들이 디지털방식을 채택하고 있다. 셋째, 단속된 차량자료를 취합하는 방법에 따라 데이터를 지역제어장치에 직접 나가 취합하는 수거식 방식과 통신을 이용하여 실시간으로 지역제어장치에서 중앙제어장치로 데이터를 전송하는 온라인방식으로 구분된다. ATES 초기에는 수거방식으로 운영하였으나 1990년대 초 이후에는 일부 국가들이 온라인방식을 채택하고 있다.

60) 네덜란드의 경우 무인과속단속시스템을 도입함으로써 경찰인력이 40%나 감소되었다. 도로교통안전관리공단(1998: 111), 「과속 교통사고 방지 종합대책」.

을 단속해서 범칙금을 징수하고 있다.

<표 4-7> 주요 국가의 무인과속단속시스템의 도입 효과

도입국가	도입년도	시스템방식	도 입 효 과	기 타
독 일	1973년	아날로그방식 (수거식)	·사고 75% 감소	지점단속
영 국	1991년	아날로그방식 (수거식)	·사망 92%, 사고 22% 감소 ·과속비율 97% 감소	〃
호 주	1992년	디지털방식 (지역온라인)	·사망 30%, 사고 16% 감소 ·과속비율 23% → 11%로 감소	구간단속
네덜란드	1993년	디지털방식 (온라인)	·사고 15% 감소 ·과속비율 35% → 3%로 감소	〃
노르웨이	1993년	아날로그방식 (수거식)	·사고 20% 감소	지점단속

자료: 도로교통안전관리공단(1998: 112), 「과속 교통사고 방지 종합대책」, 도로교통안전관리공단(2000: 20), 「무인 과속단속시스템의 효율적 관리방안연구」.

이와 같이 해외 ATES는 오래 전부터 시스템이 개발되어 상용화되어 있었다. 그러나 우리나라의 경우 시스템 도입이 비교적 늦은 편이나 해외 기술동향이 국내 시스템 도입에 크게 영향을 미치지 않은 것으로 나타나고 있다. 초기 수거식을 도입할 때에도 이전부터 CCTV를 경찰청에 납품한 민간기업이 외국기술에 크게 의존하지 않고 자체기술을 활용하여 개발하였으며, 기술개발을 위하여 특별히 외국기술과 제휴를 하거나 해외출장을 통하여 기술학습을 한 것도 아니었다.61) 1990년대 중반이후 디지털 온라인방식을 도입할

---

61) 당시 수거방식의 무인과속단속시스템을 개발한 오리엔탈전자의 경우 그 이전부터 경찰청에 CCTV 카메라를 경찰청에 납품하고 있었는데, 수거식은 CCTV 카메라에 비데오 장치만 내장하여 사용하면 가능하였으므로 별도의 특별한 기술이 필요 없었다. 오리엔탈전자 S이사와 전

때에도 민간기업들은 1990년대 초반부터 차량인식기술 등 원천기술을 개발하여 보유하고 있었기 때문에 해외기술에 의존하지 않고 독자적으로 온라인방식을 도입하는데 큰 문제가 없었다.62)

나) 국내 기술발전 인식수준

ATES는 속도위반차량에 대한 검지기술, 위반차량에 대한 영상인식 기술, 지역제어장치와 중앙관제장치 간의 고속으로 정보를 전송할 수 있는 통신기술, 디지털 카메라 기술, S/W 등 핵심요소기술들로 구성되어 있다. 따라서 ATES의 확산여부는 이러한 ATES의 핵심 요소기술의 발전수준에 직접적으로 영향을 받는다. 특히, ATES는 위반차량의 운전자에 대하여 범칙금 또는 과태료를 부과하기 하기 때문에 속도위반차량을 정확하고 일관성 있게 측정해 줄 수 있는 검지기의 속도 측정 신뢰도는 ATES의 핵심이 된다.

1991년부터 경찰청에 도입된 수거식 ATES의 경우 민간기업이 일부 핵심부품을 외국에서 수입하는 것 외에는 기존의 자체기술을 활용하여 시스템을 개발하였다. 그러나 수거식 ATES는 국내에 적용하는 과정에서 시스템의 성능상 여러 가지 문제가 발생하여 운영하는데 많은 어려움이 있었다. 즉 수거식 ATES는 첫째, 야간촬영이 곤란하고, 악천후(눈, 비, 안개)로 인한 고장 및 화상 신뢰도가 급격히 떨어지는 경우가 많았다. 둘째, 영상속도의 한계로 연속하여 통과하는 과속차량을 촬영할 수 없고, 녹화된 영상에 불필요한 부분이 많아 테이프의 낭비가 심하였다. 셋째, 배터리 수명도 짧으며, 원격모니터링을 통한 기기의 자체 고장진단이 곤란하였다(도로교통

화면접 결과, 2003. 7. 8.

62) 1996년부터 온라인 ATES 사업에 참여한 민간기업은 오리엔탈전자, 건아정보, 기아정보, LG산전 4개 업체였으며, 이들은 차량자동인식기술과 같은 원천기술을 자체 보유하고 있었다. 건아정보 L이사와 전화면접 결과, 2003. 7. 9.

안전협회, 1997: 16-17).

수거식 ATES는 이러한 시스템상의 기술적인 한계 외에도 경찰청 담당자에게 부수적인 업무를 수반시켜 매우 불편한 것으로 인식되었다. 첫째, 수거식은 관리자가 일주일에 한번씩 직접 현장에 가서 테이프를 수거하고 교체해야 하는 불편함과 시간낭비의 문제가 있었다. 둘째, 수거된 테이프를 수작업으로 분석하여 사진 출력을 해야 하므로 처리 효율이 낮고, 시스템의 잦은 고장에 따라 유지보수비용이 많이 소요되었다. 셋째, 테이프 수거에서 통고처분에 이르기까지 최소 2~3개월 이상이 소요되어 위반자가 위반사실을 인정하지 않는 등 문제점이 있었다. 이와 같이 수거식은 첨단 장비를 이용하여 경찰인력의 단속업무를 감소시키고, 사고 감소 및 단속의 효율성을 도모하고자 도입하였지만, 기술적인 문제뿐만 아니라 오히려 경찰의 부수적인 업무만을 증대시킴으로써 더 이상 확대되지 못하였다.

이러한 수거식 시스템의 문제점을 인식하고 경찰청이 1994년 도로교통안전협회에 개선방안을 의뢰하자 동 협회는 외국사례의 분석과 함께 관련업체의 참여 속에 국내 기술수준을 검토하고, 온라인 방식의 검지기술과 운영체계를 개발하였다. 이후 1995년 말 시범운영 이후 1996년 4월 협회 주관으로 성능검사 및 인수검사를 실시할 당시 이미 기술개발이 완료한 국내 3개 업체가 합격하였으며, 이후 몇 차례 규격서를 보완·적용함으로써 국내 업체들의 기술개발을 촉진시켰다.[63] 그 결과 온라인 시스템의 경우 단속처리 기간을 3~4일로 대폭 감축시켰으며, 관련업무의 인력 소요도 대폭적으로 줄였다(도로교통안전협회, 1997: 17).

---

63) 국내 관련업체들은 ATES 핵심요소기술에 대해 지속적인 투자를 하여 왔으며, 이로 인하여 현재 무인과속단속기술은 세계 제1위의 기술 경쟁력을 갖추고 있다. 최근 일부 업체는 동남아, 남아프리카 등에 기술을 수출하고 있다. 도로교통안전관리공단 교통과학연구원 K수석연구원과 면접결과, 2003. 2. 6. 건아정보 L이사와 전화면접 결과, 2003. 7. 9.

이처럼 초기 수거식 ATES는 기술적 문제점 때문에 시스템의 확산에 제약요인으로 작용하였으나, 온라인 ATES는 도입초기부터 국내 기술력을 확보하면서 시스템의 도입뿐만 아니라 확산에도 긍정적인 영향을 미쳤다. 게다가 최근 경쟁 입찰과 정보통신기술의 발전으로 인하여 <표 4-8>에서 보는 바와 같이 ATES의 투자비용이 계속 낮아지면서 경찰청의 경우 동일한 예산으로 이전보다 더 많은 시스템을 설치할 수 있게 되었다.

<표 4-8> 무인과속단속시스템 연도별 계약단가[64]

연 도	1996	1997	1998	1999	2000
낙찰가(천 원)	65,277	87,881	64,637	45,152	27,232

자료: 도로교통안전관리공단(2000: 38),「무인과속단속시스템의 효율적 관리
방안 연구」.

나. 정책집행네트워크 요인

(1) 행위자의 이익(선호)

경찰인력이 현장에서 직접 과속 운전자를 단속하는 기존 정책네트워크의 구성원은 정책결정기관인 경찰청과 집행기관인 지방경찰청, 휴대용 단속기(Speed Gun)를 납품하는 민간업체로 이무어서 있었으며, 경찰청 산하의 전문연구기관인 도로교통안전협회는 소극적으로 참여하였디. 그리고 1990년대 초부터 경찰청이 주도적으로 도입한 수거식 ATES 정책네트워크도 기존의 구성원들이 큰 변동 없이 참여하였다.

---

64) 1996년~1999년까지는 무인과속단속시스템을 설치 운영하고 있는 A업체의 계약단가이고, 2000년 계약단가는 B업체가 독점한 관계로 B업체의 계약단가이다.

그러나 경찰청의 일방적인 주도하에 도입된 수거식 ATES가 기술적인 문제뿐만 아니라 운영상의 여러 가지 문제들을 노출하자, 경찰청은 1994년부터 온라인 방식을 검토하면서 전문연구기관인 도로교통안전협회를 적극적으로 참여시켰다. 따라서 온라인식 ATES 정책네트워크는 기존의 정책네트워크의 구성원인 경찰청(본청과 지방청), 민간업체 외에 도로교통안전협회(공단)의 적극적인 참여와 상호 협력 속에서 형성·유지되었다. 여기서 경찰청은 교통안전에 관한 총괄 정책결정기관으로서 온라인식 ATES의 도입을 주도하고, 지방경찰청은 집행기관으로서 ATES의 수요를 조사하여 경찰청에 보고 후 자기 지역에 할당된 시스템을 설치·운용함으로써 정책네트워크에 참여하였다. 도로교통안전협회(공단)는 경찰청에 대한 정책자문뿐만 아니라 민간업체가 개발한 시스템의 현장실험을 통해 시스템의 신뢰도를 검증하는 역할을 하였다. 민간업체는 경찰청 규격에 맞게 시스템을 개발하고 공급함으로써 정책네트워크의 구성원으로서 참여하였다. 한편, 정책대상집단은 기존 정책네트워크에서와 마찬가지로 불특정 다수의 운전자들이기 때문에 ATES 정책네트워크에 직접 참여하지 않았다.

이러한 정책네트워크 내 행위자들의 이익 및 선호가 ATES의 확산에 미친 영향을 조사한 결과는 다음과 같다. 먼저, 경찰청은 우리나라 교통사고문제를 매우 심각하게 인식하고 교통사고를 예방하기 위하여 1980년대 이후 다양한 교통안전정책을 시행하여 왔으나, 교통사고는 크게 감소하지 않고 있는 실정이었다. 이러한 상황에서 경찰청은 첨단장비를 활용한 단속을 통하여 교통사고를 획기적으로 줄여보자는 취지에서 1990년대 초 수거식 ATES를 도입하여 운영하였지만, 수거식의 여러 가지 문제점으로 인하여 효과를 보지 못하였다. 이러한 수거식 방식의 문제점을 개선하여 경찰청은 1990년대 중반부터 온라인방식을 도입하였는데, 경찰청(본청 및 지방경찰청)의 온라인 시스템에 대한 선호를 조사한 결과는 다음과 같다.

첫째, 교통경찰관들은 기존의 인력에 의한 단속이나 수거방식의 시스템에 비해 온라인 방식의 시스템을 훨씬 선호하고 있는 것으로 나타나고 있다. 먼저, 교통경찰관들이 직접 현장에서 휴대용단속기(Speed Gun)로 과속차량을 단속하는 것보다 ATES를 선호하는 이유는 단속 시 위반자들과 시비를 다툴 필요가 없고, 자신들의 사고 위험을 회피할 수 있으며, 공정하게 단속할 수 있다는 점 등을 들고 있다. 다음은 현장에서 교통단속업무를 담당하는 경찰관과의 전화면접 내용이다.[65]

"현장에 나가서 과속운전자들을 단속하다 보면 하루에도 우리 모가지가 열 개는 더 떨어져 나갑니다. 무슨 말씀이냐 하면 위반자를 단속하잖아요. 그러면 그 사람하고 잘못을 했니 안 했니 실랑이를 벌이고 싸우다가 결국에는 스티커를 발부합니다. 그러면 너 모가지가 몇 개냐? 평생 살해봐라! 그래 얼미니 오래 버티는지 두고 보자! 별의별 온갖 욕설을 다 퍼붓고 갑니다. 그래서 대부분의 경찰관들은 과속단속 업무를 회피하려고 합니다. …… 그러나 무인카메라로 단속하면 운전자들과 싸울 필요가 없잖아요. 위반시간이 정확하게 몇 분, 몇 초까지 나와 버리니까 위반자들이 부인을 못합니다. …… 그래서 요즘 우리 경찰들은 이렇게 이야기합니다. 이제는 경찰이 딱지 떼는 시대는 갔다. 과학 장비에 의해 단속을 해야 한다고."

"과속으로 달려오는 차를 세우려고 하면 위험하잖아요. 잘못하면 사고도 나고요. 그러나 무인카메라는 우리 경찰들에게 위험도 없고, 그렇다고 교통체증에 영향을 주는 것도 아니잖아요."

---

65) 충북지방경찰청 교통영상단속실 O경위와 전화면접 내용, 2003. 7. 8.

"전에는 딱지를 떼면 모 경찰하고 친군데, 어디 국회의원인
데, 장관인데 하면서 온갖 압력과 청탁이 들어옵니다. 그러면
안 빼줄 수도 없고 …… 그러나 무인단속기는 지위 고하를
막론하고 예외 없이 단속할 수 있어서 좋습니다. 설사 경찰
청장이라고 하더라도 무인단속기에 걸리면 돈을 내야 합니
다. …… 그리고 사람이 단속을 하면 야간이나 눈, 비 올 때
는 단속할 수가 없잖아요. 그러나 기계로 단속하면 주·야간,
눈, 비가 와도 24시간 단속이 가능합니다."

그리고 경찰관들이 수거식 방식에 비하여 온라인 방식을 선호하
는 이유로는 수거식의 경우 정기적으로 현장에 나가서 테이프를 교
체하여야 하고, 수거된 테이프를 수작업으로 분석해야 하므로 많은
시간과 인력이 소요되는 반면에 온라인의 경우에는 실시간으로 처
리가 되므로 처리 절차가 간단하다는 점 등을 들고 있다.

"수거식은 문제가 많았습니다. 초창기에 몇 대 설치는 안 되
었지만, 일주일에 한번씩 새로운 테이프를 집어넣고, 기존의
것을 수거해서 하나하나 비디오에 넣고 돌려서 해상을 했습
니다. 처리하는 시간도 지금하고는 비교가 되지 않지요. 그
때는 테이프를 빼 가지고 고지서를 발송하는데 최소 10일에
서 보름은 걸렸지만, 지금은 온라인이기 때문에 실시간으로
처리됩니다. 오늘 걸리면 바로 그 이튿날 우체국으로 보냅니
다. …… 수거식은 테이프를 분석하고 고지서를 발부하는 데
까지 상당히 많은 인력이 소요되었지만, 온라인은 처리절차
가 간단하여 동일한 인력으로 훨씬 더 많은 건수를 처리할
수 있습니다. …… 이런 이유 때문에 수거식은 2~3년 전에
내구연한이 되어 다 폐기되고, 이제는 전국적으로 한 대도
존재하지 않습니다."66)

둘째, 온라인 방식의 ATES는 과속으로 인한 교통사고 방지에 탁월한 효과가 있는 것으로 밝혀져 교통사고 방지의 책임을 맡고 있는 경찰청은 ATES를 도입하므로 인하여 자신들의 대외적인 위상과 단속의 명분이 높아졌다고 인식하고 있다. 도로교통안전협회에서 1997년 5개 지방경찰청(경기·충남·전남·경북·경남) 관할지역 총 38개 지점에 설치·운영되고 있는 ATES의 효과를 분석한 결과 교통사고발생건수는 평균 40%가 감소하고, 사망자수는 평균 57%가 감소한 것으로 나타났다.[67] 또한 경찰청이 1998년 설치된 100대의 ATES에 대한 자료를 토대로 분석한 결과 시스템 설치 전에 비하여 사고건수가 2,645건에서 2,023건으로 23.5% 감소하고, 사망자수는 151명에서 94명으로 37.7% 감소한 것으로 나타났다.[68] 이러한 사고 감소의 효과가 확실하게 나타나자 경찰청은 대외적인 명분과 확신을 가지고 ATES를 확대·설치하고 있다.

또한 집행기관인 지방경찰청의 경우도 교통사고 감소율을 가지고 다른 지방경찰청과 경쟁을 하기 때문에 ATES가 사고 감소의 효과가 크다고 인식하면서 더 많이 시스템을 설치하려는 경향이 나타나고 있다.

"무인단속기를 설치하면 확실히 사고 감소의 효과가 큽니다. 그 한 예로 충남경찰청의 경우 얼마 전까지만 하더라도 대형사고나 사망사고가 전국에서 세 번째로 많았거든요. 그래서 새로 부임하신 충남청장이 사고 감소에는 무인단속시스템이 최고다 라고 지시를 하여 작년(2002년도)에 전국에서 가장 많이 무인단속기를 설치(127대)하였습니다. 그랬더니 올해에는 충남

---

66) 경남지방경찰청 담당실무자인 P경위와 전화면접 내용, 2003. 6. 13.
67) 자세한 내용은 도로교통안전협회(1997: 29), 「무인단속시스템 설치기준 및 효과분석에 관한 연구」 참조.
68) 자세한 내용은 도로교통안전관리공단(2000: 18), 「무인 과속단속시스템의 효율적 관리방안」 참조.

경찰청이 작년대비 사고 감소율이 전국에서 최고잖아요. 반면
에 우리 충북경찰청은 작년에 제주도, 강원도 다음으로 제일
적게 설치(20대)를 하였는데, 작년대비 사고감소율이 전국에서
꼴찌를 기록하였습니다. …… 이런 것을 보면 대부분의 사고의
원인은 과속으로 인한 것이라는 것을 알 수 있습니다. 자기가
아무리 빨리 달리고 싶어도 무인단속기 때문에 앞의 차가 천
천히 가면 자기도 어쩔 수 없잖아요."[69]

셋째, ATES를 설치한 후에 기대되는 조세 수입 효과도 경찰청의
정책선호의 주요한 동인으로 작용하고 있다. ATES에 단속되어 위
반자에 부과되는 과태료가 경찰청이 운영하는 『자동차교통관리개선
특별회계』[70](이하 '자특회계'라고 부르기로 함)의 세입으로 편입됨
으로써 경찰청이 교통안전시설 확충이나 교통안전연구개발 등에 자
율적으로 투자할 수 있는 재원이 확보된 것이다. ATES가 본격적으
로 설치·운영되면서 과태료 등이 주 수입원인 '자특회계'의 세입이
<표 4-9>에서 보는 바와 같이 1996년에는 70억 원에 불과하였으나
2004년도에는 7,379억 원으로 증가하여 연평균 79%의 급격한 증가
추세를 보이고 있다.

---

69) 충북지방경찰청 교통영상단속실 O경위와 전화면접 내용, 2003. 7. 8.
70) 『자동차교통관리개선특별회계』는 교통경찰장비의 보강 등 교통업무 개
   선, 교통안전시설의 원활한 확충·관리, 교통안전에 필요한 도로개선,
   교통안전교육 등을 위하여 1993년부터 설치·운용되고 있다. 동 회계
   의 세입은 도로교통법 제115조의 2 제4항 제1호의 규정에 의한 과태
   료, 도로교통법 제117조 제3항의 규정에 의한 범칙금 등으로 구성된다.
   반면에 세출은 교통경찰장비의 구입·설치·관리비용, 교통지도단속·
   교통사고조사·연구용역 비용, 교통안전에 필요한 도로개선비용, 교통
   안전시설의 설치·개선비용, 신호기·교통안전표지의 개선비용, 교통안
   전 교육 및 홍보비용, 도로교통안전관리공단에 대한 출연금 등으로 구
   성된다.

<표 4-9> 자동차교통관리개선특별회계 연도별 수입 추이

(단위: 억 원)

연 도	1996	1997	1998	1999	2000	2001	2002	2003	2004	연평균 증가율
금 액	70	49	83	434	1,042	1,580	4,100[1]	12,387[2]	7,379	79.0

주: 1) 전년도 이월금 1,828억 원 포함, 2) 전년도 이월금 7,846억 원 포함
자료: 안전연대(2002. 3. 19), 「교통범칙금·과태료의 효과적 사용방법에 관한
　　　공청회자료」, p.5., 2001년 이후는 기획예산처 법사행정재정과 자료
　　　(2005. 6) 참조.

　일반회계와는 달리 집행기관의 예산운용의 탄력성이 보장되는 특
별회계의 성격상 경찰청이 외부기관의 제약을 덜 받고 자신들이 선
호하는 사업을 자율적으로 할 수 있게 되었을 뿐만 아니라 자체 수
입이 확보됨에 따라 종래 교통안전시설비 등을 의존하였던 지자체
와의 역학관계도 변하게 되었다. 현행 도로교통법(제3조 및 제104)
및 동법 시행령(제71조의 2)은 자치단체장이 매년 지방비로 시도
및 지방도의 교통안전시설(신호기, 안전표지 등) 예산을 확보하여
수임기관인 지방경찰청장 및 지방경찰서장에게 지원하도록 되어 있
다. 이러한 규정 때문에 종래 지방경찰청은 안전시설을 확보하기
위하여 지자체에 예산을 의존해야 하는 입장이었다. 그러나 ATES
운영에 따른 과태료 수입금이 많아지면서 지방경찰청은 이러한 의
존관계에서 탈피할 수 있게 되었고, 최근에는 오히려 '자특회계' 수
입으로 지자체에서 시행하는 시설개선사업을 지원함으로써 지자체
가 지방경찰청에 의존하는 관계로 변하여 가고 있다.

　"전에는 우리 지방경찰청이 교통안전시설을 설치하려고 하면
　시장, 군수에게 찾아가 사정사정 구걸해서 돈을 얻어다 썼습
　니다. 그러나 이제는 사정이 180도로 바뀌었습니다. 자특회계

로 들어오는 수입으로 우리 지방경찰청이 원하는 사업을 다할 수 있고, 올해부터는 지자체에서 하는 시설개선사업을 50%까지 지원할 수 있도록 되었습니다. 인생 역전이 된 것이죠. …… 우리 경찰 입장에서 보면 무인단속기는 '황금알을 낳는 거위'라도 해도 과언이 아닙니다. 물론 민간인들에게는 이런 얘기를 못하죠. 민간인들은 세수(稅收)를 걷어 들이기 위해서 무인단속기를 확대 설치한다고 항의할 것 아닙니까?"71)

이와 같이 경찰청의 '자특회계'에 대한 선호는 그들의 관련 법률 연장노력에서도 살펴 볼 수 있다. 원래 1992년도에 제정된 『자동차교통관리개선특별회계법』은 일몰법(日沒法)으로서 그 적용기간이 1993년~1997년까지였지만, 그간 1997년과 2001년 두 차례의 법률 개정을 통하여 적용기간을 2006년까지 연장하였다.

다음으로 경찰청 산하의 도로교통안전협회(공단)는 수거식 방식의 도입과정에 서는 참여하지 않았지만 온라인방식의 ATES 도입 및 구축과정에서는 적극적으로 참여하고 있다. ATES에 대한 기술적 분석을 통해 국내에서 실현 가능한 장비의 규격서를 만들고, 이 분야에 대한 지속적인 연구개발을 통해 경찰청을 정책적으로 지원하고 있다. 민간업체가 개발 가능한 기술수준을 진단하고 업체의 판단보다도 약간 높은 수준의 규격(안)을 제안함으로써 민간업체의 기술개발을 유도하는 기능을 하고 있다. 따라서 협회(공단)의 입장에서 보면 ATES라는 새로운 시스템의 도입 및 확대로 인하여 그들의 전문적인 연구 및 활동영역이 넓어지고 있으며, 최근에는 조직의 존립기반이 되는 재원(財源)도 ATES로부터 걷어 들여지는 과태료수입에 의존하고 있다. 즉 도로교통안전관리공단의 사업에 소요되는 재원은 2001년까지는 주로 분담금72)으로 충당하였으나, 2002년

---

71) 충북지방경찰청 교통영상단속실 O경위와 전화면접 내용, 2003. 7. 8.
72) 2001년 말까지 공단의 사업에 소요되는 재원은 도로교통법 제92조에

1월부터는 '자특회계'로부터 출연금을 지원 받아 공단의 사업을 운
영하고 있다. 또한 공단은 2002년 1월 산업자원부 기술표준원 한국
교정시험인정기구로부터 교통단속장비에 대한 국가공인검사기관으
로 지정을 받음으로써 기관의 공신력과 위상이 한층 제고되었다.[73]
국가공인검사기관인 공단이 민간업체가 신청한 교통단속장비에 대
하여 정상적인 검사절차를 통해 발행한 성적서는 국내뿐만 아니라
국제적으로도 그 신뢰성을 인정받게 된다. 이외에도 공단은 민간업
체가 신청한 ATES의 성능평가 및 인수검사와 관련된 업무를 전담
시키기 위하여 2002년 7월 공단 내에 별도의 단속장비부라는 조직
을 신설하는 등 ATES와 관련된 조직이 확대되고 있다. 이런 점에
서 볼 때 공단은 ATES에 대하여 높은 선호를 가지고 있다고 볼
수 있다.

마지막으로, 민간기업의 경우 경찰청의 지속적인 ATES 구매로
인한 수익성 확보 차원에서 ATES의 구축과정에 적극적으로 참여
하고 있다. 이들은 경찰청이 중장기적인 사업계획을 제시하고, 지속
적으로 시스템을 구매하자[74] 수익성이 있는 사업으로 인식하고, 이
에 따라 ATES 공급시장에 참여하는 민간공급업체들의 수가 많아
지고 있다.[75] 또한 이들은 경찰청이 요구하는 시스템 규격기준이

의거, 운전면허 소지자, 자가용 자동차소유자의 개인분담금과 자동차책
임보험사업자, 비도로관리청, 한국도로공사 및 자동차타이어제조업자로
부터 징수하는 분담금으로 충당되어 왔다. 경찰청(1999: 264), 「노로교
통안전백서」.

73) 도로교통안전관리공단 교통과학연구원 K수석연구원과 면접결과, 2003.
   5. 21.

74) 경찰청은 1996년부터 무인과속단속시스템을 지속적으로 구매하여 왔으
   며, 『제5차 교통안전기본계획』에서는 2002년~2006년까지 매년 500대씩
   구매계획을 제시하고 있다.

75) 온라인식 무인단속시스템의 초기 보급단계인 1996~1997년경에는 시스
   템 공급업체수가 총 4~5개 업체에 불과하였으나, 2002년 말 현재 총
   15개 업체로 증가하였고, 2003년 6월말 현재 다시 총 20개 업체로 늘
   어났다. 경남지방경찰청 담당자인 P경위와 전화면접 결과, 2003. 6. 13.

높은 수준임에도 불구하고 업체들 간의 경쟁에서 이기기 위하여 기술개발에 심혈을 기울이고 있다. 새로운 시스템을 개발한 업체는 도로교통안전관리공단에 성능검사를 의뢰하여 여기서 적합 판정을 받으면 국내뿐만 아니라 외국에서도 기술력을 인정받게 된다. 이에 따라 최근 우리나라의 ATES 기술력이 해외시장에서도 인정받게 되면서 해외로 수출하는 기업들도 늘고 있다.[76]

이와 같이 온라인식 ATES의 도입을 둘러싸고 형성된 정책네트워크 내 관련 행위자들의 온라인식 ATES에 대한 선호(이익)가 매우 높음을 알 수 있다. 따라서 이러한 행위자들의 ATES에 대한 공통적인 이해관계는 온라인식 ATES의 확산에 강한 긍정적인 영향을 미쳤다.

(2) 상호작용

가) 상호작용의 양태

ATES의 도입 및 구축을 둘러싸고 나타난 행위자들의 상호 관계는 경찰청(본청과 지방청), 도로교통안전협회(공단), 그리고 민간기업 간의 관계로 나타난다. 경찰청과 지방경찰청은 ATES 도입 및 구축에 관한 정책결정과 집행을 통하여, 도로교통안전협회(공단)는 경찰청의 정책개선방안 자문 및 민간이 개발한 시스템의 성능검사 등을 통하여, 그리고 민간사업자는 신기술의 개발 및 공급을 통하여 정부기관과 준정부기관, 그리고 민간기업 간의 상호작용이 이루어지고 있다.

이들 간의 상호 관계를 구체적으로 살펴보면 다음과 같다. 먼저, 경찰청과 지방경찰청은 자신들의 공식적인 고유권한과 책임으로

---

76) 예컨대, 무인단속시스템 제조업체인 건아정보는 중국과 베트남에 수출을 하고 있고, 오성은 남아프리카에 이동식 시스템을 수출하고 있다. 오리엔탈전자 S이사와 전화면접 결과, 2003. 7. 8.

ATES의 도입결정, 집행 등 정책과정 전반을 주도한다. 이 과정에서 경찰청은 도로교통안전협회(공단)와 공식·비공식적인 협의 등을 통해 상호작용을 하게 되며, 협회(공단)의 전문성을 활용하여 현장 설치가 가능한 국내 기술수준 등을 파악할 수 있게 된다. 도로교통안전협회(공단)는 경찰청과 정책협의 및 자문 등을 통하여 교통안전 문제를 해결할 수 있는 새로운 대안으로서 온라인식 ATES의 구축방안을 제시하고, 민간기업과 공식·비공식적인 접촉을 통하여 국내 기술수준을 파악한다. 즉, 도로교통안전협회(공단)는 준정부기관으로서 경찰청, 그리고 민간기업과 각각 상호작용을 하면서 정부의 정책의지와 민간의 기술력을 연계하는 통로역할을 담당하고 있다. 민간기업은 교통사고를 감소시킬 수 있는 신기술을 개발하여 경찰청 및 지방경찰청에 공급하는 역할을 한다. 그들은 ATES의 규격 개발에 앞서 도로교통안전협회(공단)가 주관한 현장실험에 참여하여 국내 기술수준에 대한 정보를 제공하고, 실제 규격이 공포된 이후에는 업체별로 규격에 맞는 독자적인 하드웨어나 소프트웨어 등의 기술을 개발·공급함으로써 경찰청과 상호 연계를 갖는다.

새로운 시스템의 도입을 둘러싸고 형성된 정책네트워크 내 행위자들의 이해관계의 성격이 어떠하냐에 따라 상호작용의 양태가 달라지고, 이에 따라 시스템 확산에도 영향을 미치게 된다. 그런데 온라인식 ATES 정책네트워크 내 행위자들은 ATES에 대한 장·단기적인 공통적인 이해관계로 인하여 상호 협력적인 관계가 유지되었다. 비록 그들이 이해관계가 기관의 위상 및 자율성 제고, 전문적 권위의 강화, 경제적 이익의 증가 등 추구하는 방향이 다르다고 할지라도 기존의 기술보다 신기술인 온라인 방식이 가져다주는 상대적 이익이 컸기 때문에 상호 협력관계의 지속이 가능하였던 것이다. 이처럼 온라인식 ATES 정책네트워크 내 행위자들 간의 협력적 상호작용은 집행체제 내부에서 시스템의 급속한 확산에 강한 긍정적인 영향을 미쳤다.

나) 정책추진집단의 영향력

정책혁신을 도입하여 구축하는 과정에서 혁신의 도입을 주도하는 집단이 얼마만큼 정책네트워크 내 다른 집단에 대하여 영향력을 행사할 수 있느냐에 따라 혁신의 확산에 영향을 미치게 된다. 온라인식 ATES의 도입을 주도하는 집단은 경찰청과 지방경찰청이라고 할 수 있는데, 조사결과 이들의 여타 행위자들에 대한 영향력은 매우 큰 것으로 나타나고 있다.

경찰청과 지방경찰청은 교통안전에 관한 총괄 정책결정 및 집행기관으로서 새로운 시스템의 도입·운용과정에서 도로교통법 등 관련법에서 위임한 자신들의 공식적인 권한에 근거하여 정책결정, 집행 등 정책과정 전반을 주도하였다. 먼저, 경찰청은 ATES와 관련된 정책결정 및 집행의 책임기관으로서 수거식 ATES의 문제점을 인지하고, 이를 개선할 수 있는 온라인식 ATES의 도입을 결정하고, 도로교통안전협회에 대한 온라인 시스템의 타당성 검토 요구, 규격 공포 등 법제도의 보완을 통해 온라인식 ATES를 원활히 운용할 수 있는 기반을 마련하였다. 또한 경찰청은 매년 ATES 구매 및 유지관리를 위한 예산을 '자특회계'에서 확보하고, 각 지방경찰청별 소요량을 파악하여 각 지방청별 설치대수를 조정·배분하고 예산을 지원하는 역할을 담당함으로써 정책네트워크 내 구성원인 지방경찰청, 도로교통안전협회(공단), 민간업체 등 모든 행위자들에 대하여 직·간접적으로 영향력을 행사하였다.[77]

다음으로 지방경찰청은 도로교통안전정책을 추진하는 집행기관으로서 관할구역 내 시스템 설치 소요량을 파악하여 경찰청 본청에 제출하고, 자신들에게 할당된 시스템을 조달청에 구매를 의뢰하여 선정된 물품공급자와 계약 체결, 시스템 설치, 유지관리업무를 총괄

---

77) 도로교통안전관리공단 교통과학연구원 K수석연구원과 면접결과, 2003. 5. 21.

함으로써 집행과정에서 실질적으로 영향력을 행사하였다. 그러나 경찰청 본청과 지방경찰청 간의 관계는 동일한 조직 내에서 상하의 위계관계에 있기 때문에 전반적으로 경찰청이 정책결정, 집행감독, 예산 확보, 지방경찰청별 시스템 설치대수의 조정 등의 역할을 통해 시스템 확산과정에서 결정적인 영향력을 행사하고 있다. 이와 같이 정책추진집단인 경찰청과 지방경찰청의 ATES에 대한 적극적인 정책의지와 여타 행위자에 대한 영향력 행사는 ATES의 급속한 확산에 강한 긍정적인 영향을 미쳤다.

다) 정책학습

ATES의 구축과정에 참여하는 경찰청, 지방경찰청, 협회(공단), 민간사업자들은 상호작용 속에서 온라인식 ATES에 관한 지식, 기술, 정보, 그리고 기존 기술보다 신기술인 온라인식 방식의 상대적 이익 등에 대하여 학습을 하였다.

먼저, 경찰청은 1991년부터 도입하기 시작한 수거식 시스템의 운영상의 시행착오와 실패경험을 통하여 실행학습을 하였다. 당시 경찰청은 무인단속장비를 도입함으로써 기존의 인력에 의한 단속보다 사고의 감소 및 경찰인력의 단속업무 감소 등을 기대하였다. 그러나 수거식 방식은 시스템상의 기술적 결함으로 인하여 사고 감소의 효과가 나타나지도 않았을 뿐만 아니라 운영과정에서 오히려 경찰의 부수적인 업무만을 증대시켰다.[78]

경찰청은 수거식 ATES를 설치·시행하고 있는 지방경찰청으로부터 정보의 환류를 통하여 수거식 시스템의 문제점을 인식하고, 이를 보완할 수 있는 온라인식 시스템의 도입을 검토하게 되었다. 경찰청은 전문연구기관인 당시 도로교통안전협회에서 수행한 온라인식 ATES에 관한 연구결과를 바탕으로 1996년 말 온라인 시스템

---

78) 경남지방경찰청 담당실무자인 P경위와 전화면접 결과, 2003. 6. 13.

을 시범운영한 후 그 효과가 매우 큰 것으로 나타나자 1997년부터 전국 지방경찰청에 확대 설치하기 시작하였다. 경찰청은 이와 같이 종래 수거식 방식의 실패경험을 바탕으로 온라인 방식으로 기술적 문제점을 보완하였을 뿐만 아니라 제도적 보완도 철저히 하였다. 1997년에 도로교통법 및 동법 시행령을 개정하여 차량소유주에게도 과태료를 부과할 수 있도록 하고, ATES의 지속적인 확대 설치가 가능하도록 몇 차례 '자특회계'를 개정하여 재원확보방안을 마련하였다. 따라서 경찰청의 실행학습을 통한 제도개선은 온라인 방식의 ATES 확산에 긍정적인 영향을 미쳤다.

지방경찰청은 ATES를 먼저 도입·운영하고 있는 다른 지방경찰청을 현장방문하거나 담당공무원들 간의 상호 정보교류를 통하여 시스템의 설치효과가 크다는 것을 학습하고, 적극적으로 시스템 도입을 추진하게 되었다. 또한 실제 시스템 운영과정에서 온라인 시스템이 자신들에게 가져다주는 편익(사고감소 효과, 현장 단속업무의 감소 등)이 크다고 인식함으로써 경찰청에 대하여 적극적으로 시스템의 확대 설치를 요구하였다. 따라서 지방경찰청의 긍정적인 성과모방학습과 실행학습은 ATES가 급속히 확산되는 데에 긍정적인 영향을 미쳤다.

도로교통안전협회(공단)는 온라인식 ATES의 도입과정에서 수거식 방식의 문제점과 온라인방식의 기술적 실행가능성을 검토하고, 민간기업이 참여한 현장실험을 통하여 국내 기술수준을 파악하였다. 동 협회(공단)는 이러한 기초 자료에 근거하여 온라인 시스템의 검지기술과 운영체계를 개발하고 규격(안)을 경찰청에 제시함으로써 온라인 방식의 기술적 안정성을 확보하고, 또한 수거방식의 운영상의 문제점을 보완할 수 있는 제도 개선방안을 경찰청에 건의함으로써 시스템 확산에 기여하였다.

관련 민간기업들은 초기 수거식 도입 시에는 아주 단순한 기술로 인식하고 별로 기술개발에 노력을 하지 않았으나, 1994년~1995년

간 현장실험에서 도로교통안전협회(공단)와 정보를 교류하는 과정
에서 정부(경찰청)의 정책방향을 인지하였다. 이들은 이때부터 온라
인식 기술개발에 착수하기 시작하여 경찰청이 온라인 시스템 규격
(안)을 발표하자 이에 적합한 기술개발을 본격화하였다. 또한 협회
(공단)가 조금씩 규격기준을 상향조정함에 따라 민간업체들도 다른
업체들과의 경쟁 속에서 기술수준을 향상시켰다. 이와 같이 협회(공
단), 민간업체들 간의 상호 학습과정을 통하여 국내 기업들의 기술
수준이 높아지면서 온라인 시스템의 기술적 안정성이 확보되고, 반
면에 다양한 기업들 간의 경쟁 속에서 시스템 가격이 점차 인하되
면서 결과적으로 경찰청이 구매하는 시스템의 확산에 긍정적인 영
향을 미치게 되었다.

(3) 네트워크의 구조

정책네트워크는 비공식적인 게임의 규칙으로서 네트워크의 구조
적 성격이 어떠하냐에 따라 참여자의 범위 및 지위, 권위, 정보교
류, 의사결정, 참여에 따른 보상 방식 등이 달라진다. 과속단속정책
과 관련하여 기존의 인력에 의한 단속이나, 수거식 시스템의 도입
을 둘러싸고 형성된 정책네트워크는 경찰청(본청 및 지방청), 민간
기업 위주로 구성되어 있고, 도로교통안전협회는 경찰청과의 일상
직인 관계에 따라 간접적으로 참여하고 있었다. 이들 삼자 간의 관
계는 비교적 안정적이고, 공식 · 비공식적인 협의 등을 통하여 지속
적인 정보교류와 긴밀한 관계가 유지되고 있었기 때문에 정책네트
워크는 '정책공동체'적인 성격을 띠고 있었다.

1990년대 중반 경찰청이 온라인방식의 ATES를 도입하면서 형성
된 정책네트워크의 성격은 도로교통안전협회(공단)의 역할이 좀 더
강화된 것을 제외하고는 기본적으로 기존의 정책네트워크가 그대로
지속되고 있었다. 먼저, 온라인방식의 ATES 정책네트워크는 경찰

청(본청 및 지방청), 도로교통안전협회(공단), 민간기업 등 삼각구도
로 형성되어 외부 참여자들에 대해서는 '배타적'인 구조가 유지되었
다. 정부부문에서 보면, ATES의 도입·운용과정에서 여타의 정부
기관이 실질적으로 참여하거나 영향력을 행사하지 못하고 거의 경
찰청이 독자적으로 정책을 결정·집행하였다. 건설교통부는 2001년
7월 『제5차 교통안전기본계획(2002-2006)』을 수립하면서 동 기본계
획에 ATES의 확대 설치계획을 반영하였으나, 실질적으로는 경찰청
의 시스템 설치계획을 단순히 반영하여 주는 역할에 그쳤다.79) 또
한 행정자치부와 경찰청과의 관계를 보면, 행정자치부가 정부조직
체계상 상위부처이지만 경찰청은 별도의 외청이기 때문에 실질적으
로 경찰청이 ATES의 도입결정 및 집행의 책임을 지고 있었으며,
'자동차교통관리개선특별회계'도 실질적으로 경찰청이 운영하였다.
전문가집단도 도로교통안전협회(공단) 외에는 여타 전문연구기관이
나 대학교수 등이 실질적으로 참여하지 않고 있었다.80) 민간기업의
경우 누구든지 경찰청이 공포한 ATES의 규격에 따라 도로교통안
전협회(공단)로부터 기술능력을 검증 받으면 ATES의 경쟁 입찰에
참여할 수 있기 때문에 이들에게 참여가 개방적이라고 할 수 있지
만, 전체적으로 보면 정부기관으로서 경찰청(본청과 지방청), 준정
부기관인 도로교통안전협회(공단), 그리고 민간기업 간의 배타적인
삼각구도로서 다른 정책분야에 비해 참여자의 수가 적고 이들 간의
관계가 단순하다는 특징을 띠고 있다.

　다음으로, 네트워크 구조를 참여자들 간의 관계를 안정성의 측면
에서 보면 ATES 정책네트워크 행위자들 간의 관계구조는 지속성
이 높은 것으로 나타나고 있다. 왜냐하면 경찰청과 지방경찰청은

단일의 조직 내에서의 상하관계에 따라, 경찰청과 산하기관인 도로
교통안전협회(공단)는 ATES에 관한 지속적인 공식·비공식적인 협
의과정을 통해, 협회(공단)와 민간업체 간에는 시스템의 성능검사를
통해, 그리고 경찰청(본청과 지방청)과 민간업체 간에는 시스템의
구매 및 공급관계에 따라 상호 의존적인 관계가 지속되고 있었기
때문이다.

  따라서 온라인 방식의 ATES 도입을 둘러싸고 형성된 정책네트
워크는 경찰청(본청 및 지방경찰청), 도로교통안전협회(공단), 민간
업체 등 기존의 제도화된 '정책공동체'가 지속되고 있었으며, 구성
원들 간의 긴밀한 의사소통과 합의형성의 용이성으로 인하여 온라
인 방식의 ATES 확산에 긍정적인 영향을 미쳤다.

<그림 4-1> 무인과속단속시스템의 행위자 네트워크

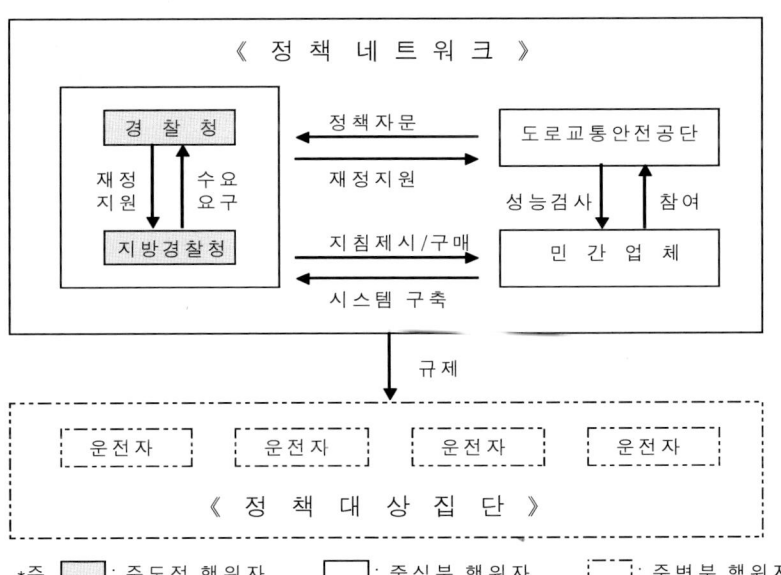

3. 사례에 대한 논의

온라인식 ATES는 법규를 위반한 과속운전자에 대하여 기계식 방식에 의해 자동으로 단속을 하고, 위반자에 대하여 과태료나 범칙금 등 경제적 제재를 가함으로써 교통사고를 예방하고자 도입된 정책혁신이다. 따라서 ATES가 제공하는 서비스의 내용은 국민의 생명과 건강에 관한 안전성을 확보하기 위하여 법규 위반 운전자에 대하여 제재를 가하는 사회적 규제정책의 성격을 갖고 있다.

이와 같이 ATES가 정책대상집단을 구속·제약하는 규제정책적 성격을 가지고 있음에도 불구하고, 우리나라의 경우 세계적으로 유래를 찾을 수 없을 정도로 Digital방식의 온라인시스템이 급속하게 확산되고 있다. 선진외국의 경우를 보면 우리나라보다 훨씬 오래 전부터 ATES를 설치·운영하여 왔으나 그들은 법적·제도적인 제약으로 인해 디지털방식의 시스템을 확산시키는 데는 한계가 있었다. 즉, 그들 국가들은 대부분 ATES에 대한 엄격한 법적 근거를 마련하고 있으며, 인위적으로 가공할 수 없는 필름방식과 Worm-CD방식에 의한 영상기록에 대해서만 입법화와 더불어 법원에서도 적법한 증거능력을 인정하나, 인위적으로 가공이나 변경이 가능한 디지털방식에 의한 영상기록에 대해서는 프라이버시 보호와 법적 문제를 이유로 아직까지 법원에서 증거능력을 부인하고 있기 때문이다.81)

그러나 우리나라의 경우는 일반 국민에 대하여 규제적 기능을 갖는 디지털방식의 ATES가 명확한 법적 근거도 없이82) 급속히 확산

---

81) 자세한 내용은 도로교통안전관리공단(1999: 59-74), 「무인과속단속시스템의 효과분석 및 운영방안에 관한 연구」 참조.

82) 우리나라의 경우 현재까지 무인교통단속시스템의 설치와 운영에 관하여 직접 규정하고 있는 법규는 없다. 다만, 『도로교통법』 제115조의 2 (과태료)의 제3항에서 무인교통단속시스템에 의하여 법규위반이 입증되는 경우 위반행위를 한 운전자를 확인할 수 없을 때 또는 통고처분

되어 가고 있다. 왜 그러한가? 이러한 문제 제기 하에 ATES의 확
산요인들에 대하여 정책환경과 정책네트워크 측면에서 분석한 결과
는 다음과 같다. 먼저, 정책환경 요인으로서 첫째 우리나라의 교통
사고율이 다른 나라에 비해 훨씬 높기 때문에 교통사고문제의 심각
성에 대하여 국민적 공감대가 형성되어 있으며, 따라서 정책추진집
단이 시스템의 도입 시 사회적 규제정책에 대한 정당성을 확보할
수 있었다는 점이다. ATES에 대한 운전자들의 불만의 내용은 대부
분 시스템의 고장이나 오작동으로 인해 선의의 피해를 본 경우나
갑작스러운 규정 속도 변경으로 단속된 경우 등에 대하여 개별적으
로 항의를 하는 정도이지, 시스템의 확산에 대하여 공개적으로 불
만을 표시하는 경우는 드물다. 이와 관련된 언론보도의 내용은 다
음과 같다.

> 경찰청이 몇 년 전부터 고속도로를 비롯한 거리 곳곳에 무인
> 속도측정기 등 단속 장비를 지속적으로 설치하고 있지만 장
> 비관리 소홀, 기계 자체의 결함, 단속기준의 모호함 등의 이
> 유로 선의의 피해자가 나오고 있다. …… 녹색교통운동 민만
> 기 사무처장은 "단속 장비에 의한 경찰의 관리 점검이 철저
> 히 이루어지는지 제3의 기관에서 정기적으로 평가하는 시스
> 템이 갖춰져야 한다"고 말했다.[83]

을 할 수 없을 때에 과태료를 부과할 수 있다는 간접적인 내용만을 규
정하고 있을 뿐이다. 또한 무인교통단속시스템의 운영에 의하여 취득
할 수 있는 정보로부터 개인의 프라이버시를 보호할 수 있는 보장내용
이 규정된 법규는 없다. 현재 경찰청에서 제정하여 적용하고 있는 『무
인교통단속장비 관리 및 사무처리지침』에서는 Digital방식의 무인교통
단속시스템에 의한 자동차의 속도, 신호 및 전용차로 위반 단속을 위
하여 시스템의 설치·관리, 운영, 집행절차 및 과태료 처분과 통고처분
의 집행방법을 규정하고 있다. 도로교통안전관리공단(1999: 61-63), 「무
인과속단속시스템의 효과분석 및 운영방안에 관한 연구」.
83) 동아일보 2002년 12월 5일자.

이모씨는 최근 달성군 5번 국도에서 속도위반으로 적발됐다.
이씨는 "5번국도 확장구간 최고속도는 전부 80㎞로 돼 있는
데도 단속된 구간 200여m만 특별히 60㎞로 낮춰져 있는 것
으로 드러났다"며, "이는 단속을 위한 함정"이라고 이의를 제
기했다. 올해 초 단속카메라가 설치된 신천대로 서대구고가
도 연결지점도 제한속도를 80㎞에서 갑자기 60㎞로 줄여 놔
운전자들의 항의가 적잖다.[84]

오히려 일반 국민들은 ATES의 확대 설치를 지지하거나, ATES의
단속을 피하기 위하여 위성위치추적시스템(GPS)을 활용한 ATES 탐
지기를 구매하여 운행하고 있는 운전자들에 대하여 비판하는 경우
가 많다. 이와 관련된 언론보도의 내용은 다음과 같다.

과속, 중앙선 침범, 음주운전, 무면허운전처럼 일단 사고가
발생하면 인명피해가 크고 특히 막대한 비용을 유발하는 법
규위반은 계속해시 집중직으로 난속해야 한다. 또 운전자와
의 마찰을 줄이기 위해 교통사고가 많이 일어나는 도로를 중
심으로 과속단속카메라를 계속 늘리는 등 단속방법을 과학적
으로 바꿀 필요가 있다.[85]

최근 GPS가 단속대상이 아니라는 소문이 돌고 가격도 저렴
해지면서 장거리 운행차량과 화물차를 중심으로 설치차량이
폭증하고 있다고 한다. 이 장치는 그러나 안전과 편의보다는
감시 카메라의 위치를 미리 파악할 수 있는 이점 때문에 운
전자들이 마음 놓고 과속을 하는데 악용하고 있다. …… 그
러나 과속은 교통사고의 주범이다. 이를 부추기는 GPS를 철

---

84) (대구)매일신문 2002년 12월 14일자.
85) 동아일보 2001년 5월 14일자.

저히 단속할 수 있도록 대책을 세워야 한다.[86]

둘째, 기술적 실행가능성 측면에서 온라인식 시스템이 초기 수거식 시스템의 문제점을 보완하고 기술적 안정성과 신뢰성을 확보하였다는 점도 우리나라에서 시스템이 급속히 확산될 수 있는 주요 요인으로 나타나고 있다. 우리의 경우 해외 ATES의 기술동향이 거의 영향을 미치지 않았으며, 독자적인 기술개발로 인하여 시스템의 도입뿐만 아니라 확산에 긍정적인 영향을 미쳤다.

다음으로, 정책네트워크 요인으로 첫째, 행위자의 선호와 관련하여 ATES 정책네트워크의 구성원들인 경찰청(본청과 지방청), 노로교통안전협회(공단), 민간업체들의 온라인 방식에 대한 적극적인 선호와 이들 간의 공통적인 이해관계는 ATES의 급속한 확산에 강한 긍정적인 영향을 미쳤다. 여기서 ATES 정책네트워크는 정책추진집단 위주로 구성되어 있는데, 정책대상집단이 참여하지 않은 이유는 그들이 '불특정 다수'의 운전자라는 특징에서 찾아볼 수 있다. 개별 운전자의 이해관계는 J. Q. Wilson이 말하는 이른바 '대중적 정치유형(majoritarian politics)'에 속하기 때문에 그들은 조직화하여 정책네트워크의 구성원으로 참여하지 않았다. 이러한 구조적 여건 때문에 ATES의 확산은 정책대상집단의 선호보다는 정책추진집단의 선호나 추진의지에 따라 직접적인 영향을 받고 있다. 특히 ATES의 도입을 추진한 경찰청(본청 및 지방청)외 ATES에 대한 적극적인 선호와 추진의지가 ATES의 확산에 결정적인 영향을 미쳤다.

둘째, 행위자들 간의 상호작용과 관련하여 ATES 정책네트워크 내 행위자인 경찰청(본청과 지방청), 도로교통안전협회(공단), 민간업체 간의 공통적인 이해관계로 인한 그들 간의 협력적 상호작용은 ATES의 확산에 강한 긍정적인 영향을 미쳤다. 또한 경찰청의 시행

---

86) 무등일보 2003년 1월 30일자.

착오를 통한 실행학습과 지방경찰청의 긍정적 성과모방학습, 그리고 정책추진집단인 경찰청의 강한 영향력 행사는 ATES의 확산에 긍정적인 영향을 미친 것으로 나타났다.

셋째, 네트워크의 구조와 관련하여 경찰청, 도로교통안전협회(공단), 민간업체 간의 기존의 제도화된 정책공동체의 구조적 특징이 ATES 도입 시에도 지속됨으로써 ATES의 확산에 긍정적인 영향을 미쳤다. 이들 행위자들 간의 기존의 상호의존성과 신뢰가 경찰청의 온라인 시스템 도입에 긍정적으로 영향을 미친 것이다. 제도론적 관점에서 볼 때 기존 정책네트워크 내에서 권력을 가진 주된 행위자의 필요에 의하여 정책혁신을 도입하였기 때문에 정책네트워크의 기본적인 성격이 유지되고, 기존의 게임의 규칙이 변화하지 않고 지속되었다. 따라서 참여자들 간의 기존 규칙에 대한 갈등이 존재하지 않았으며, 상호 간의 지위와 역할, 권위, 의사결정방식, 정보교환방식 등에 대한 묵시적인 합의를 바탕으로 새로운 시스템의 도입 및 확산을 쉽게 추진할 수 있었다.

그러나 우리나라에서 ATES의 급속한 확산은 순수한 의미에서 확산이라고 볼 수 없다. 왜냐하면 순수한 의미의 확산이란 정책집행자나 정책대상집단이 시스템이나 서비스를 선택할 수 있는 자율성이 전제되어야 하나, ATES의 경우 경찰청과 지방경찰청 간의 관계는 동일 조직 내에서 상하 간의 위계적인 관계이기 때문에 지방경찰청의 자율적인 선택권이 보장되어 있다고 볼 수 없기 때문이다. 비록 최근에는 지방경찰청별로 요구하는 시스템의 수요에 차이가 있지만, 경찰청(본청)이 미리 예산과 시스템 수량을 확보해 놓고, 하급기관인 지방경찰청에 할당하여 주는 형태를 취하기 때문에 확산이론을 그대로 적용하는 데는 한계가 있다.

마지막으로 ATES의 확산사례를 통하여 얻을 수 있는 정책적 시사점은 다음과 같다. 먼저 우리나라의 경우 그동안 교통정책이 소통위주로 치중되고 안전문제를 소홀히 하여 왔다는 점에 비추어 볼 때 ATES의 확산을 통한 교통사고의 감소와 그리고 단속에 따른 수입금을 바탕으로 안정적인 교통안전시설의 투자재원을 마련할 수 있다는 점에서는 일단 긍정적으로 평가할 수 있다. 그러나 국민들의 합의형성에 따른 일정한 기준이나 절차적인 정당성이 없이 ATES를 특정 집단들의 이해관계에 따라 무분별하게 확산되는 것 또한 경계할 필요가 있다. 왜냐하면 ATES로 인한 단속은 국민들의 경제적 권리를 제약하거나 프라이버시를 침해할 수 있는 또 다른 부정적인 측면이 있기 때문이다. 비록 우리나라에서 교통사고의 심각성으로 인하여 디지털 방식의 시스템이 급속히 확산되고 있지만, 현재 경찰청 내부의 훈령으로 규정되어 있는 시스템의 설치 및 관리, 집행절차, 과태료 처분과 통고처분 절차 등에 관한 입법화가 이루어져야 하고, 개인들의 프라이버시를 보장할 수 있는 제도적 장치가 마련되어야 할 것이다

제2절 자동통행요금징수시스템의 확산지체 사례

자동통행요금징수시스템(ETCS; Electronic Toll Collection System)은 고속도로 등 유료도로의 통행료를 자동차가 주행 중인 상태에서 자동으로 징수함으로써 도로상의 교통체증을 완화하고 운전자의 통행시간을 절감시킬 수 있는 신기술이다. ETCS의 경우 정책대상집단이 '불특정 다수'의 운전자가 되기 때문에 이들은 정책네트워크의 구성원으로 참여하지는 않지만, ETCS가 확산되기 위해서는 시스템 구축을 담당하는 집행기관(또는 집행대행기관)의 순응뿐만 아니라 최종적인 서비스 이용자인 이들 정책대상집단의 순응이 필요하다.

우리나라의 경우 1970년대 이후 자동차 보급률 및 산업물동량의 급속한 증가에 따라 고속도로의 지체와 정체가 심화되고, 이로 인한 교통 혼잡비용 및 물류비용의 증가는 국가 경쟁력을 약화시키는 주요 요인으로 작용하고 있다. 이러한 문제의 심각성을 인식하고 건설교통부와 도로공사는 1995년 10월 고속도로의 기능 제고방안의 일환으로 고속도로 정체요인의 30%를 차지하고 있는 요금소에 ETCS를 도입하기로 결정하였다.

ETCS의 도입결정 당시 정책담당자들은 ETCS를 최대한 빨리 도입하려고 하였으나, 도로공사의 시험운영 및 시범사업을 추진하는 과정에서 ETCS 도입이 지연되었다. 이 과정에서 기술방식(능동 주파수방식, 수동 주파수방식)의 선택문제를 둘러싸고 ETCS 관련 행위자들 간의 논쟁이 지속되었다. 결국, 2003년 6월에 와서야 도로공사의 현장성능시험에서 적외선 방식이 채택됨으로써 2004년부터 ETCS 사업이 본격적으로 추진될 수 있게 되었다.

ETCS는 고속도로 이용자에게 첨단교통서비스를 제공하는 배분정책(distributive policy)의 성격을 가지고 있다. 선진국에서는 이미 ETCS 관련 기술이 상용화되어 있었고, 도로공사의 시범사업 기간 중에 이용자들은 서비스의 조기 확대를 지속적으로 원했다.[87] 그럼에도 불구하고 우리나라의 경우 시험운영 및 시범운영기간을 거치면서 왜 그렇게 오랫동안 집행체제 내부에서 시스템 확산이 지체되었는가? 그리고 그동안 ETCS 기술방식을 둘러싸고 주로 쟁점이 되어 왔던 수동 주파수방식과 능동 주파수방식이 아닌, 제3의 기술인 적외선방식이 최종 채택되게 되었는가? 이러한 문제제기 하에 여기서는 ETCS 정책네트워크 내 정책행위자들의 정책선호 및 상호작용, 네트워크의 구조적 특징이 ETCS의 도입 및 확산에 미친

---

87) 시범사업 기간 중에 하이패스 비이용자를 대상으로 한 설문조사에서 하이패스 사용의사를 밝힌 운전자 수가 전체 응답자의 91%를 차지하였다(국토연구원, 2000: 91).

영향을 분석하였다.

1. 도입과정 및 추진현황

우리나라에서 ETCS에 대한 관심의 계기는 1995년 4월 서울시에서 남산터널 혼잡통행료 징수를 목적으로 기술제안 공모를 실시하면서 시작되었으며,[88] 과천 ITS시범사업의 하나로 1997년 과천~의왕 간 고속도로에서 ETCS가 시험 운영된 바 있으나,[89] 기술적인 문제점 및 관련 주체들 간의 갈등으로 인하여 더 이상 확산되지 못하고 폐기되었다. 본 연구에서는 우리나라 유료도로[90]의 95% 이상

---

88) 당시 서울시에서 제안공모 시 국내에 ETCS 관련 기술이 전무한 상태였기 때문에 참여업체들은 모두 해외 기술 보유업체와 기술제휴를 통하여 참여하였다. 이후 서울시는 현장성능시험을 통하여 사업자를 선정할 계획이었으나 1996년 8~9월 1차 현장성능시험 후 기술적 성능 미흡, 국내 ETCS 표준화 지연, 혼잡통행료에 대한 외부여건 변동 등을 사유로 사업 추진을 보류하였다.

89) 과천~의왕 간 고속도로 톨게이트에 설치된 ETCS는 2.4GHz 수동 태그(Tag)방식으로서, 이 사업의 당초 목적은 ETCS의 시험·운영을 통하여 그 효과를 검증하고, 향후 운영확대를 도모하고자 하는 것이었다. 그러나 이 사업은 사업초기 시험장소 선정과정에서부터 건교부, 경기도, 경기도 도로관리사업소, 교통개발연구원 등 관련 기관 간 원활한 협의가 이루어지지 못한 상태에서 시작되어 소프트웨어 상에서 모의실험으로만 운영되었다. 이 시스템은 운영기간 중에도 시스템의 기술적 신뢰성, 운영상 안전문제 등을 둘러싸고 관련 기관 간 끊임없는 논란이 계속되다가 결국은 1999년 경기도 도로관리사업소의 인수반대로 폐기되었다.

90) 우리나라 유료도로는 2001년 말 현재 총 37개 노선, 2,715km에 이르고 있다. 이 중에서 도로공사가 관리하는 노선이 경부선, 호남선, 서해안선, 88올림픽선, 제2중부선, 경인선, 제2경인선, 영동선, 중앙선, 동해선, 서울외곽순환선 등 총 22개 노선 2,600km로서 대부분을 차지하고 있다. 그 외에 민간사업자가 관리하는 인천국제공항고속도로, 서울시의 남산 1, 3호선, 부산시의 도시고속도로 등, 광주시의 제2순환도로, 경기도의 의왕~과천 간 고속도로, 경남도의 창원터널 등이 유료도로로 운영되

을 차지하는 고속국도(national expressway) 관리주체인 한국도로 공사에서 추진하고 있는 고속도로 ETCS 사업을 중심으로 검토하기로 한다.

가. 도로공사의 도입결정

먼저, 도로공사의 ETCS 도입결정은 1995년 10월 24일 건설교통부와 도로공사 간의 고속도로 기능제고를 위한 대책회의에서 이루어졌다. 건설교통부 도로심의관이 주재한 이 회의에서 건설교통부와 도로공사는 고속도로의 원활한 소통을 위하여 요금소 주변의 지체 해소대책으로 개방식[91]구간에 ETCS를 최대한 빨리 도입하기로 결정하였다. 그러나 이 회의에 앞서 도로공사는 이미 ETCS에 관한 관심을 가지고 1995년 4월 이탈리아 등 유럽 4개국의 해외 운영실태를 조사 등을 통하여 ETCS의 도입을 검토하고 있었으며, 1996년 사업 추진을 위한 예산을 반영해 놓고 있었다. 이후 도로공사는 1995년 11월 구체적으로 ETCS 도입 타당성을 검토하면서 먼저 시험운영을 통하여 국내외 기술수준을 평가한 후에 그 결과에 따라 도입하기로 하였다.

고 있다. 건설교통부(2002: 278), 「건설교통통계연보」.

91) 개방식은 차량이 해당 요금소를 지날 때마다 통행료를 징수하는 방식으로서 인터체인지간 거리가 짧아 인터체인지마다 요금소를 설치할 경우 원활한 교통소통을 저해할 우려가 있거나 통행료 수입에 대한 관리 비용 비율이 높은 구간에 주로 채택된다. 현재 경인고속도로 서울-인천 간, 영동고속도로 새말-강릉 간, 호남·남해고속도로 광주-부산 간, 그리고 신갈-안산고속도로 전구간 및 서울외곽순환고속도로 판교-구리구간 등이 이에 해당된다. 반면에 폐쇄식은 입구요금소에서는 통행권만을 발행하고 운행목적지 출구요금소에서 이용자가 제시한 통행권을 확인하여 해당 통행료를 징수하는 방식으로 통행료 후불제가 채택된다. 현재 경부고속도로 서울-부산 간, 호남고속도로 회덕-광주 간, 영동고속도로 신갈-새말 간, 중부고속도로 서울-남이 구간 등이 이에 해당된다.

나. 시험운영 및 시범사업의 실시

도로공사는 본격적인 사업 시행에 앞서 ETCS 관련 국내외 기술수준 파악과 도입타당성 검토를 위한 자료수집의 목적에 따라 시험운영을 시행하였다. 1996년 7월 시험운영을 위한 제안공모 후 제안서를 제출한 12개 업체 중에서 4개 업체[92]를 선정하여 1997년 2월~4월까지 1차 시험운영을 개시하였다. 그러나 1차 시험운영결과 참여업체 모두 자동통행요금징수에 필수적인 통신신뢰성, 차종분류 정확도 등에서 미흡한 것으로 나타나 다시 1997년 8월~9월까지 4개 업체[93]가 참여한 2차 시험운영을 시행하였다. 그러나 2차 시험 결과에서도 참여업체들이 기준에 미달되어 도로공사는 1,2차 시험 결과와 시스템의 표준화 추세를 고려하여 ETCS를 단계적으로 추진하기로 방침을 결정하였다.

한편 도로공사는 1997년 9월 고속도로 정체요인의 30%를 자시하고 있는 요금소에서의 교통 지체 해소와 추가 요금소 증·신설에 따른 막대한 비용의 증가, 유료도로에서의 서비스 개선 등의 문제점 해소를 위하여 해외 운영사례를 충분히 검토한 후 전문가들의 자문을 받아 ETCS의 자체 고유명사인 『하이패스(Hi-pass) 추진기본계획』을 수립하였다. 동 기본계획에서는 1단계로 1998년~1999년까지 개방식 영업소에서 시범운영(pilot project)을 통하여 하이패스 이용률을 영업소 이용차량의 15% 수준까지 제고히고, 2단계로 2000년~2001년까지 개방식 영업소의 부분 확대를 통하여 이용률을 해당 영업소 이용차량의 25% 수준까지 확대하고, 3단계로 2002년 이

---

92) 당시 참여업체들로는 갑우시스템, 대우전자, 삼성전자, 포스콘 등이며, 이들 업체들은 각각 노르웨이, 독일, 이탈리아, 미국, 일본 등 외국 업체와 기술제휴로 참여하였다.

93) 이 때 참여한 업체들은 LG산전, 인텍크산업, 한신정보시스템, 현대정보기술 등이며, 이들 업체들도 1차 시험운영 때와 마찬가지로 각각 일본, 오스트리아, 미국, 스웨덴 등 외국업체와 기술제휴를 통하여 참여하였다.

후에는 개방식 영업소의 확충 및 폐쇄식 영업소의 부분 확대를 통하여 2006년 하이패스 이용률을 총 이용차량의 30% 수준까지 확대하는 것으로 목표를 설정하였다.

<표 4-10> 하이패스 단계별 추진계획

단 계	추 진 목 표	추 진 내 용
1단계 (1998~1999)	해당 영업소 이용차량의 15% 수준의 이용률	개방식 영업소 시범운영
2단계 (2000~2001)	해당 영업소 이용차량의 25% 수준의 이용률	개방식 영업소 확대 폐쇄식 영업소 시범운영
3단계 (2002~)	총 이용차량의 30% 수준까지 이용률 확대(2006년)	개방식·폐쇄식 영업소 확대

자료: 한국도로공사(1997. 9.), 「하이패스 추진기본계획」.

아울러 도로공사는 1997년 9월 관계기관 협의를 거쳐 마련된 『국가 ITS기본계획』에 ETCS 구축계획을 반영하여 2000년까지 시범사업 후 2005년까지 전국적으로 확대 설치하기로 하였다.

도로공사는 『하이패스 기본계획』에 따라 신기술 도입 및 새로운 영업체제 변화에 따른 시행착오를 최소화하고, 확대시행에 따른 예상문제점 및 보완사항을 사전에 도출하기 위하여 시범사업을 추진하였다. 1998년 2월~3월까지 시범사업자 선정을 위한 공모를 거쳐 참여한 3개 업체[94]를 대상으로 1998년 8월 1차 현장성능시험을 실시하였으나, 참여업체 모두 통신·차종분류·위반차량 정확도에 있어서 기준미달로 불합격되었다. 1999년 4월 2차 현장성능시험을 실시한 결과 삼성SDS와 LG산전 두 업체가 처음으로 성능시험에 합격함에 따라 가격 입찰을 통하여 최종사업자로 삼성SDS[95]를 선정

94) 이 때 참여업체는 삼성전자, LG산전, 한신정보시스템이며, 이들은 이탈리아, 일본, 미국, 프랑스 등과 기술제휴로 참여하였다.

하였다.

이에 따라 도로공사는 1999년 5월부터 2000년 3월까지 서울외곽순환고속도로상의 판교, 청계, 성남 3개 영업소에 시스템을 제작·설치하고, 정보통신부로부터 임시주파수(실용화시험국)의 사용허가를 받아 2000년 6월부터 하이패스 운영을 개시하였다. 시스템의 기본사양은 5.8GHz대역의 30MHz 수동방식[96]으로서 요금징수는 스마트카드를 이용한 선불방식을 채택하였다. 시범사업은 3개 영업소 상하행 각 1차로로 총 6차로를 운영하고, 이를 위하여 일반 이용자에게 차량단말기(OBU) 17,000대와 하이패스 카드를 신청 받아 보급하였다.

---

95) 삼성SDS는 1997년 시험운영 시 이탈리아와 기술제휴로 참여하였으나 기술제휴사가 고액의 기술이전료를 요구하자 국산화 개발로 방향을 전환하여 1996년부터 2년간 자체 개발한 독자 기술로 도로공사의 2차 현장성능시험(1999. 4)에 참여하여 하이패스 시범사업권을 수주하였다.

96) 통행요금을 자동으로 징수하기 위한 차량단말기(OBU)와 노변장치(RSE) 간의 단거리전용통신(DSRC; Dedicated Short Range Communication) 방식으로는 ⅰ) 수동 주파수(RF; Radio Frequency)방식과 능동 주파수 방식이 있다. 먼저 수동방식(Passive 또는 Backscattering)은 차량단말기에 주파수 발생장치가 없기 때문에 노변의 안테나에서 발생된 주파수를 반사시켜 정보를 전달하는 방식이다. 이는 단말기 가격이 저렴하고 주파수간 간섭이 작아 요금징수에 유리하나 교통정보 등 다양한 서비스를 제공하는 데는 한계가 있다는 단점이 있다. 다음으로 능동방식(Active 또는 Transceiver)은 차량단말기 및 안테나 모두 주파수 발생장치를 가지고 있어 양방향 통신이 가능한 방식이다. 이는 통신영역이 상대적으로 넓어 주차정보, 교통정보 등 다양한 서비스 제공에 유리하나 단말기 가격이 고가라는 단점이 있다. 전자의 경우 1990년대 초반 이후 유럽 등에서 상용화되어 비교적 시스템이 안정되어 있으며, 후자의 경우 일본에서 최근에 기술개발에 성공하여 2001년부터 상용화를 시작하고 있다.
한편, 적외선(IR; InfraRed)방식은 주파수가 아닌 光波(빛)로 차량단말기와 노변장치 간 통신을 하는 방식으로서, 이는 전파간섭이 없으며 단말기 가격이 가장 저렴하고 통신영역이 넓다는 장점이 있으나, 환경적 요소(눈, 비, 안개)에 약하다는 단점이 있다. 최근 말레이시아, 인도, 브라질 등에서 상용화되고 있다. ITS-Korea ETC포럼(2001: 6-7), 「ETCS 백서」.

시스템이 기술적으로 안정되자 도로공사는 2000년 4월 『하이패스
(Hi-pass) 도입 기본계획』을 재수립하여 2000년에서 2001년까지 18
개 차로, 2002년에서 2004년까지 150개 차로, 2005년 이후에 90개
차로로 총 258개 차로에 확대 설치한다는 계획을 마련하였다.

<표 4-11> 하이패스 연도별 설치계획

년 도	계	기존영업소(차로수)			신설영업소 (폐쇄식)	소요비용 (억 원)
		개방식	폐쇄식	계		
계	546	52	206	258	288	1,231
단기(2000-2001)	18	18	-	18	-	63
중기(2002-2004)	346	22	128	150	196	708
장기(2005 이후)	182	12	78	90	92	460

자료: 한국도로공사(2000.4.), 「Hi-pass도입 기본계획」.

다. 통신표준화를 둘러싼 갈등과 사업지연

한편 한국전자통신연구원은 1998년부터 2년간 정보통신부의 지원
을 받아[97] ITS의 핵심 통신인프라인 단거리전용통신(DSRC)의 표
준화를 위해 능동형 통신방식의 기술개발을 추진·완료하고 중소기
업들에게 기술을 이전하였다. 이후 2000년 10월 정보통신 분야의
민간 표준제정기관인 한국정보통신기술협회에서 수동방식과 능동방

---

97) 당시 정보통신부는 1998년~1999년 말까지 2개년 사업으로 한국전자통
   신연구원이 제안한 「1Mbps급 단거리 고속무선패킷통신시스템(DSRC) 기술
   개발」사업을 민간기업들과 50:50의 매칭펀드 형식으로 지원하고, 한국전
   자통신연구원이 기술개발 한 결과를 민간 중소기업들에게 기술이전을
   해주었다. 그리고 정보통신부는 그 후속사업으로 2000년~2002년 말까
   지 3개년 사업으로 「차세대 ITS 시스템 기술개발」을 지원하였는데, 여
   기서는 10Mbps급 DSRC 기술개발을 목표로 추진하였다.

식에 대한 표준 결정을 위하여 회원사들이 참여한 가운데 표결[98]을
한 결과 도로공사의 하이패스(수동 주파수방식, 5.8GHz대역, 30MHz)
와는 다른 능동 주파수방식으로 단체표준이 결정되었다. 이에 따라
정보통신부는 2001년 4월 7일 ITS 단거리전용통신용 주파수로
5.8GHz대역의 20MHz를 고시하고,[99] 2001년 7월 27일 능동방식의
기술기준을 고시[100]함에 따라 도로공사의 사업추진 및 시스템 확산
에 차질이 빚어지기 시작하였다.

그러나 한국정보통신기술협회의 단체표준 제정 이후에도 수동방
식을 주장한 도로공사와 시범사업자인 삼성SDS가 능동방식의 기술
적 안정성, 단말기의 고가 등에 대한 문제점을 지속적으로 제기하
자 관련 기관 및 업체 간에 통신표준을 둘러싼 갈등이 증폭되었다.
이러한 문제를 해결하기 위하여 2001년 4월 정보통신부, 건설교통
부, 서울시 등 지자체, 도로공사, 한국통신, 관련연구원, 20여 개의
민간업체[101] 등 관·학·산·연이 공동으로 참여한 ETC포럼을
ITS-Korea내에 구성하여 20여 차례의 회의결과 ETCS 기술에 대
한 시험평가를 실시하기로 하였다. 당초에는 능동 주파수(RF)방식,
수동 주파수(RF)방식, 능동 적외선(IR)방식 등[102] 관련된 모든 통신

98) 당시 한국정보통신기술협회 분과위원회 표결에서 능동과 수동방식은
   각각 11: 9의 득표를 함으로써 과반수를 약간 넘긴 능동방식이 업계
   단체표준으로 결정되었다. 도로공사 스마트웨이팀 O과장과 면접결과.
   2003. 3. 21.
99) 「DSRC용 및 차량레이더용 주파수 분배」고시, 정보통신부 고시 2001-
   21호.
100) 「방송·해상·항공·전기통신사업용 외의 기타 업무용 무선설비의 기
   술기준」, 정보통신부 고시 2001-61호.
101) ETC포럼에 참여한 민간업체들은 삼성SDS, 대우정보시스템, 하인게인
   텔레콤, LG산전, 포스데이터, 스미트로, LG전자, AITS, 미래ITS, 퍼스
   널텔레콤, 에어로텔레콤, 알에프티엔씨, 네오텔레콤, 한국노바, 현대오
   토넷, 한국알에프테크놀러지, 탑시스템, 맥서스테크놀러지 등이며, 그
   외에 신공항하이웨이는 신공항고속도로를 관리하는 민간사업자로서
   향후 ETCS를 도입하기 위하여 참여하였다.
102) 당시 한국전자통신연구원, 한국통신, LG전자, 미래ITS, 하이게인텔레

기술을 평가하려고 하였으나, 정보통신부의 이의제기에 따라 수동방식은 제외되고 능동방식에 대해서만 현장시험을 실시하기로 하였다. 이에 따라 2002년 3월 능동방식(능동 주파수방식, 능동 적외선방식)에 대해서만 기술 평가한 결과 통신정확도에 대해서 기준에 미달하였다. 이후 기술을 보완하여 능동방식에 대하여 재시험하기로 하였으나 능동방식 관련업체의 기술보완 지연으로 2002년 말까지 시험평가가 이루어지지 못하였다.

한편 도로공사는 2001년 6월, 지난 1년 동안(2000. 6~2001. 6)의 시범사업 기간이 종료됨에 따라 능동방식으로 전환한다는 조건하에 정통부로부터 임시주파수(실용화시험국)의 사용연장 허가를 받았고, 2002년 6월 재연장시에는 2003년 6월까지 수동방식을 폐기한다는 전제하에 허가를 받았기 때문에 수동방식의 시범사업은 더 이상 확산되지 못하고 폐기될 운명에 처하게 되었다.

라. 사업의 방향전환 및 본격적인 시스템 구축

도로공사는 정부의 방침에 따라 능동방식으로 본 사업을 추진하기로 사업방향을 전환하고, 2002년 10월 제안공모 후 제안서를 제출한 4개의 능동업체[103]를 대상으로 하여 2003년 1월 1차 현장성능시험을 실시하였으나 참여업체 모두 기준 미달로 불합격되었다. 이에 다시 도로공사는 2003년 4월~5월 제안서를 제출한 5개의 능동업체[104]를 대상으로 하여 2차 현장성능시험을 실시하였으나 적외선

콤, 한국노바 등은 능동방식을, 도로공사의 시범사업자인 삼성SDS는 수동방식을, 그리고 AITS는 적외선방식을 추진하고 있었다. 전자신문, 2001년 8월 17일자.

103) 제안서를 제출한 회사 중에서 포스데이타(하이게인텔레콤과 제휴), 서울통신기술(에어로텔레콤과 제휴) 등 2개 업체는 능동 주파수방식으로 참여하고, SK C&C(AITS와 제휴)와 고속도로정보통신(Q-free와 제휴) 등 2개 업체는 능동 적외선 방식으로 참여하였다.

방식의 AITS와 제휴하여 참여한 삼성SDS 컨소시엄만이 합격되어 2003년 6월 계약을 체결하였다.

결국 몇 년간에 걸쳐서 표준논쟁의 쟁점이 되어왔던 능동 주파수 방식과 수동 주파수방식이 아닌 적외선 방식으로 기술이 채택된 것이다. 이에 따라 도로공사는 2003년 6월말부터 2004년 9월말까지 기존에 설치된 수동 주파수시스템을 완전 철거하고, 2004년 2월부터 적외선시스템으로 교체하기 시작하여 2004년 말까지 판교, 청계, 성남 영업소 총 6개 차로에 총 40,000대의 시스템을 단계적으로 설치하였다. 또한 2004년 1월에는 산업자원부 기술표준원에서 적외선 통신방식을 국가 표준(KS)으로 제정하여 고시하였다.

한편, 2003년 6월 도로공사에서 적외선 방식을 선정하자 능동 주파수 방식의 사업자들이 그동안의 투자비용이 사장될 것을 우려하여 정부에 이의를 제기하였다. 이에 따라 2003년 7월 12일 정보통신부, 건설교통부, 도로공사 등이 참석한 ITS산업발전을 위한 관세부처 회의에서 향후 능동 주파수 사업자들도 도로공사 사업에 참여할 수 있는 기회를 제공하고, 적외선 방식과 능동주파수방식의 통합시스템의 개발을 추진하기로 결정하였다. 이후 2004년 2월 도로공사에서 능동주파수 시스템 사업자로(주)포스데이터와(주)서울통신기술 등 2개 업체를 선정하였으나, 2004년 말까지 능동 주파수 시스템의 서비스가 제공되지 못하고 있다. 아래 <표 4-12>는 도로공사가 추진하고 있는 ETCS 관련 주요 추진일정을 요약한 것이다.

---

104) 제안서를 제출한 회사 중에서 한국통신(미래ITS와 제휴), 포스데이타 (하이게인텔레콤과 제휴), 서울통신기술(에어로텔레콤과 제휴) 등 3개 업체는 능동 주파수방식으로 참여하고, 삼성SDS(AITS와 제휴)와 고속도로정보통신(Q-free와 제휴) 등 2개 업체는 능동 적외선 방식으로 참여하였다.

<표 4-12> ETCS 관련 추진경위

추진일정	추 진 내 용	비 고
1995. 10	고속도로 기능제고 대책회의에서 도로공사의 ETCS 도입 결정(건교부, 도공)	
1995. 11	ETCS 도입 타당성 검토(도공)	
1997. 2~9	1, 2차 ETCS(수동방식) 시험운영 실시(도공)	모두 불합격
1997. 9	「하이패스 추진 기본계획」 수립(도공)	
1998. 8	시범사업을 위한 1차 현장성능시험(수동방식) 실시(도공)	모두 불합격
1999. 4	2차 현장성능시험 및 시범사업자 선정(도공)	2개 업체 합격
1999. 5~2000. 3	수동주파수 시스템 설치(도공)	
2000. 4	「하이패스 도입 기본계획」 수립(도공)	
2000. 6	하이패스 시범사업 운영(도공)	
2000. 10	능동주파수방식의 통신표준 제정 (정보통신기술협회)	
2001. 4	ETCS용 주파수 고시(정통부) ETC포럼 구성(정통부, 건교부, 도공 등)	
2001. 7	능동주파수방식의 기술기준 고시(정통부)	
2002. 3	능동방식에 대한 기술평가(ETC포럼)	모두 불합격
2003. 1	본 사업을 위한 1차 현장성능시험 실시(도공)	모두 불합격
2003. 4~6	2차 현장성능시험 실시 및 사업자 선정(도공)	1개 업체 합격
2003. 6~2004. 9	기존에 설치된 수동 주파수시스템 철거(도공)	
2004. 1	적외선방식의 국가표준(KS) 제정(기술표준원)	
2004. 2	적외선 시스템 설치 개시(도공) 능동주파수시스템 사업자 선정(도공)	

2. 자동통행요금징수시스템 확산지체에 미친 영향요인 분석

가. 정책환경 요인

(1) 고속도로 교통 혼잡문제의 심각성 인식수준

고속도로는 1968년 경인고속도로, 1970년 경부고속도로 개통을 시발점으로 국토의 대동맥으로서 그동안 국가경제발전에 견인차 역할을 담당하여 왔으며, 지속적인 고속도로 건설을 통하여 <표 4-13>에서 보는 바와 같이 고속도로의 총 연장은 1985년 1,415km에서 1995년 1,825km로 연평균 2.6%의 증가율을 보이고 있다.

그러나 국내 자동차 보급률 및 산업물동량의 증가 등에 따른 고속도로 교통량은 급속하게 증가하여 고속노로의 연간 이용치량이 1985년 약 9,752만 대에서 1995년 약 69,202만 대로 매년 연평균 21.6%의 증가율을 보이고 있다. 이와 같이 고속도로 교통량의 증가에 비해 고속도로 공급이 따라가지 못함에 따라 고속도로의 혼잡이 심화되면서 1995년 1년 동안 고속도로에서 1.83조원의 교통 혼잡비용이 발생하였다.[105]

특히 톨게이트 및 IC에서 사람이 직접 통행요금을 징수함에 따라 요금소 부근에서 시·징체가 고속도로 혼잡 및 정체요인의 30%를 차지하고 있다. 고속도로 톨게이트에서의 혼잡을 완화하기 위하여 고속국도의 관리주체인 도로공사는 톨 광장 및 차로 수를 지속적으로 확장하고, 1993년부터는 기계식 요금징수설비[106]를 도입·운영함

---

105) 자료: http://www.ktdb.go.kr(2003. 4)
106) 기계식 통행요금 징수설비는 기존의 인력에 의한 통행료 징수업무의 한계를 보완하고, 통행료 징수업무를 보다 신속·정확하게 처리할 수 있도록 하기 위하여 요금소(톨게이트) 구역 내에 설치된 통행료 징수에 필요한 여러 가지 기계장치와 전자감지 시설을 말한다. 특히 폐쇄

으로써 일부 인력 감소 및 요금소에서 통행시간 감축의 효과를 가져오기도 하였으나 급증하는 고속도로 교통량을 소화하기에는 역부족인 실정이다.

<표 4-13> 연도별 고속도로 연장 및 이용차량

연 도	고속도로 총연장(km)	이용차량(천대)	
		일평균	연 계
1985	1,415	267	97,518
1987	1,539	360	131,412
1989	1,550	596	217,609
1991	1,597	848	309,342
1993	1,607	1,296	472,927
1995	1,825	1,896	692,019
연평균 증가율(%)	2.6	21.6	

자료: 건설교통부(2002: 269), 「건설교통통계연보」, 한국도로공사(2003: 375), 「2002 고속도로 교통량 통계」 재구성.

고속도로상의 교통 혼잡 문제는 고속도로를 관리하는 도로공사의 입장에서 볼 때 그들의 영업이익 및 서비스와 직결되기 때문에 이러한 문제에 대해서 도로공사가 가장 심각하게 받아들이고 있었다. 또한 고속국도의 원활한 교통소통에 대하여 전반적인 정책책임을

식 영업소의 경우, 입구요금소에서는 자동통행권발행기에서 통행권을 발행하기 때문에 무인(無人)으로 운영이 가능하고, 출구요금소에서만 유인(有人)으로 운영되기 때문에 그만큼 인건비 절감의 효과를 가져온다. 그러나 기계식 통행요금 징수설비는 통행권과 현금을 지불하기 위해 요금소에 일시 정차하여야 하고, 폐쇄식영업소의 출구 및 개방식영업소에 요금징수를 위한 직원이 필요하다는 점에서 무정차·무인 방식의 자동통행요금징수시스템(ETCS)과는 구별된다.

지고 있는 건설교통부의 입장에서 볼 때에도 고속도로가 제 기능을
하지 못하고 갈수록 혼잡이 심화되고 있는 점에 대하여 심각하게
받아들이고 있었다. 그러나 제한된 예산으로 고속도로 시설을 확충
하는 데는 한계가 있으므로 이에 대한 근본적인 해결책을 찾지 못
하고 있는 실정이었다. 이와 같은 한계상황에서 ETCS라는 새로운
대안(기술)은 정책담당자에게 매력적인 수단으로 인식될 수밖에 없
었다. 따라서 고속도로 교통 혼잡 문제에 대한 정책담당자들의 심
각성 인식은 ETCS 도입에 긍정적인 영향을 미쳤다.

(2) 기술발전의 인식수준

가) 해외 기술발전 인식수준

ETCS는 1970년대 이후 유럽, 미국 등 선진국을 중심으로 꾸준히
기술개발이 이루어져 왔는데, 1980년대 중반부터 상용화되기 시작
하여 최근에는 전세계적으로 급속히 확산되어 가고 있다. ETCS는
이태리, 포르투갈, 스페인, 노르웨이 등의 유럽국가에서 먼저 상용
화가 이루어졌으며, 이들 국가들은 5.8GHz 대역을 사용하는 수동방
식의 ETC시스템을 널리 사용하고 있다.

미국의 경우 거의 모든 주마다 유료도로에 ETCS를 도입했거나
도입 중에 있으며, 특히 미동부의 보스톤에서 볼티모어에 이르는
I-95 축의 내도시 연담지역은 E Zpass 시스템이 보편화되면서 최
근 급격한 이용률 증가추세에 있다. 미국은 900MHz 대역의 주파수
를 사용하는 ETC시스템을 사용하고 있으며, 지역에 따라 수동방식
과 능동방식으로 나뉘어 사용되고 있다.

한편 일본은 ETCS 도입에 있어서 선진국 중 가장 늦게 시작하
였는데 1995년부터 산·학·연·관이 공동으로 기술개발 사업을 추
진하여 2001년부터 능동방식의 상용서비스를 개시하고 있다. 이러
한 선진국의 추세에 따라 최근에는 홍콩, 싱가폴, 말레이시아 등 동

남아 국가들도 ETCS를 도입하여 운영하고 있는데, 주요 국가의 대표적인 ETCS 도입사례는 <표 4-14>와 같다.

<표 4-14> 각국의 ETCS 도입현황

국 명	도입 시기	통신방식	적용차선	비 고 (시스템 명칭)
노르웨이	1994	5.8GHz 수동	단일 차선	
영 국	1992	〃	〃	DART TAG
프 랑 스	1995	〃	〃	Telepeage
덴 마 크	2000	〃	〃	-
이탈리아	1990	〃	〃	Telepass
스 페 인	1991	〃	〃	Teletac
포르투갈	1991	〃	〃	Via Verde
캐 나 다	1997	〃	다차선	-
홍 콩	1993	〃	단일 차선	AUTOPASS
말레이시아	1999	적외선	〃	SmartTAG
싱 가 폴	1998	2.45GHz 수동	다차선	ERP
미 국	1989	900MHz 수동	단일 차선	Toll Tag
	1995	900MHz 능동	〃	E-Zpass
일 본	2001	5.8GHz 능동	〃	ETC

자료: 국토연구원(2000: 9-20), 「하이패스 시범사업 효과분석 및 확대방안 기본계획 수립」, ITS-Korea ETC포럼(2001: 5), 「ETCS백서」, 한국도로공사 스마트웨이 사업팀 내부 조사자료(2003.4.) 재구성.

이러한 해외 ETCS 동향은 국내 ETCS 도입 및 구축과정에서 많은 영향을 미쳤다. 도로공사는 ETCS 도입을 검토하기 위하여 1995년 4월 이탈리아, 독일, 프랑스 등 유럽 4개국의 현지시찰을 통하여 해외 ETCS 사례를 조사하고, 먼저 ETCS의 기술적 실행가능성을 검토하였다. 그 당시 유럽의 경우 일부 국가에서 ETCS를 도입·운영 중이었기 때문에 도로공사는 지속적인 해외 기술동향을 조사하여 ETCS의 도입 타당성 및 도입 시기를 결정하기로 하였다. 1997년 이후 시험운영 및 시범사업을 위한 성능시험을 실시할 당시에는 유럽 등 ETCS을 도입 운영하고 있는 대부분의 국가들이 수동방식을 채택하고 있었기 때문에 시험운영에 참여한 업체들도 수동방식의 외국 업체와 기술제휴를 맺고 시험운영에 참여하였다. 따라서 해외 기술동향은 도로공사의 ETCS 도입결정에 긍정적인 영향을 미쳤다.

한편 1999년 말 전자통신연구원이 일본모델을 참조하여 능동 주파수방식을 개발한 이후 2000년 10월 정보통신기술협회에서 단체표준으로 능동방식을 채택하고, 2001년 7월 정보통신부가 능동방식으로 기술기준을 고시하였음에도 불구하고, 수동 주파수방식의 진영에서 능동방식의 문제점을 지속적으로 제기하자 2001년 12월 ETC포럼 주관으로 일본의 능동방식의 운영실태를 조사하였다. 일본의 사례를 검토한 도로공사는 능동방식은 아직 기술적으로 안정화되어 있지 고가(高價)의 단말기 가격으로 인하여 이용률이 낮으므로 능동방식의 기술적 안정성 및 단말기 보급대책이 마련되지 못할 경우 잠정적으로 수동방식으로 사업추진이 불가피하다는 주장을 계속하였다.

그러나 정보통신부가 수동방식 불허방침으로 제약을 가하자 도로공사는 이러한 제약을 빗어날 수 있는 대안을 찾기 시작하였다. 즉 수동방식은 포기하고, 능동방식으로 추진하되 정보통신부의 주파수 인·허가의 제약에서 벗어날 수 있는 적외선 능동방식을 내부적으로 검토하기 시작하였다. 이를 위하여 도로공사는 2002년 7월 적외선 방식을 도입 운영중인 말레이시아의 사례를 조사하여 적외선 방식도 도입에 크게 문제가 없다고 판단하고, 적외선방식의 도입을 적극적으로 검토하게 되었다. 이와 같이 ETCS의 해외 기술동향은 우리나라 ETCS 도입결정에는 긍정적인 영향을 미쳤으나, 확산과정에서는 부정적인 영향을 미쳤다. 즉, 수동방식과 능동방식 간의 정책논쟁 과정에서 해외 기술동향이 관련 행위자들에게 상이한 준거기준으로 작용함으로써 간접적으로 시스템 확산에 부정적인 영향을 미친 것이다.

나) 국내 기술발전 인식수준

ETCS는 ⅰ) 통행요금 자동징수 장치와 ⅱ) 차종분류 장치, ⅲ) 위반차량적발 및 범칙금 자동청구 장치 등이 통합된 시스템으로서, 시스템의 확산여부는 시스템의 구성요소 기술의 발전수준과 밀접하게 관련된다. 먼저, 통행요금징수 기술로는 차량단말기와 노변장치, 통신방식(능동, 수동, 적외선 등)과 관련된 기술 등이 요구되며, 둘째, 주행 중인 자동차의 차종을 자동으로 구분할 수 있는 자동차량분류 기술과 셋째, 불법 통행차량의 번호판을 촬영하여 범칙금을 청구할 수 있는 위반차량촬영 기술 등이 필요하다. 특히 ETCS의 경우 일반 도로이용자에게 통행료를 자동으로 징수하는 것이기 때문에 시스템의 기술적 정확성(99%이상)이 고도로 요구된다.

ETCS 관련기술은 유럽, 미국 등 선진국의 경우 1980년대 이후 개발되어 1990년대 초 이후에는 이미 상용화되고 있었지만, 우리나라의 경우 ETCS 도입을 검토하기 시작한 1990년대 중반만 하더라도 이에 대한 기술이 전무한 상태였다. 따라서 도로공사가 ETCS를 도입하기 위하여 제안공모 시 국내 민간업체들은 모두 유럽, 미국, 일본 등의 업체들과 기술제휴로 참여하였다. 그러나 1996년~1998년까지 도로공사가 실시한 몇 차례의 현장성능시험에서 참여업체들이 모두 통신 및 차종분류의 정확도 등에서 기준 미달로 탈락하였기 때문에 시스템을 당장 도입하기에는 한계가 있었다.

이러한 과정에서 일부 국내 민간업체들은 외국 업체와 기술제휴가 아닌 독자적인 기술개발로 방향을 전환하고 ETCS 기술개발에 많은 투자를 하게 되었다. 그 결과 1999년 4월 실시된 현장 성능시험에서 자체적으로 기술을 개발한 국내업체가 합격함에 따라 2000년 6월부터 ETCS 구축사업이 추진될 수 있게 되었다. 이와 같이 국내에서 ETCS 관련 기술개발은 도로공사에서 ETCS를 도입하기로 결정한 이후 약 4년 만에 이루어졌고, 그만큼 시스템을 본격적으로 도입하는 데에 시간이 지체된 것이다.

한편, 도로공사가 채택하여 도입한 ETCS의 통신방식은 수동방식이었으나, 정보통신부가 지원하여 한국전자통신연구원이 개발한 능동방식이 2001년 7월 국가 표준으로 지정됨에 따라 능동방식의 기술적 실행가능성을 둘러싸고 관련 집단 간의 첨예한 대립이 야기되었다. 이러한 갈등을 해결하기 위하여 ETC포럼 등이 주관하여 몇 차례 능동방식의 성능시험을 실시하였으나 요구기준에 미달함으로써 현장에 적용되지 못하고 있다. 결과적으로 그동안 기술적 실행가능성이 확보된 수동방식은 능동방식으로 국가표준이 결정됨으로써 시범사업 이후 더 이상 확산되지 못하고 폐기되게 되었으며, 반면에 능동방식은 2004년 말까지 기술적 안정성이 확보되지 못해 국내에서 ETCS의 확산이 지체되었다. 따라서 ETCS의 경우 국내 기술의 불안정성이 시스템 도입뿐만 아니라 확산에 있어서도 강한 부정적인 영향을 미쳤다.

나. 정책네트워크 요인

(1) 행위자의 이익(선호)

기존의 고속도로 정책네트워크는 건설교통부와 도로공사, 그리고 민간사업자를 중심으로 이루어져 있었기 때문에 그 구성원의 범위가 한정되었으며 네트워크 구조도 비교적 단순하였다. 그러나 ETCS의 경우 기존 도로 교통체계에 통신매체를 활용하여 통행요금을 자동으로 징수하는 시스템이기 때문에 ETCS 도입을 둘러싸고 형성된 정책네트워크에는 기존의 고속도로 운영과 관련된 행위자뿐만 아니라 통신 분야와 관련된 수많은 새로운 행위자들이 새로운 구성원으로 참여하게 되었다. 건설교통부 및 정보통신부 등 중앙부처, 도로공사 및 지자체 등 집행기관, 각 부처 산하의 연구기관 및 대학교수 등 전문가집단, 민간기업 등 다양한 행위자들이 참여하였다.

먼저, 정부부문에서 건설교통부는 ITS의 총괄정책기관으로서 ETCS를 국내에 조속히 도입·확산시키기 위하여 적극적으로 참여하였고, 정보통신부는 ITS 통신 분야의 표준제정기관으로서 적극적으로 참여하였으며, 서울시, 부산시 등 지자체는 향후 자기 지역 내 유료도로에 ETCS 도입을 위한 기술동향을 관찰하기 위하여 간헐적으로 참여하였다. 다음으로 준정부부문에서 도로공사는 ETCS 구축의 집행기관으로서 주도적으로 참여하였으며, ITS-Korea는 능동·수동집단 간의 갈등조정 기관으로 참여하였다. 국토연구원, 한국전자통신연구원, 한국전산원 등 전문연구기관은 건설교통부와 정보통신부의 지지집단으로서 참여하였으며, 한국정보통신기술협회는 통신 분야의 민간표준기관으로서 참여하였다. 마지막으로 민간부문에 있어서는 통신표준 제정과 관련하여 삼성SDS, 한국통신 등 수많은 민간사업자들이 ETC포럼이나 도로공사의 사업 등에 참여하였으며, 그 외에 대학교수들도 개인적으로 ETC포럼 등에 자문위원으로 참여하였다. 그러나 ETCS의 정책대상집단인 최종이용자들은 '불특정 다수'의 운전자들로서, 이들은 ETCS에 대하여 직접적인 이해관계를 가지고 있지 않았기 때문에 조직화하여 정책네트워크에 참여하지 않았다.

ETCS 도입과정에 참여하는 행위자들은 ETCS가 자신들에게 가져다 줄 상대적 이익을 감안하여 구체적인 정책선호(이익)를 갖게 되는데, 주요 행위자들의 정책선호를 조사한 결과는 다음과 같았다. 먼저, 건설교통부는 도로교통의 총괄 정책결정기관으로서 고속도로 혼잡문제에 대하여 이에 대한 근본적인 해결책을 찾지 못하고 있는 한계적 상황에서 신기술로서 ETCS라는 새로운 대안은 대단히 매

력적인 수단으로 인식될 수밖에 없었다. 따라서 건설교통부는 고속
도로 혼잡문제를 해결하기 위한 대안으로서 ETCS에 대한 적극적
이고 공식적인 정책선호를 가지고 있었으며, 이에 따라 도로공사로
하여금 ETCS를 조속히 도입·확산케 하는 촉진자로서의 역할을
하였다.

다음으로, 도로공사도 고속국도의 관리주체로서 고속도로상의 교
통 혼잡 문제는 그들의 영업이익 및 고속도로 이용자에 대한 서비
스와 직결되기 때문에 심각한 문제로 인식하고 있었다. 특히 톨게
이트에서 인력에 의한 수동요금징수는 톨광장에서의 혼잡요인이 될
뿐만 아니라 도로공사 내부의 과다한 인건비 지출 등의 부수적인
문제를 수반하였다. 이러한 문제점을 해결하기 위하여 도로공사는
톨게이트 영업소와 차로 수를 지속적으로 확장하고, 1993년부터는
기계식 요금징수설비를 도입·운영함으로써 일부 인력 감소 및 요
금소에서 통행시간 감축의 효과를 가져오기도 하였으나 급증하는
고속도로 교통량을 소화하기에는 한계가 있었다.

도로공사는 ETCS라는 새로운 기술(대안)의 도입 결정시 기계식
요금징수설비라는 기존 대안(대안)과 비교·평가함으로써 ETCS가
자신들에게 경제적 이익을 가져다 줄 뿐만 아니라 사회적 혼잡비용
을 감소시킬 수 있다고 인식하고 있었다. <표 4-15>에서 보는 바
와 같이 도로공사는 1997년 9월 수립된 「하이패스 추진 기본계획」
에 따라 ETCS 구축 시 요금소의 차선증설비, 영업소직원의 인건비
를 절감하고, 톨게이트에서의 차량혼잡비용을 감소시킴으로써 1999
년에서 2004년까지 5년 동안 4,131억 원의 편익을 얻을 수 있다고
분석하였다.

<표 4-15> 도로공사의 ETCS 구축 시 예상편익

(단위: 억 원)

년 도	투 자 액(A)				절 감 액(B)						편 익 (B-A)
	ETCS 설비비	OBU	유지 관리비	계	기계식 설비비	유지 관리비	차선 증설비	인건비	혼잡 비용	계	
1999-2004	530	676	26	1,232	530	75	1,715	914	2,129	5,363	4,131

자료: 한국도로공사(1997. 9), 「하이패스 추진 기본계획」.

한편, 정보통신부는 ITS와 관련하여 통신 분야의 연구개발 및 국가표준을 제정하는 부처로서 ETCS를 고속도로상의 심각한 교통혼잡문제의 해결수단으로서 생각하기보다는 보다 첨단 정보기술을 활용한 자신들의 관할권 확대의 기회로 인식하고 있었다. 특히 ITS 도입 초기에 자신(당시 체신부)들의 역할이 미흡했다고 평가하고, 국내 ITS의 발전을 위해서는 자신들의 적극적인 역할이 필요하다고 강조하고 있다.

"ITS는 정보통신, 건설, 교통 분야가 함께 참여하는 통합시스템으로 각 분야 전문가들의 균등한 참여가 필요하나, ITS 기본계획, ITS 통합아키텍쳐 수립 등 그동안 ITS사업의 추진이 교통공학에 편중되어 정보통신 관련 연구기관 및 전문가들의 참여가 미흡하였다. 예컨대 1997년 ITS기본계획 수립에 참여한 전문가들을 분석한 결과 총 80명의 참여인력 중 정보·통신·전자 부문의 참여인력은 18명으로 전체의 22.5%에 불과하였다."[107]

정보통신부는 특히 자동으로 통행요금을 징수하는 ETCS의 경우

---

107) 정보통신부(1999.8), ITS활성화방안, 내부보고자료.

통신방식이 대단히 중요하기 때문에 자신들의 고유권한인 ETCS 통신표준 제정 등과 관련하여 자신들의 적극적인 역할이 필요하다고 인식하였다. 따라서 정보통신부는 교통 분야의 정보화정책인 ITS분야에서 자신들의 공식적인 관할권을 강화할 수 있는 하나의 기회로 ETCS를 인식하고, ETCS 관련 정책과정에 적극적으로 참여하였다.

> "ITS는 통신이 차지하는 비중이 대단히 큽니다. 그러나 건교부는 아직도 하드웨어만 치중하고 있을 뿐 통신 분야에 대해서는 이해가 부족합니다. ITS를 발전시켜야 한다는 당위성만 강조하고 있지, 구체적으로 어떻게 해야 할 지에 대한 방법론이 약합니다. …… 우리 정통부는 1998년부터 ITS의 체계적인 발전을 위하여 통신 분야의 표준화를 적극적으로 추진하고 있습니다."[108]

대학교수, 정부출연연구기관 등 전문가집단들은 향후 ETCS 시장을 낙관적으로 전망하면서 ETCS가 확산될수록 ETCS 관련 기술개발 및 표준연구 등에 있어서 자신들의 전문적인 역할이 확대될 것을 기대하고 ETCS에 대한 적극적인 선호를 가지고 있었다.[109] 민간업체들은 서울시와 도로공사가 제안공고를 계기로 하여 해외 ETCS 기술농향 빛 시상성을 분식하고, ITS 분야에서 ETCS가 향후 시장성이 가장 크다고 인식하였다. 이들은 시장에서 경쟁적 우위를 확보하기 위해서는 ETCS 시장에 먼저 뛰어들어 선점 하는 것이 중요하다고 판단하고, 이러한 경제적 이익에 기반을 두고서 정책과정에 적

---

108) 정보통신부 통신이용제도과 L사무관과 전화면접 내용, 2003. 7. 3.
109) ETC포럼에 참여했던 한성대 O교수와 전화면접(2003. 7. 3), 국토연구원 L연구위원과 면접(2003. 3. 21), 한국전산원 S연구원과 전화면접(2003. 7. 3) 결과.

극적으로 참여하였다.110)

　이와 같이 정책네트워크 참여자들은 장기적으로는 기존의 기술보다 ETCS에 대하여 공통적인 선호를 가지고 있었으나, 단기적으로는 기술방식의 선택문제를 둘러싸고 이해관계가 서로 달랐다. 수동방식과 능동방식을 지지하는 각각의 집단들은 그동안 자신들이 투자한 비용이 매몰비용(sunk cost)으로 사장되는 것을 막고, 향후 ETCS 시장에서 주도권을 행사하기 위하여 자신들이 지지하는 방식이 통신표준으로 채택되도록 사활을 걸고 대립하였다.

　　"정통부가 저렇게 능동방식을 고집하는 이유는 아마도 정통부가 그동안 능동방식을 개발하는 데에 많은 돈을 투자111)했는데, 그것이 매몰비용으로 되어 버리는 게 우려가 되어서 그런 모양입니다. 그렇다면 우리 도로공사나 민간사업자의 입장도 마찬가지이죠. 그동안 우리도 99년부터 시스템 구매비로 21억 원을 투자했고, 민간사업자도 시스템 개발비로 80억 원을 투자했습니다."112)

　결국, 정책네트워크 내 행위자들 간의 단기적인 이해 상충은 우리나라에서 ETCS 확산에 강한 부정적 요인으로 작용하였다.

(2) 상호작용

가) 상호작용의 양태

---

110) 삼성SDS L부장과의 전화면접 결과, 2003. 7. 3.
111) 정보통신부는 한국전자통신연구원에서 능동 RF방식을 개발하는데 1·2차년도(1998년-2002년) 동안에 국비 96억 원을 지원하였다. 이러한 기술개발사업은 정부와 민간기업이 50:50의 매칭펀드 형식으로 추진되었으므로 이 사업에 참여한 민간기업들도 역시 정부와 동일한 비용을 투자하였다.
112) 도로공사 스마트웨이사업팀 O과장과 면접내용, 2003. 3. 21.

　　정책과정에 참여하는 행위자들 간의 상호작용의 양태는 행위자들이 추구하는 정책이익이 어떠하냐에 따라 협력적 관계와 갈등적 관계라는 두 가지 대립적인 방향으로 전개될 수 있다. 행위자들 간의 이익이 서로 공통적이고 촉진적인 경우에는 협력적인 상황으로, 행위자들 간의 이익이 서로 상충적인 경우에는 갈등·경쟁적 상황으로 파악할 수 있다.

　　ETCS 정책네트워크 구성원들은 장기적으로 ETCS의 확대가 필요하다고 누구나 공감하고 있었으나, 단기적으로 어떤 방식(수동방식 또는 능동방식)의 기술을 채택하는 것이 바람직 하느냐에 대해서는 각각의 이해관계에 따라 끊임없이 논쟁과 대립을 계속하였나. 도로공사와 시범사업자인 삼성SDS의 수동방식에 대하여 건설교통부, 국토연구원은 시스템의 조기 확산을 위하여 지지의 입장을 보였고, 반면에 정보통신부와 한국전자통신연구원의 능동방식에 대하여 한국통신, 한국전산원과 관련 민간업체들이 지지하넌서 통신방식과 관련하여 집단 간의 입장이 양분화 되었다. 수동방식을 지지하는 집단에서는 수동방식은 이미 국내에서 기술적 신뢰성이 검증되어 상용화되고 있으며, 단말기 가격이 저렴하여 이용자들에게 조기 확산이 가능하다고 주장한 반면에, 능동방식은 아직까지 기술적 신뢰성이 검증되지 않았고, 단말기 가격이 너무 비싸 확산이 불투명하다고 비판하였다.

　　"통신방식을 선택하는 데에 있어서 가장 중요하게 고려해야 힐 점은 기술적 안정성과 가격의 문제라고 생각합니다. 수동형은 이미 99년 4월에 삼성SDS에서 자체 개발하여 기술적으로 검증이 되었습니다. 그러나 정통부는 기술이 검증되지 않은 능동방식을 몇 년 전부터 계속 채택하라고 하는데 금년(2003년) 1월까지 능동방식은 기술이 안 되어 있는 상태입니다. 우리 공사는 시스템을 조기에 확산은 시켜야 되는데……

그리고 무엇보다도 능동형은 가격이 비쌉니다. 현재 수동형은 단말기 가격이 8만 원인데, 능동형은 최소 20만 원 이상이 될 것 같습니다. 일본의 경우도 초기 단말기 가격이 비싸 확산이 잘 안된 것으로 알고 있습니다. 이러한 비용을 이용자들에게 부담시키면 가입률이 저조할 것이고, 그렇다고 우리 공사가 다 부담할 수도 없고, 그래서 정통부에 보조금을 지원해줄 수 있느냐고 했더니 그것도 안 된다고 합니다."[113]

"능동방식은 서비스 영역을 넓게 할 수 있다는 장점이 있지만 단말기 가격이 비싸다는 단점이 있습니다. 최근 상용서비스를 개시한 일본의 예에 비춰보면 단말기 가격이 약 30만 원 정도 합니다. 따라서 단말기를 직접 구매하여 이용자에게 서비스를 제공하여야 하는 도로공사의 입장에서 볼 땐 수지타산이 맞지가 않지요. …… 정통부는 능동방식이 기술적으로 바로 상용화될 수 있으리라고 생각하고 국가표준도 고시하고 했는데, 능동방식의 기술적 문제점으로 인하여 ETCS가 확산되지 못하고 이 지경에 이르고 있습니다."[114]

"능동방식을 주장하는 사람들은 수동방식은 교통정보를 제공하지 못한다고 주장합니다. 그러나 수동방식으로도 교통정보를 제공할 수 있습니다. 실제 우리 회사에서 그러한 기술을 개발했고, 수동방식으로 상용화되고 있는 유럽도 최근에는 교통정보를 다 제공하고 있습니다. …… 능동방식을 주장하는 사람들은 수동방식을 비판만 할 게 아니라 스스로 부끄러운지를 알아야 합니다. 벌써 몇 차례 현장시험을 했지만 능동 RF방식은 계속 떨어졌지 않습니까?"[115]

---

113) 도로공사 스마트웨이사업팀 K팀장과 면접내용, 2003. 3. 21.
114) 국토연구원 L연구위원과 면접내용, 2003. 3. 18.

이에 대하여 능동방식을 지지하는 집단은 능동방식은 ITS와 연계하여 주차정보, 교통정보 등 다양한 서비스를 제공할 수 있고, 최근에는 단말기 가격도 계속 인하하여 가격문제도 크게 걱정할 것이 없다고 주장하는 반면에, 수동방식은 다양한 서비스를 제공할 수 없기 때문에 고속도로에서 요금징수 외에는 다른 목적으로 쓸 수 없는 퇴조된 기술이라고 반박하였다.

"표준화 프로세스는 전쟁입니다. 2000년 10월 정보통신기술협회에서 능동방식이 과반수를 획득하여 단체표준으로 결정되었습니다. 수동형은 제한된 서비스밖에 제공하지 못하지만, 능동형은 향후 응용가능성이 대단히 많기 때문에 다양한 분야에서 참석한 기업들이 능동형이 자신들에게 더 유리하다고 판단했던 것 같습니다. …… 수동형에 비해 능동형이 가격이 비싼 것만은 사실입니다. 일본의 경우는 27만 원 정노 하는 것으로 알고 있습니다. 그러나 최근에는 능동형도 가격이 많이 내려가고 있다고 듣고 있습니다. 단말기 보급대수가 많아지면 가격도 계속 떨어지지 않겠습니까?"[116]

"수동방식은 특정 구간에서 요금을 징수하는 데는 아무 문제가 없지만, 다른 구간에서는 쓸모가 없습니다. 그러나 능동형은 고속도로 상에서 요금징수뿐만 아니라 시내 구간에서도 교통정보를 제공할 수 있기 때문에 서비스 범위가 넓습니다. 도로공사는 고속도로상의 자기 구간 내에서 요금만 받으면 됐지, 다른 서비스에 대해서는 관심이 없습니다."[117]

115) 삼성SDS L부장과 전화면접 내용, 2003. 7. 3.
116) 정보통신부 통신이용제도과 L사무관과 전화면접 내용, 2003. 7. 3.
117) 한국통신(KT) 당시 실무자였던 영등포전화국 K과장과 면접내용, 2003. 6. 10.

"우리나라는 ITS의 후발주자입니다. 따라서 정통부는 선진국의 전철을 밟지 않고 짧은 기간 내에 효과를 극대화하기 위해서 능동방식으로 방향을 잡고 추진한 것으로 알고 있습니다. …… 우리나라에서 수동방식은 삼성SDS밖에 없습니다. 그러나 우리나라 수동기술은 표준기술도 아닙니다. 유럽표준은 20MHz인데, 삼성SDS는 이탈리아에서 쓰는 30MHz입니다. 도로공사는 ETCS만 하면 되지만, 국가의 유한한 전파자원을 효율적으로 사용하기 위해서는 다양한 서비스를 제공해줄 수 있어야 합니다. …… 미국도 90년대 초기에는 수동방식으로 추진하였으나 최근에는 능동방식이 우위를 점하고 있는 것으로 알고 있습니다. 일본은 아예 처음부터 능동방식으로 정해놓고 기술개발을 시작하였습니다."[118]

양 집단 간의 대립과 갈등상황이 지속되자 이를 조정하기 위하여 관·학·산·연 공동으로 ETC포럼이 구성되었으나, 여기서도 양 집단 간의 타협을 이루지 못하고 팽팽한 대결 구도가 이어져 갔다. 그러나 정통부가 사실상 능동방식의 주파수 배분과 기술기준을 고시하고, 도로공사에 대하여도 시범사업 연장 시 수동방식을 포기한다는 조건으로 임시 주파수를 허가하였기 때문에 도로공사도 수동방식을 포기할 수밖에 없는 상황이 되었다. 결국 도로공사는 하이패스의 본 사업을 위하여 2003년 1월 능동방식(주파수, 적외선)업체들만을 대상으로 현장 성능시험을 실시하게 되었다. 여기서 참여업체 모두가 기준 미달로 탈락하자, 2003년 2월 다시 제안공모를 냈다. 이 때 종래 수동방식 업체인 삼성SDS가 적외선방식인 AITS[119]와 전략적 제휴를 맺고 콘소시엄으로 참여하여 2003년 5월 현

---

118) 한국전산원 S연구원과 전화면접 내용, 2003. 7. 3.
119) 이 회사는 적외선방식의 유일한 원천기술을 가지고 있는 오스트리아 EFKON사의 국내 합작법인이다.

장 성능시험에서 합격함으로써 결국 도로공사의 ETCS 본 사업에 능동 적외선방식이 채택되게 되었다. 이러한 결과에 대하여 정보통신부와 건설교통부 실무자들의 반응은 다음과 같이 상반되게 나타나고 있다.

"그동안 우리 정통부의 입장에서는 능동 주파수방식을 선호한 것은 사실입니다. 그러나 우리 부는 그동안 능동형이라는 것에만 동의를 하였지 그 매체가 주파수 방식이 됐건, 적외선 방식이 됐건 제한을 둔 적은 없습니다. 현재 정보통신기술협회에서는 적외선 방식에 대해서도 표준화 작업을 진행 중에 있는 것으로 알고 있습니다."[120]

"적외선 방식이 채택된 것은 한마디로 능동 주파수방식과 수동 주파수방식이 대립하는 가운데 어부지리를 한 것입니다. 도로공사 입장에서 보면 사업은 계속 추진해야 하는데 정통부에서 능동방식으로 표준을 제정해 놓고, 주파수로 규제를 하니 이러한 규제로부터 벗어날 수 있는 방식이 적외선 방식이거든요. …… 정통부는 현실을 고려하여 종합적으로 접근했어야 하는데 지나치게 주파수에만 집착하다보니 결과적으로 표준정책도 실패하고, 산업화도 실패하고, 사업은 사업대로 안 되고…… 결국 국내 업체들은 다 망가지고, 외국 업체만 좋아진 꼴이 되지 않았습니까?"[121]

이와 같이 우리나라에서 ETCS는 능동방식 통신기술의 신뢰성에 대하여 사전에 충분한 검증이 없이 표준을 제정함으로써, 관련 집

---

120) 정보통신부 통신이용제도과 L사무관과 전화면접 내용, 2003. 7. 3.
121) 건설교통부 당시 교통정보기획과 실무자였던 K사무관과 면접내용, 2003. 7. 3.

단 간의 정책갈등만 증폭시키고 능동방식의 사업 추진도, 그렇다고 국내에서 기술적 신뢰성이 인정된 수동방식의 사업 확산도 이루지 못하였다. 결과적으로 ETCS 기술표준화와 관련하여 이해집단 간의 이해 상충과 갈등적 상호작용으로 인하여 도로공사의 ETCS 확산에 부정적인 영향을 주었을 뿐만 아니라 ETCS를 도입하려고 하는 서울시나 부산시, 인천신공항고속도로 등에서도 사업 추진을 보류하고 정부정책과 도로공사의 사업추진 동향만을 지켜봄으로써 ETCS 확산에 부정적인 영향을 미쳤다.

나) 정책추진집단의 영향력

ETCS 도입 초기에는 정책추진집단인 건설교통부와 도로공사가 주도적인 역할을 하였다. 건설교통부는 고속도로의 건설·운영에 관한 총괄 정책기관으로서 도로공사의 ETCS 도입결정 및 사업계획 승인 등을 통해 적극적인 역할을 하였으며, 도로공사는 몇 차례에 걸쳐 성능시험을 통하여 민간 사업자들에게 영향을 미쳤다.

그러나 ETCS 통신표준과 관련하여 정책논쟁이 가속화되면서 수동방식과 능동방식을 지지하는 세력으로 양분되고, 이 과정에서 도로공사와 정보통신부가 새로운 주도집단으로서 영향력을 행사하게 되었다. 도로공사는 향후 ETCS 시스템을 구매하는 최대 수요자로서 사업의 집행권한을 바탕으로 다른 집단에 대하여 영향력을 행사하였다. 시스템을 개발하는 민간업체의 경우 도로공사의 사업추진 방향에 의해 영향을 받을 수밖에 없었으며, 서울시, 부산시, 인천신공항고속도로 등도 도로공사와 지속적인 연계 속에 사업 추이를 지켜보고 있었다.

정보통신부는 전파법에서 위임한 주파수 정책결정, 정보통신 분야의 표준제정 등과 관련된 공식적 권한을 바탕으로 ETCS 관련 모든 행위자들에게 영향력을 행사했다. 또한 정보화촉진기금 등 예산지원을 통하여 관련 연구기관 및 민간업체 등에 영향력을 미침으로써 ETCS 관련 정책의 주도권을 확보하였다.[122) 그들은 단거리전용통신용으로 20MHz 주파수 배분을 결정하고, 능동방식으로 기술표준을 정함으로써 국내에서 수동방식의 기술 확산을 제약하는 결정적인 영향력을 행사하였다. 이들은 ETC포럼에서 참여자들 간의 합의사항에 대해서도 이의를 제기하면서 결정을 번복시키기도 하였다. 예컨대 2001년 8월초 ETC포럼에서 능동방식과 수동방식 등 모든 통신기술을 평가하기로 합의했으나, 정보통신부의 이의제기에 따라 결국은 수동방식은 제외되고 능동방식에 대해서만 현장시험을 실시하기로 하였다.

> "저는 동 포럼의 시작 때부터 일관된 주장을 하여 왔습니다. 즉 주파수대역과 기술방식은 이미 능동방식으로 결정된 사항이므로 이를 재론하는 것은 불필요한 시간 낭비일 뿐입니다. 국내 ITS의 성공은 무엇보다도 미래를 생각하고 단일 시스템으로 추진되어야 할 것입니다. 따라서 계속해서 지난 일을 가지고 발목을 잡기보다는 결정된 것에 따라 추진력을 갖고 힘을 모아 추진하는 것이 필요할 때라고 봅니다. 저는 상기 서면의결 내용에 대해 반대하는 입장을 분명히 하며, ETC포럼이 보다 바람직한 방향으로 일을 진행해 나가시길 다시 한번 기원합니다."[123)

한편, 건설교통부는 ETCS 도입결정 이후에는 도로공사 등 여타

---

122) 도로공사 스마트웨이사업팀 L대리와 면접(2003. 3. 21), 건설교통부 교통정보기획과 K사무관과 전화면접(2005. 3. 29), 한국전산원 S연구원과 전화면접(2003. 7. 3), 국토연구원 L연구위원과 면접(2003. 3. 18) 결과.

123) 2001년 8월 13일 정보통신부 주파수과 O사무관이 ETC포럼에 이의를 제기한 내용이다.

행위자들에 대하여 크게 영향력을 행사하지 못하였다. 왜냐하면 도로공사의 하이패스 사업에 건설교통부가 재정지원을 해 준 것도 아니고, 그렇다고 정보통신부처럼 통신부문의 표준 결정기관도 아니었기 때문이다.124) 비록 ITS의 총괄기관이었음에도 불구하고 수동방식과 능동방식이 대립할 때 주도적인 조정역할을 하지 못하고, 시스템의 조기 확산을 위하여 도로공사를 간접적으로 지원하는 역할에 그쳤다.

통신방식 표준과 관련하여 관련기관 간의 정책갈등이 심화되자 중재기관으로서 ITS-Korea를 중심으로 ETC포럼이 구성되어 정보통신부, 건설교통부, 서울시 등 지자체, 도로공사, 한국통신, 관련연구원, 민간업체 등 관·학·산·연 등 다양한 집단들이 참여한 가운데 쟁점사항들을 조정하려고 하였으나 역할을 제대로 하지 못하였다.

> "ETC포럼에서 수동방식과 능동방식 간의 조정방안을 마련하고자 했습니다. 이를 위해 20여 차례나 회의를 개최하여 열띤 토론도 하고 해결방안을 모색하여 보았지만, 워낙 이해관계가 첨예하여 조정이 불가능했습니다."125)

전문가집단이나 민간업체들은 각각의 이해관계에 따라 주도집단인 정보통신부와 도로공사의 입장을 옹호하였다. 즉 정보통신기술연구원과 전산원은 정보통신부의 입장을 지지하였고, 국토연구원은 도로공사의 입장을 지지하였다. 민간업체들도 자신들이 개발한 시스템의 방식에 따라 주도집단을 중심으로 이해가 양분되었다

이와 같이 도로공사와 정보통신부가 ETCS 구축과정에서 양대

---

124) 건설교통부 도로정책과 L사무관과 면접(2003. 7. 3), 교통정보기획과 K사무관과 전화면접(2005. 3. 29) 결과.
125) 당시 ETC포럼에 참여했던 한성대 O교수와의 전화면접 내용, 2003. 7. 3.

주도집단이었지만, 정보통신부는 법에 근거한 통신표준 제정 및 주파수 배분권 등 국가의 강제권을 가지고 있었고, 도로공사는 주파수를 할당받기 위하여 정보통신부의 인허가를 받아야 하는 의존적인 관계에 있었기 때문에 양 기관의 관계는 대등한 관계라고 볼 수가 없었다. 영향력의 크기로 보면 정부기관인 정보통신부의 힘이 훨씬 컸기 때문에 결국은 정보통신부의 논리에 따라 능동방식으로 정책방향이 추진되었다.

> "도로공사의 입장에시 보면 자기가 돈을 내서 사업을 하기 때문에 정부가 이래라 저래라 간여를 할 수는 없지요. 그러나 도로공사는 전파라는 국가자원을 쓰기 때문에 국가가 전파자원을 가장 효율적으로 쓰기 위해 여러 관련기관과 협의해서 성한 기준을 따라야 합니다."126)

그러나 실제 ETCS 시스템의 집행기관이면서 최대 수요기관인 도로공사의 선호가 반영되지 못하고, 게다가 정보통신부가 주도한 능동방식의 기술적 불안정성이 장기화 되면서 ETCS의 확산이 지체되었다. 결국, ETCS의 경우 도입결정기관인 건설교통부의 영향력이 미약했고, 집행기관인 도로공사보다 규제기관인 정보통신부의 영항력이 강했다는 점이 시스템 확산에 부정적인 영향을 미쳤다.

다) 정책학습

ETCS 구축과정에 참여하는 다양한 행위자들은 동태적인 상호작용을 통하여 ETCS 기술방식에 대한 지식과 정보뿐만 아니라 다른 경쟁적 행위자들의 전략에 대해서도 학습(learning)을 하였다. 특히 능동방식과 수동방식에 대한 표준화를 둘러싸고 지지집단 간의 갈

---

126) 정보통신부 통신이용제도과 L사무관과 전화면접 내용, 2003. 7. 3.

등이 표출되면서, 그리고 ETC포럼을 중심으로 한 첨예한 논쟁 속에서 관련 행위자들은 자신들의 입장을 옹호하기 위해 ETCS 관련 기술, 해외동향, 상대방의 전략 등에 대하여 학습이 활발하게 이루어졌다. 이러한 과정에서 능동과 수동방식의 직접적인 이해관계자들은 자신들에게 유리한 방향으로 종전의 전략을 좀 더 강화하거나 수정하기도 하였다.

ETCS 초기 도입단계에서부터 관련 행위자별로 학습이 어떻게 이루어지고, 잠재적 채택자에게 어떻게 영향을 미쳤는지를 조사한 결과는 다음과 같았다. 먼저, 건설교통부는 고속도로의 교통 혼잡을 완화시키기 위하여 도입을 결정한 ETCS가 선진국에 이미 상용화되어 있었기 때문에 도입에 크게 문제가 없으리라고 예상하였다. 그러나 도로공사가 시행한 두 차례의 시범사업에서 민간사업자들이 탈락함에 따라 기술의 중요성을 인식하기 시작하였다. 나아가 도로공사가 추진한 수동방식에 대하여 정보통신부가 능동방식으로 제동을 걸면서 정책논쟁이 가속화되자 건설교통부는 도로공사, 국토연구원 등과 ETCS에 관한 지식, 기술, 정보 등에 관하여 지속적인 의사소통을 통하여 능동방식의 문제점을 인식하게 되고, 국내에서 ETCS의 조기 확산을 위하여 수동방식을 옹호하는 방향으로 정책학습이 이루어졌다.

다음으로, 도로공사는 고속도로 ETCS의 구축을 담당하는 집행기관으로서 ETCS를 도입·추진하면서 실행학습을 하였다. 이들은 당초 ETCS에 대한 해외사례 조사를 통해 수동방식으로 추진하는 것을 당연하게 생각하였으나, 능동방식과 수동방식 간의 논쟁이 진행되자 능동방식에 대한 기술학습과 함께 수동방식의 타당성에 대한 논리를 개발하고 자신들의 입장을 관철시키려고 노력하였다. 이러한 노력에도 불구하고 정보통신부가 2001년 7월 능동방식으로 통신표준을 제정하자, 도로공사는 다시 해외사례 조사를 통해 정보통신부의 간섭에서 벗어나 자율적으로 사업을 추진할 수 있는 능동 적외선방식이라는 제3의 새로운 대안을 검토하게 되었다.

정보통신부는 ITS가 비록 교통 분야의 업무이지만, 이것이 통신 기술을 핵심 매체로 하여 서비스가 구현된다는 점을 인식하면서 ITS에 대한 정책학습이 활발히 이루어지고 있다. 정보통신부는 산하의 전자통신연구원, 한국전산원 등 관련 전문가집단과 최근 ETCS의 해외 기술 및 통신표준화 등에 관한 지식과 정보를 교환하면서 향후 국내 ITS의 바람직한 발전을 위해서는 능동방식으로 통신표준이 이루어져야 한다고 확신하게 되었다.

민간업체들은 서울시와 도로공사의 ETCS 제안공모 때부터 ETCS 기술과 지식을 학습하기 시작하였다. 그들은 1990년대 중반까지만 하더라도 자체 기술력이 부족하였기 때문에 외국기술과 제휴하여 시험운영에 참여하였으나, 이 과정에서 독자적인 기술개발이 필요하다고 인식하고 기술개발을 시작하였다. 또한 능동과 수동방식 간의 첨예한 논쟁 속에서 각각의 민간기업들은 상대 진영의 비판을 극복하기 위하여 자체 기술을 보완하는 등 학습을 통하여 기술발전이 이루어지기도 하였다.

한편 서울시, 부산시, 인천공항고속도로 민자사업자 등과 같이 향후 ETCS를 도입하려고 하는 잠재적 수요 집단들은 ETCS를 먼저 도입한 도로공사와 공식·비공식적인 정보 교류를 통하여 도로공사의 시범사업 성과를 자체적으로 평가하면서 모방학습을 하였다. 이들은 ETC포럼에서 통신표준과 관련하여 능동과 수동방식 간의 논쟁이 첨예하게 대립될 때 이 양 집단의 논쟁에 직접 개입하지 않으면서 ETCS의 추진양상을 예의 주시하는 관찰집단으로 참여하였다. 이들은 능동집단과 수동집단 간의 소모적인 논쟁이 장기화되자 앞으로 정부의 표준정책 방향과 능동방식의 기술이 확실해질 때까지 ETCS의 도입 시기를 유보하기로 함에 따라 도로공사의 ETCS 사업으로부터 부정적인 성과모방학습이 이루어졌다. 이처럼 ETCS의 경우 도로공사, 정보통신부 등 정책네트워크 내 행위자들의 소모적인 논쟁과정 속에서 서울시, 부산시 등 잠재적 채택자들의 부정적인 성과모방학습은 여타 집행체제로의 시스템 확산에 부정적인 영향을 미쳤다.

(3) 네트워크의 구조

정책네트워크는 비공식적인 게임의 규칙으로서 네트워크의 구조적 성격이 어떠하냐에 따라 참여의 범위, 참여자들의 지위, 권위, 정보교류 및 의사결정방식, 참여에 대한 보상방식 등이 달라진다. 기존 고속도로 정책네트워크는 도로교통 분야의 건설교통부, 도로공사, 민간사업자 간의 관계가 제도화된 '정책공동체'가 구축되고 있었다. 따라서 이들 간에는 상호 신뢰와 협조를 토대로 의사결정이 이루어지고, 공식·비공식적인 협의 등을 통하여 지속적인 정보교류와 긴밀한 관계가 유지되고 있었다.

그러나 ETCS 구축을 둘러싸고 형성된 정책네트워크의 구조적 성격 변하는 참여자들에 대한 게임규칙의 변화를 가져왔다. 새로 형성된 ETCS 정책네트워크는 기존 도로교통 분야의 구성원 외에 통신 분야의 정보통신부, 전자통신연구원, 전산원, 민간사업자뿐만 아니라 갈등조정기관인 ITS-Korea, 표준기관인 정보통신기술협회, 그리고 대학교수 등 수많은 행위자들이 새로 참여하고, 그들 간의 관계가 매우 유동적인 '이슈네트워크'의 성격을 띠고 있었다.

ETCS 정책네트워크의 형성 및 변화과정을 구체적으로 살펴보면 먼저, ETCS 정책네트워크는 ETCS 도입초기에 도로공사를 중심으로 행위자들 간의 연계가 이루어지면서 형성되었다. ETCS의 구축과정에서 도로공사는 건설교통부로부터 ETCS 도입을 위한 사업승인을 받고, 정보통신부로부터는 시범사업 추진을 위한 임시주파수 사용허가를 받으면서, 그리고 민간사업자와는 시스템 구축을 위하여, 전문가집단과는 정책자문을 받기 위하여 상호 연계가 이루어졌다.127) 이러한 정책네트워크는 2000년 초기까지는 사업 집행기관인 도로공사를 중심으로 행위자들 간의 관계가 비교적 안정적이고 협조적으로 유지되었다.

그러나 2000년 초 이후 통신방식을 둘러싸고 수많은 관련 집단들이 정책네트워크에 참여하고, 이들 간의 이해갈등과 논쟁이 지속되면서 네트워크 구조가 매우 복잡하고 유동적인 것으로 변하였다. 정책네트워크에 능동방식을 지지하는 전자통신연구원, 한국통신, 민간사업자 등이 새로 참여하고, ETCS기술의 단체표준 제정을 위하여 정보통신기술협회가 새로 참여하였다. 정보통신기술협회에서 결정한 능동방식의 단체표준(안)에 대하여 도로공사와 수동방식의 업체가 계속적으로 문제를 제기하자 이 문제를 해결하기 위하여 ITS-Korea 내 ETC포럼이 구성되었다. ETC포럼에는 국토연구원, 한국전산원, 수많은 민간사업자, 대학교수들이 참여함으로써 정책네트워크 내 참여자의 범주가 계속 확산되어 갔다. 서울시, 부산시, 인천신공항고속도로 민자사업자 등 여타의 유료도로 관리주체들도 ETC포럼에 참여를 하였다. 이와 같이 ETC포럼에는 수많은 행위자들이 신규로 참여하기도 하고, 소모적인 논쟁이 지속되면서 이탈하기도 하였다.128)

---

127) 대학교수들은 1997년 도로공사의 「하이패스 기본계획」 수립 시 IC카드, 통신, 전산 분야 등에 자문위원으로 일시적으로 참여하였으며, 교통개발연구원은 1999년 도로공사가 발주한 「NTCS 이용수요예측 및 차로설계 기준설정」연구를 통하여 수요예측, 적정 단말기 보급가, 시스템 구축방안 등을 제시함으로써 도로공사의 의사결정에 영향을 미쳤다.

128) 예컨대, 서울시는 초기에는 ETC포럼에 참여하다가 나중에는 포럼에서 얻을게 없다고 판단하여 이탈하여 버리고, 부산시는 나중에 ETCS의 동향파악을 위하여 참여하였으며, 서울지방경찰청은 첫 회의만 참석하고 그 이후부터는 자신들과 관계가 없다고 아예 참여를 하지 않았다. ETC포럼에 참여한 O교수와의 전화면접 결과, 2003. 7. 3. 한국전자통신연구원의 경우도 ETC포럼이 ITS의 발전방향에 관한 논의의 장이 아닌, 마치 도로공사의 시험대행장처럼 운영되고 있다고 불만을 표시하면서 간헐적으로 참여하였다. 한국전자통신연구원 J연구원과의

ETCS 네트워크 내 행위자들은 크게 보아 수동방식의 지지집단과 능동방식의 지지집단, 그리고 양 집단의 중간에서 추이를 지켜보는 관찰자집단 등 세 가지 유형의 지지연합집단으로 나누어져 있었다. 그러나 수동방식과 능동방식을 지지하는 집단들 간의 연계관계를 자세히 살펴보면 이들은 기존의 정책네트워크를 중심으로 이원화된 양상을 보이고 있었다.

즉 도로교통 분야의 기존 구성원들인 건설교통부, 도로공사, 국토연구원 등은 이전의 긴밀한 정책공동체를 유지하면서 도로공사가 추진하는 수동방식을 지지하는 입장을 보였다. 반면에, 정보통신 분야의 기존 구성원들인 정보통신부, 한국전산원, 한국전자통신연구원, 한국정보통신기술협회, 한국통신 등도 역시 이전의 긴밀한 정책공동체를 유지하면서 정보통신부가 추진하는 능동방식을 지지하는 입장을 보였다. 이들 각각의 정책공동체 구성원들은 오랜 기간 동안 형성된 상호의존성과 신뢰를 바탕으로 공통적인 신념과 정책가치를 공유하고 있었으며, 그들 간의 공식·비공식적인 협의과정을 통하여 지속적으로 정보와 지식을 교류하면서 상대 경쟁 집단에 대한 대응전략을 공유하고 있었다.

한편, 서울시, 부산시, 인천신공항고속도로 민자사업자 등 여타의 유료도로 관리주체들은 능동, 수동방식의 논쟁에 직접 개입하지 않으면서 자신들이 추진하고 있는 ETCS사업과 관련하여 기술표준화 동향 등을 예의주시하면서 관찰자로 지켜보고 있었다.

이처럼 참여자들 간의 갈등이 지속됨에 따라 균열된 정책네트워크 구조의 이원화와 불안정한 이슈네트워크적인 성격은 ETCS의 확산에 부정적인 영향을 미쳤다.

전화면접 결과, 2003. 7. 3.

<그림 4-2> 자동통행요금징수시스템의 행위자 네트워크

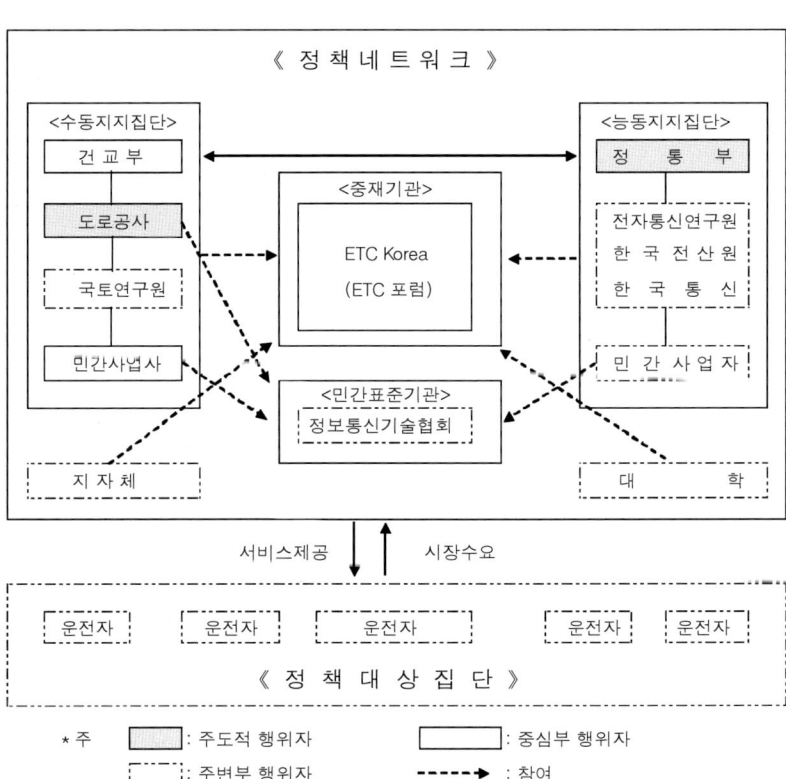

3. 사례에 대한 논의

건설교통부와 도로공사는 1990년대 중반 고속도로 요금소 주변의 교통 혼잡을 완화시키고 이용자에게 통행시간 단축 등 교통서비스를 제고하기 위한 목적으로 ETCS를 도입하기로 결정하였다. 그러나 도로공사 집행체제 내부에서 시스템 확산이 이루어지지 못함으로써 정책대상집단인 이용자들에게 서비스가 확산되지 못하고 있다.

ETCS의 경우 이미 해외 선진국에서 기술이 상용화되어 있고, 도로공사의 시범사업기간 동안에 많은 이용대상자(운전자)들이 ETCS의 확산을 원하고 있었음에도 불구하고 시스템 확산이 지체된 이유는 무엇인가? 이러한 요인들에 대하여 분석한 결과 해외 기술수준이 미친 영향을 제외하고는 대부분 분석모형에서 제시한 가설과 일치하는 결과를 보여 주고 있다. 먼저, 정책환경 요인과 관련하여 첫째, 정책담당자들의 고속도로 교통 혼잡문제의 심각성 인식은 새로운 대안으로서 ETCS 도입 결정에 긍정적인 영향을 미쳤다. 둘째, 해외 ETCS 기술동향은 시스템의 도입결정에는 긍정적인 영향을 미쳤으나, 수동방식과 능동방식 간의 정책논쟁 과정에서 상이한 준거기준의 역할을 함으로써 시스템 확산에는 부정적인 영향을 미쳤다. 반면에 국내 기술력의 미비는 ETCS의 조기 도입 및 확산에 부정적인 영향을 미쳤다. 이는 국내 기술력 확보 여부가 새로운 시스템의 도입 및 확산에 결정적인 제약요인이 되고 있음을 보여 주고 있다.

나음으로, 정책집행네트워크 요인과 관련하여 첫째, ETCS 정책네트워크에는 건설교통부, 정보통신부, 도로공사, 민간업체 등 다양한 행위자들이 참여하여 장기적으로는 ETCS에 대한 공통적인 이익(선호)을 가지고 있었으나, 단기적으로는 기술방식에 대한 이해상충으로 인해 시스템 확산에 강한 부정적인 영향을 미쳤다. 둘째, 행위자들 간의 상호작용의 양태와 관련하여 행위자들 간의 단기적인 이해 상충으로 인한 능동방식 지지집단과 수동방식 지지집단 간의 갈등적 상호작용은 시스템 확산에 강한 부정적인 영향을 미쳤다. 정책추진집단의 영향력과 관련하여 ETCS 도입 결정기관인 건설교통부의 영향력이 미약하고 집행기관인 도로공사보다 규제기관인 정보통신부의 영향력이 압도적이었다는 점이 시스템 확산에 부정적인 영향을 미쳤다. 정책학습과 관련하여 정책네트워크 내 행위자들 간에 기술방식 선택을 중심으로 한 시행착오와 실행학습이 장기화되고, 잠재적인 ETCS 채택자인 서울시, 부산시 등 유료도로 관리자들의 부정적인 성과모방학습은 시스템 확산에 부정적인 영향을 미쳤다. 셋째, ETCS 정책네트워크의 구조는 기존의 고속도로 교통정책과 관련된 이해집단들 외에 정보통신정책과 관련된 수많은 이해집단들이 새로 참여하거나 이탈하고, 그들 간의 관계가 갈등적·유동적인 이슈네트워크의 성격을 띠고 있었다. 이러한 이슈네트워크 구조는 시스템의 확산에 부정적인 영향을 미쳤다.

본 사례는 기존의 제도화된 정책네트워크의 구조가 새로 형성된 정책네트워크 행위자들의 선호에 영향을 미쳐 정책혁신의 확산에 제약요인이 되고 있음을 보여 주고 있다. 수동방식과 능동방식 간의 기술표준을 둘러싸고 논쟁이 지속되면서 ETCS 정책네트워크 내에서 기존의 도로교통 분야의 정책공동체와 정보통신 분야의 정책공동체 구성원들을 중심으로 지지연합(advocacy coalitions)이 형성되면서 새로운 정책네트워크의 구조가 이원화되었다. 기존 정책공동체의 구성원들은 오랫동안 형성된 상호의존성과 신뢰를 바탕으로 ETCS와 관련된 지식과 정보에 대하여 긴밀한 의사소통과 학습이 이루어지고 있었다. 이들은 능동방식과 수동방식으로 대립될 때 기존 정책공동체의 주도집단을 중심으로 연합하여 구성원들 간의 신념과 전략을 공유하면서 다른 정책공동체의 구성원들과 경쟁하였다. ETCS라는 이슈를 중심으로 새로운 정책네트워크가 형성되었지만, 행위자들 간의 이해 상충이 발생하사 결국에는 오랜 기간 동안 형성·유지되어온 하나의 비공식적인 제도로서 기존의 정책공동체가 정책혁신의 확산에 제약요인으로 작용하게 된 것이다.

한편, 통신방식을 둘러싸고 관련 집단들 간의 갈등이 지속되면서 ETCS의 확산이 지체되자 도로공사는 결국 갈등의 원천인 수동 주파수방식도, 그렇다고 능동 주파수방식도 아닌 제3의 방식인 적외선방식을 선택하였다. 이러한 결과에 대하여 제도론적으로 어떻게 해석할 수 있는가? 기존 정책네트워크 내에서 주도적 행위자인 도로공사는 ETCS 도입에 따라 그들과 연계되는 새로운 행위자들이 많아지고, 네트워크의 구조가 복잡하게 변함에 따라 자신들에게 상황이 불리하게 전개되는 것을 인식하게 되었다. 그들은 네트워크의 구조가 변함에 따라 의사결정·참여범위·정보교류 등에 관한 규칙이 변하고, 행위자들 간의 연계 고리가 복잡해지면서 의사결정점(즉, 거부점)이 많아짐에 따라 신규 행위자들과 새로 협상하고, 자신들이 비자발적으로 부담해야하는 매몰비용 등 거래비용이 증가하게 된 것을 불만스럽게 받아들였다. 따라서 도로공사는 새로운 네트워크의 구조를 단순화시켜 외부적 제약을 최소화시키고 거래비용을 줄이고 싶은 욕구가 강렬하게 작용하였다. 이러한 상황에서 도로공사는 2002년 중반부터 외부적 요인에 의한 제약, 특히 자신들의 의사결정에 가장 큰 제약이 되고 있는 정보통신부와의 연계 고리를 끊고 자율적으로 사업을 시행할 수 있는 방안으로서 적외선 방식을 적극적으로 검토하게 되었다. 이러한 관점에서 볼 때, 도로공사는 자신들에게 제약으로 작용하는 새로운 네트워크의 구조를 그들에게 유리하게 변경시켜 의사결정점(거부점)의 수를 줄여보려는 의도와 전략에서 적외선방식을 채택하였다고 볼 수 있다.

이러한 사례분석을 통하여 얻을 수 있는 정책적 시사점은 첫째, 기술표준정책은 현재의 국내 기술수준과 향후 기술발전 속도를 고려하여 탄력적으로 운용할 필요가 있다는 점이다. 양자를 적절히 조화시키지 못하고 편향적으로 표준정책을 운용하였을 때 막대한 사회적 매몰비용이 발생할 수 있다는 점을 정책담당자는 유념하여야 한다. 둘째, 정부가 정책혁신을 성공적으로 도입하여 확산하려고 할 때에는 무엇보다도 먼저 정책집행자나 대상집단의 유인(incentive)체계를 설계하는 것이 중요한 고려 요소이다. 혁신의 잠재적 채택자인 이들이 혁신을 채택함에 따라 추가적으로 지불해야 하는 비용은 최소화시키고 경제적 이익, 이용의 편리함과 같은 혁신의 상대적 이익을 극대화시킬 수 있는 방안을 강구하여야 한다. 셋째, 혁신의 도입 및 확산전략을 수립할 때에는 정책공동체로 제도화된 기존 행위자들의 상호 의존적인 이해관계를 분석하는 것이 중요하다. 넷째, 정책네트워크 내 주된 행위자들 간에 갈등적 상황이 발생하였을 때 그러한 갈등을 조정할 수 있는 메커니즘을 개발하고 제도화하는 것이 핵심적인 사항이라는 점을 시사한다.

제3절 화물운송정보시스템의 확산지체 사례

화물운송정보시스템(CVO; Commercial Vehicle Operation Systems)은 인공위성을 통한 위치추적시스템(GPS; Global Positioning System) 및 휴대폰 등을 이용하여 화물 및 차량에 대한 위치를 실시간으로 추적·관리하고, 각종 물류 관련 서비스를 운송업체와 화주(貨主)기업 등 이용자에게 제공하여 주는 종합정보관리시스템이다. CVO가 제공하는 서비스의 대상집단은 운송업체와 같은 '특정' 집단이 되기 때문에 그들은 자신들의 이해관계를 반영하기 위하여 CVO 도입 및 구축과 관련한 정책네트워크에 조직적으로 참여하게 된다. CVO가 확산되기 위해서는 먼저 집행기관(또는 집행대행기관)이 시스템을 구축하고, 다음으로 대상집단인 운송업체나 화주기업들이 서비스에 가입하여 화물 및 차량정보를 공유하여야 한다. 따라서 CVO의 확산은 정책집행기관의 순응뿐만 아니라 이들 대상집단의 순응 여부에 따라 직접적으로 영향을 받게 된다.

정부는 1990년대 중반부터 종합물류정보망 사업의 일환으로 화물운송정보시스템(CVO) 구축사업을 주도적으로 추진함으로써 민간 화물운송시장에 적극적으로 개입하려고 하고 있다. 당초 정책추진집단인 정부와 전담사업자인 한국통신은 CVO가 제공하는 실시간 화물차량위치추적 및 알선정보 서비스를 통하여 화물자동차의 공차 운행률을 감소시키고, 화물을 위탁하는 화주와 운송업체 간의 직거래 체제를 유도하여 국가 물류비 절감뿐만 아니라 운송업체의 수익 증대, 화주의 물류비 절감에도 기여할 것으로 기대하였다. 그러나 정부가 CVO의 수혜자로 예상했던 운송업체나 화주기업들이 CVO에 적극적으로 가입하지 않음으로써 CVO의 확산이 지체되고 있다. 반면에 CVO를 통하여 점진적으로 화물운송시장에서 퇴출될 것으로 예상했던 화물운송 알선(주선)업체들의 시장지배력은 오히려 강화되고 있다.

CVO는 화주, 운송업체 등 정책대상집단에게 화물 및 차량에 관한 정보를 제공하여 주는 배분정책(distributive policy)의 성격을 띠고 있다. 그럼에도 불구하고 당초 정책추진집단의 낙관적인 예상과는 달리 정책혁신으로서 CVO의 확산이 지체되는 이유는 무엇인가? 이러한 문제의식 하에 여기서는 CVO의 지체 요인에 대하여 우리나라 화물운송시장의 사회경제적 문제점과 CVO의 기술적 요인, 그리고 정책네트워크 참여자들의 이익(선호)과 상호작용, 네트워크의 구조적 특성을 중심으로 고찰하기로 한다.

1. 도입과정 및 추진현황

가. 도입과정

ITS의 하위 시스템으로서 CVO는 종합물류정보전산망사업에 포함되어 추진되고 있다. 종합물류정보전산망 사업은 정보통신기술을 활용하여 육상, 해상, 항공을 통한 수출입 화물 및 국내 화물유통과 관련된 물류활동을 효과적으로 지원하기 위해 물류활동에 수반되는 정보흐름을 전산화, 자동화하는 국가기간전산망 사업으로서(건설교통부, 1996: 2), 물류관련 주체 간 운송, 보관, 하역, 포장 등 물류에 대한 제반 업무 및 서류흐름을 하나의 시스템으로 연계하는 통합정보시스템 구축사업을 말한다(건설교통부, 1999: 134).

종합물류정보전산망 사업은 1994년 7월에 수립된 『화물유통체제 개선 기본계획』에 최초로 반영되어, 1995년 5월 국가전산망조정위원회에서 국가기간전산망129)사업으로 확정되면서 본격적으로 추진되기 시작하였다. 건설교통부는 정보망 구축사업의 효율적 추진을 위하여 먼저 1995년 12월 『화물유통촉진법』을 개정하여 전담사업자 지정, 전자문서의 효력 인정 등에 관한 법적 근거를 만들었다. 동 법을 근거로 건설교통부는 1995년 12월 종합물류정보망 사업추진을 위한 사업자를 공모하였다. 이후 한국전기통신공사(KT)와 한국물류정보통신(KL-net)이 공동사업자로 단독 신청함에 따라 건설교통부는 사업계획서 평가를 거쳐 1996년 4월 한국통신을 CVO 및 DB구축 전담사업자로, 그리고 한국물류정보통신을 전자문서교환(EDI)시스템 구축 전담사업자로 지정하였다. 또한 교통개발연구원과 한국물류정보통신의 연구(1995. 5~1996. 5)결과를 토대로 정보통신부 등 관계부처 협의를 거쳐 1996년 7월에 『종합물류정보전산망 기본계획』130)을 확정하였다.

---

129) 7대 국가기간전산망에는 행정·금융·국방·공안·교육연구·종합물류·산업전산망이 포함된다.

130) 동 기본계획에 따르면 종합물류정보망 구축사업은 3단계로 나누어 실행하도록 되어 있다. 제1단계('96-'97)는 서비스 제공체제 구축단계, 제2단계('98-'00)는 서비스 확산단계, 그리고 제3단계('01-'15)는 초고속화·첨단화 단계로 나누고 있다. 제1·2단계 사업내용은 크게 세 가지로 나눌 수 있는데, 대정부 민원업무 및 업체 간 서류전달의 전자문서교환(EDI)과 물류시설정보, 업체정보 등 물류관련 데이터베이스(DB)제공, 그리고 무선통신을 이용한 첨단화물운송정보제공(CVO) 서비스 등이다.

<그림 4-3> 종합물류정보망 개념도

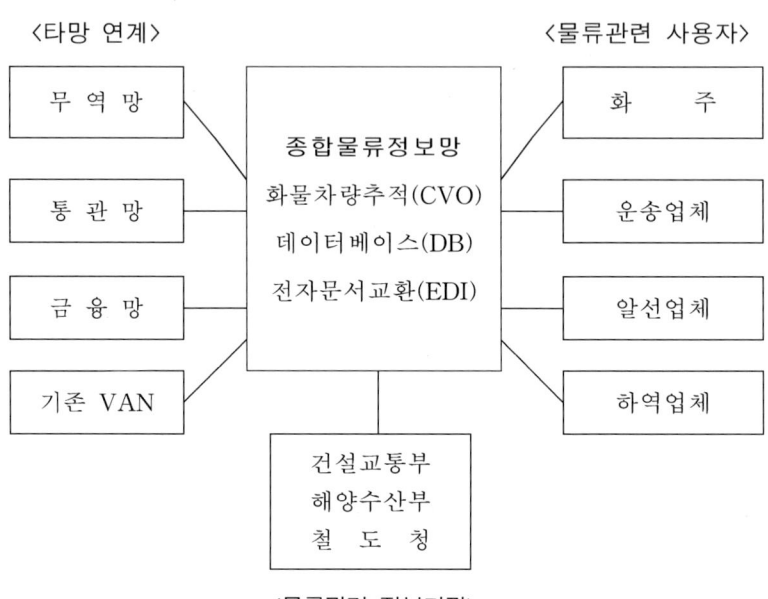

〈타망 연계〉 〈물류관련 사용자〉

무역망

통관망

금융망

기존 VAN

종합물류정보망
화물차량추적(CVO)
데이터베이스(DB)
전자문서교환(EDI)

화 주

운송업체

알선업체

하역업체

건설교통부
해양수산부
철 도 청

〈물류관련 정부기관〉

　이에 따라 CVO의 전담사업자인 한국통신은 정부에서 추진하는 CVO의 집행대행기관으로서 1996년 10월부터 자체 사업추진계획을 수립하고, 『CVO 구축방안』용역(1996. 12~1997. 10) 외에 교통개발연구원과 공동으로 수행한 『CVO 기본설계』용역(1996. 12~1997. 11) 결과에 따라 1997년 12월 『CVO 기본설계』를 마련하였다. 한편 한국통신은 그동안 자체 개발한 시스템에 대하여 1996년 12월부터 1997년 7월까지 제1차 시범서비스를 실시하였다. 제1차 시범서비스에는 일부 대형운송업체의 화물차량이 참여[131]하여 서울, 과천지역 및 전국지역의 차량위치추적 및 원격 작업지시 서비스 등을 제공하였다.

---

131) 1차 시범서비스에는 대형운송업체인 한국배송(20대)과 삼익운수(10대)의 차량이 참여하였다.

한국통신은 제1차 시범사업 이후 1차 시범서비스의 미비점을 보완하여 1997년 10월～11월까지 화물차량 18만 대를 동시에 관제할 수 있는 중앙관제센터를 한국통신 중앙전화국에 구축하고, 1997년 12월부터 제2차 시범서비스를 개시하기 시작하였다. 제2차 시범서비스에는 참여를 희망하는 운송업체, 사업자단체 중에서 대상업체를 선정하여[132] 서울 및 수도권, 부산지역에 실시간 및 거점별 차량추적, 차량운행관리, 수배송알선, 교통상황정보 서비스를 제공하였다. 그리고 다시 2차 시범서비스의 미비한 점을 보완하여 1998년 12월부터 대한통운 등 8개 업체 22대 차량을 대상으로 상용서비스를 개시하기 시작하였다.

그러나 1, 2차 시범사업 및 상용서비스 개시 이후 운송업체들의 반응이 예상 밖에 저조하자 건설교통부는 1999년 4월 물류정보망 이용의 조기확산을 위하여 CVO 이용활성화를 골자로 하는 『종합물류정보망 이용활성화 대책』을 수립하여 추진하였다. 활성화 대책의 주요 내용은 영세한 화물운송업체 등 서비스이용자들의 초기 투자부담을 줄이기 위한 지원 및 물류관련업체의 정보화 인식을 제고하기 위한 홍보활동 강화 등을 요지로 하고 있다.

이러한 CVO 활성화 대책에 따라 한국통신은 보증금 제도를 폐지하고, 가입비를 1999년 말까지 한시적으로 면제하기로 하였으며, 또한 CVO단말기를 대량구매(1,000대)하여 단말기 가격을 인하(80만 원→ 30만 원)하고, 이를 22개 시범업체에게 한시적으로 무상 보급하였다. 이외에도 정부에서는 CVO가입 운송업체 및 주선업체(운송업 겸업업체)를 대상으로 CVO단말기 등 정보기기 구입비의 50%를 정부예산(2000년도 정보화촉진기금 15억 원 확보)으로 지원하여 단말기 고가격으로 인한 CVO 서비스의 저소비의 악순환을 타파하고 초기 시장수요의 확대를 도모하였다. 이와 함께 정부는 물류정보화정책에

---

132) 제2차 시범서비스에는 부산개별화물, 전국통운, 고려골든박스, 한진, 삼익운수, 국민트랜스 등 6개 업체(총 39대)가 참여하였다.

대한 물류관련업체의 이해를 도모하고, 물류투자 중요성에 대한 인
식을 제고하고자 한국통신, 한국물류정보통신 등과 함께 1999년 서
울, 울산, 제주 등 대도시에서 총 11회에 걸친 물류정보화 순회설명
회와 한 차례의 CVO 시연회를 개최하는 등 홍보활동을 강화하였다.

<표 4-16> CVO 관련 추진경위

추진일정	추진내용
1995. 5	○ 국가기간전산망 사업내용에 종합물류정보망사업 추가
1995. 5~1996. 5	○ 종합물류정보망 구축방안 용역 시행
1995. 12	○ 사업추진의 법적 근거 마련(화물유통촉진법 개정)
1996. 4	○ CVO 전담사업자 지정(한국통신)
1996. 7	○ 종합물류정보망 기본계획 수립
1996. 10~1997. 12	○ 종합물류정보망 상세설계 용역 시행
1996. 12~1997. 11	○ CVO 기본설계 용역 시행
1996. 12~1997. 7	○ CVO 1차 시범서비스 실시
1997. 10~11	○ CVO 중앙관제센터 등 시스템 구축
1997. 12~1998. 7	○ CVO 2차 시범서비스 실시
1998. 12	○ CVO 상용서비스 실시
2000. 6	○ 휴대폰(011. 016, 019)을 이용한 서비스 확대 제공

나. 추진현황

위와 같이 정부에서는 CVO 활성화를 위하여 서비스의 이용자에
대한 다양한 지원책을 시행하고 적극적인 홍보를 하였음에도 불구
하고, 2004년 말 현재 CVO가입자는 당초 예상보다 훨씬 못 미쳐
CVO 서비스가 제대로 확산되지 않고 있다. <표 4-17>에서 보는
바와 같이 교통개발연구원 등이 연구한 『CVO 기본설계(1997. 11)』
에서는 1998년부터 2004년 말까지 총 684,000대의 화물차량이 서비

스를 이용할 것으로 예측하였으나, 실제 서비스 가입 차량대수는 2004년 말 현재 총 4,100대에 불과하여 예측 대비 실제 가입률이 0.6%에 불과한 실정이다. 가입차량들이 서비스를 지속적으로 이용하는 것이 아니라 가입 후 바로 계약을 해지하거나, 이용 몇 달 후 탈퇴하는 경우가 대부분이었기 때문에[133] 서비스 가입자들의 누적적인 증가세를 보여주지 못하고 있다.

<표 4-17> CVO 운영실적 현황

(단위: 대, %)

연 도	서비스 가입차량 예측 대수 누계[1](A)	서비스 가입차량 실제 대수[2]			서비스 가입비율 (B/A)
		신규가입자	해지자	누 계(B)	
1998년	62,000	21	–	21	0.03
1999년	123,000	847	–	847	0.69
2000년	245,000	4,660	600	4,907	2.00
2001년	489,000	1,683	3,590	3,000	0.61
2002년	539,000	600	200	3,400	0.63
2003년	619,000	900	400	3,600	0.58
2004년	684,000	1,000	500	4,100	0.60

1) 교통개발연구원외(1997: 246), 「CVO 기본설계」.
2) KT-logis 내부자료(CVO 연간 가입자현황, 2005. 4).

이로 인하여 전담사업자인 한국통신은 CVO 운영수입이 시스템 유지관리비에도 못 미치는[134] 등 적자가 지속되자 회사 내 CVO 전담조직의 규모를 점차 축소하고,[135] 결국에는 몇몇 실무자들이 중심

133) 건설교통부 P사무관과 면접결과, 2003. 4. 10, KT-logis K이사와 전화 면접 결과, 2005. 4. 1.
134) 2000년도 말 ITS 구축사업 집행실태에 관한 감사원 감사결과(2001. 2).

으로 하여 만든 사내 벤처형식의 KT-logis라는 별도의 법인으로 분사시켜 업무를 위탁하게 되었다.

한편 전자문서교환(EDI)시스템 전담사업자인 한국물류정보통신(KL-net)은 1997년 기존의 알선시스템을 개선한 공차정보서비스(YES!FULL)를 개발하여 일부 알선(주선)업체에게 시범적으로 서비스를 제공하였다. 이는 알선시스템상의 전자문서교환기능, 주선업체 업무지원, 알선중개서비스, 화물보험 가입 등의 서비스를 내용으로 하고 있는데, 한국물류정보통신이 이를 상업화하려 하자 한국통신이 자신들의 업무영역과 중복된다고 문제를 제기하여 양 전담사업자 간의 갈등이 야기되기도 하였다. 결국 이 프로그램을 개발한 실무자들을 중심으로 분사하여 화물주선사업자를 대상으로 서비스를 제공하고 있으나 활용이 제대로 되지 않자 서비스를 중단하였다.

정부가 추진하고 있는 CVO 구축사업과는 별도로, 주선(알선)업체들의 전국조직인 주선연합회는 2000년 1월부터 별도의 주선정보시스템 구축계획을 수립하고, 당초 CVO 전담사업자인 KT-logis와 선박석 제휴를 맺고, 시범서비스를 거쳐 2001년 1월부터 상용서비스(Zim & Truck)를 제공하였다. 여기서는 회원사인 주선업체들을

---

135) 한국통신(KT)내 CVO 관련 전담조직은 1996년 3월 종합물류정보사업국(35명)이라는 하나의 국(局)조직으로 출발하였다. 이 당시 한국통신 이준 사장도 CVO에 대하여 많은 관심을 가지고 적극적으로 지원하였다. 이후 1997년 11월 외환위기(IMF)를 맞이하면서, 1998년 1월 종합물류사업팀(28명)이라는 팀조직으로 축소되었다. 1997년~1998년 1·2차 시범사업을 통하여 대상업체들의 반응이 저조하게 나타나자 한국통신 내부에서 CVO 사업전망에 대한 비관적인 인식이 대두되기 시작하였다. 이에 따라 1999년 1월 물류사업부(13명)로 조직이 축소되고, 다시 2000년 1월 유통사업부(8명), 2001년 1월 전자지불사업부(8명), 2001년 11월 전자정부사업부(6명)로 조직이 변경·축소되면서 실제로 CVO를 담당하는 인력수도 갈수록 줄어들었다. 결국 2002년 11월 KT-logis라는 사내 벤처 형식의 별도 법인으로 분사함으로써 한국통신 내부에서 CVO를 전담하는 조직이 없어지게 되었다. 한국통신 당시 실무자 K과장과 면접결과, 2003. 6. 18.

대상으로 화물운송의뢰, 공차정보, 주선정보, 배차정보, 운임정보 등
을 제공하고 있다. 그러나 이 서비스를 유료화하려고 하자 시범서
비스 때 가입했던 대부분 회원들이 탈퇴하여 2002년 6월 시스템 운
영이 중단되었다.[136]

이외에 민간회사에서도 1999년 이후 한국통신의 CVO 서비스를
모방하여 이와 유사한 화물운송정보서비스를 제공하기 시작하고 있
다. 예컨대 통인물류정보통신, 대신정보통신, 우리정보기술, 대연 등
이 실시간 차량추적, 차량운행관리, 수배송알선, 공차정보 등의 서
비스를 제공하고 있으며, 2000년 이후에는 SK(주), 대한통운, 삼성
SDS 등 대기업들도 시장에 뛰어들어 CVO와 유사한 서비스를 제
공하고 있다. CVO 시장에 뛰어든 민간 사업자들 중에는 사업초기
에 가입자가 저조하여 시장에서 퇴출 되는 기업들도 많았으나,[137]
일부 사업자들은 가입비 및 회비의 대폭적인 인하와 함께 다양한
부가 서비스(화물적재보험 가입, 주유할인혜택, 고장 및 사고 시 응
급출동서비스 등)를 제공함으로써 시장에서 어느 정도 회원들을 확
보하여 가는 경우도 나타나고 있다.[138]

---

136) 주선연합회 H상무이사와 면접결과, 2003. 6. 19.
137) 월간 「물류와경영」, 2002년 10월호.
138) 예컨대, 2000년 12월 운송물류정보 서비스를 개시한 SK(주) 내트럭의
   경우 월 5만 원의 회비를 받고, 가입자들에게 LG화재와 연계하여 최고
   2,000만 원까지 보장되는 적재물보험 서비스, 전국 400여 개의 정비공장
   체인망 서비스, 전용주유소에서의 급유할인 혜택 서비스 등을 제공하였
   다(동아일보, 2000. 12. 15일자). 그러나 이러한 부가서비스의 제공에도
   불구하고 사업초기 가입자들이 저조하자 SK(주)는 다시 회비를 월 1만
   원에서 4만 원까지 차등화 하여 낮추고, 제공 서비스의 범위도 차별화
   하였다. 가입자들이 지불하는 회비의 정도에 따라 보험서비스도 2,000
   만 원에서 3,000만 원까지 차등화하고, 기타 고장 및 사고 시 응급출동
   서비스 등 다양한 부가 서비스를 추가하였다(양재동 화물터미널 내 내
   트럭 대리점 임원과 전화면접, 2003. 4. 22). 이러한 결과 서비스 개시
   약 2년이 지난 2002년 10월 현재 약 27,000대의 화물트럭운전사가 서비
   스에 가입하고 있는데, 이는 전국 27만 대 가량의 개인화물트럭의 10분
   의 1에 달하는 규모에 해당한다(월간 물류와 경영, 2002년 10월호).

<표 4-18> CVO와 유사한 WEB 방식의 민간 화물운송정보 서비스

업 체 명 (서비스개시일)	서비스명	서비스 내용	차량위치추적방식
한국물류 정보통신(주)	YES! FULL	공차정보 상하차 정보	휴대폰 단문메시지
(주)통인물류 정보통신 (1998. 1)	0123네트웍	차량/화물위치추적 차량운행관리 수배송알선	GPS 위성방식
대신정보통신 (1999. 5)	OKnet	차량위치추적 공차검색 화물경로추적	PCS Cell 추적
한솔CSN (1999. 4)	로지스클럽	국내운송서비스 국제운송서비스 차량관리서비스	음성통화
(주)물류넷 (1999. 1)	물류넷	공차정보 온라인 화물운송의뢰 구간별운임 차량매매정보 도난차량정보	휴대폰 단문메시지
대 인 (1999. 7)	로지넷	화물사랑검색 화물운송예약 포장이사서비스	음성통화
S K (2000. 12)	내트럭	공차 및 화물정보 알선정보	휴대폰 단문메시지
대한통운 (2001. 11)	웹트럭	차량위치추적 운임정보 실시간 배차관리 자동운행기록	GPS 위성방식 음성통화
삼성 SDS (2002. 5)	M로지스	차량 및 화물추적 공차 및 알선정보 배차지원서비스 차량운행관리	음성인식/합성

자료: 건설교통부(2000: 108-109), 「건설교통정보화백서」, http://www.klnet.
co.kr, http://www.0123net.co.kr, http://www.oknet.co.kr, http://www.
logisclub.com, http://www.truck.co.kr, http://www.loginet.co.kr, http:
//www.netruck.co.kr, http://www.webtruck.co.kr, http://www.mlogis.
com(2003. 5) 재구성.

2. 화물운송정보시스템 확산지체에 미친 영향요인 분석

가. 정책환경 요인

CVO의 도입에 영향을 미친 환경요인으로는 정책담당자들이 인식하고 있는 ⅰ) 화물운송문제의 심각성의 정도와 ⅱ) 신기술로서 CVO의 해외 및 국내 기술발전 수준으로 나누어 검토하였다.

(1) 화물운송문제의 심각성 인식수준

가) 화물운송업계의 기형적인 경영구조

우리나라는 화물자동차에 의한 수송은 1960년대 이후 고도 경제성상에 따른 물동량 급증, 도로에 대한 지속적인 투자확대[139] 등으로 인해 크게 증가하여 왔다. <표 4-20>에서 보는 바와 같이 화물자동차에 의한 수송, 즉 공로의 수송분담률은 1994년 말 현재 전체 국내화물 수송량의 91%를 차지하고 있고, 지난 10년간(1984년~1994년) 연평균 증가율도 14.6%를 기록하고 있어 우리나라의 화물운송은 중·단거리 화물운송수단으로서 화물자동차에 크게 의존하고 있음을 알 수 있다.

---

139) 우리나라 제1~6차 경제시회발전5개년계획 기간 중에 이루어진 교통부문별 투자실적은 <표 4-19>와 같다.

<표 4-19> 교통부문 투자실적

(단위: 억 원)

구 분	공 로	철 도	항 공	항 만	계
투자액('62-'91) 구 성 비(%)	111,918 (63.4)	35,219 (20.0)	6,521 (3.7)	22,779 (12.9)	176,437 (100.0)

주: 철도에서 지하철은 제외.
자료: 교통개발연구원(1992), 「장기철도망 구상에 관한 연구」.

\<표 4-20\> 국내화물의 수송수단별 수송실적

(단위: 천 톤, %)

구 분	철 도	공 로	해 운	항 공	합 계
1984	53,661(9.85)	459,539(84.35)	31,523(5.79)	58(0.01)	544,781(100.00)
1986	58,238(7.41)	690,268(87.83)	37,301(4.75)	78(0.01)	785,885(100.00)
1988	60,737(5.23)	1,052,288(90.65)	47,626(4.10)	111(0.01)	1,160,762(100.00)
1990	57,922(4.42)	1,188,115(90.72)	63,400(4.84)	183(0.01)	1,309,620(100.00)
1992	58,768(3.50)	1,537,222(91.42)	85,232(5.07)	242(0.01)	1,681,464(100.00)
1994	57,866(2.94)	1,790,036(91.09)	117,004(5.95)	306(0.02)	1,965,212(100.00)
연평균 증가율	0.8	14.6	14.0	18.1	13.7

주: 공로의 경우 비영업용과 영업용의 합계임.
자료: 한진교통물류연구원(1996: 44), 「교통물류연감」.

이처럼 화물자동차에 의한 공로 화물수송은 1960년대 이후 타 수
송수단에 비해 비약적인 발전을 하였으나, 화물자동차 운송사업[140]
은 낙후성을 면치 못하고 있다. 우리나라 화물운송시장은 1960년대
이후 자동차 운송사업의 면허권을 취득한 자가 타인에게 차량을 지

[140) 화물자동차 운송사업은 타인의 수요에 응하여 화물자동차를 사용하여
화물을 유상으로 운송하는 사업을 말한다. 화물자동차 운송업체의 유
형은 1998년 1월 이전에는 『자동차운수사업법』에 근거하여 노선화물
자동차 운송사업과 구역화물자동차 운송사업으로 구분되고, 구역화물
자동차 운송사업은 다시 전국화물·일반구역·용달화물·특수화물자
동차 운송사업 4개 업종으로 구분되어 있었다. 여기서 일반구역화물
과 용달·노선화물은 면허제이고, 전국화물과 특수화물은 등록제로 운
영되었다. 그러나 1998년 1월 이후에는 『화물자동차운수사업법』(1997.
8. 제정)에서는 화물자동차 운송업체의 유형을 단순화하여 일반·개
별·용달 화물자동차 운송사업으로 구분하고 있다. 여기서는 면허제
를 모두 등록제로 전환하고, 일반화물운송업에 대해서만 최저 면허등
록대수(25대)를 규정하고 있으나, 2000년 1월부터는 다시 25대에서 5
대로 완화하여 적용하고 있다.

입(持込)운영케 하는 기형적인 경영형태로 발전하면서 지입제가 장기화·고질화되어 왔다. 정부에서는 이러한 상황을 정비하기 위하여 1980년대 이후 몇 차례에 걸쳐 업종별로 기업화·직영화 정책을 추진하였으나, 지입업체의 강력한 반발과 개인면허를 요구하는 지입차주들의 집단행동에 직면하면서 실효를 거두지 못하였다. 오히려 지입차주들의 요구를 받아들여 용달 및 일반구역 화물업종의 지입차주에 대하여 단계적으로 개별면허를 허용하였다.

화물운송업체는 대부분이 차량 10대 미만의 다수의 영세사업자로서 이무어저 있고,[141] 여전히 지입형태(개인 차주제)로 대부분 운영[142]되고 있었기 때문에 업체 간 과당경쟁으로 인하여 화물운송부문의 경쟁력이 매우 취약한 실정이다. 운송업자는 자본의 영세성으로 자기차량을 보유하지 못하고, 지입차량을 확보하여 지입차주로부디 매달 지입료[143]를 수입으로 회사를 운영하고 있으며, 독자적인 면허권이 없는 지입차주들은 차량을 현물출자하고 면허권을 사는 형식으로 운송업체에 귀속되어 운송을 담당하는 있는 실정이다. 그러나 운송업자와 지입차주의 소유권이 분리되어 있기 때문에 실제로는 지입차량이 운송업체와는 별도로 운영되고 있다.

이와 같이 운송업체의 영세한 자본력과 취약한 지입경영 체제하에서 경영의 현대화는 물론 화물량 확보를 위한 적극적인 마케팅 활동은 기대하기 어려운 실정이다. 아울러 지입차주가 납부하는 지입료는 결국은 화주에게 전가되어 기업 물류비의 증대와 원가상승

---

141) 1990년대 초 화물자동차 운송사업은 보유차량 10대 미만의 운송업체가 전체의 97.7%, 10~100대 미만의 운송업체가 2.0%, 100대 이상의 업체가 0.1%로 대부분 영세한 형편이다. 교통개발연구원(1992: 18), 「화물수송 연관부문의 경쟁력 제고방안 수립에 관한 연구」.

142) 실제로 구역화물의 약 86%가 지입차량으로 구성되어 있다. 교통개발연구원(1990: 68), 「화물유통체제합리화방안」.

143) 1990년대 초 지입차주는 매달 약 10만 원 정도의 지입료를 운송업체에 지불하고 있다. 교통개발연구원(1993: 53), 「화물유통기본계획 수립에 관한 연구」.

의 주요요인이 되고 있다. 결과적으로 이러한 현상은 국내제조업체의 물품가격 상승으로 연결되어 소비자물가 상승에 직·간접적으로 영향을 미치고, 국민경제에도 적지 않은 영향을 미치고 있다. 1993년도 기준으로 지입차주가 부담해야 하는 연간 지입료를 계산하면 약 770억 원으로 추정되고 있다(이용상, 1993: 20-21).

나) 폐쇄적인 화물운송정보체계

국내 화물운송시장은 화물운송을 의뢰하는 화주와 화물운송을 담당하는 운송업자, 그리고 이 양자사이에서 화물운송을 중개하는 알선(주선)업자 등의 삼각관계로 거래가 이루어지고 있는데,[144] 화

---

144) 기존 화물운송관련 업무절차 및 관행을 통하여 화주, 운수업체, 알선업체 간의 연결 구도를 살펴보면 다음과 같다(한국물류정보통신, 1997: 58-61). 민간부분에서의 화물운송관련 업무절차 및 흐름은 크게 ⅰ) 운송신청단계, ⅱ) 배차계획 수립 및 배차단계, ⅲ) 화물운송단계, ⅳ) 화물이도·인수단계, ⅴ) 운임정산단계로 구분된다. 첫째, 운송신청 단계이다. 수화주(受貨主)로부터 납품요청(물품주문)을 받은 송화주(送貨主)는 운송업체나 주선업체에 대해 화물운송을 직접 의뢰하거나 견적서 제출을 요청한다. 운송 및 주선업체는 견적서를 제출하게 되고, 송화주가 계약자를 선정한 후 운송 및 주선업체와 화물운송에 관한 계약을 체결하게 된다. 화주의 운송의뢰방법은 주로 전화, 팩스 등을 이용하고 있다. 둘째, 배차계획 수립 단계이다. 운송업체의 배차담당자는 운송의뢰 받은 화물과 차량을 매칭시키는 배차계획을 수작업으로 작성한다. 한편, 운송을 의뢰받은 운송 및 알선업체가 자체차량 확보가 어려운 경우에는 타 알선업체에게 중개·대리 요청을 하고, 중개·대리 요청을 받은 알선업체는 차량을 수배하여 중개·대리를 요청한 알선업체로 통보한다. 운송 및 알선업체가 확정된 운송계획을 해당 화주에게 통보하면 송화주는 이를 수화주(거래처, 창고)에게 통보한다. 셋째, 화물운송 단계이다. 배차 받은 차량은 송화주가 지정한 장소로 이동하여 화물을 적재(상차)한 후 수화주 지정장소로 화물을 운송하여 하역한다. 넷째, 인도·인수 단계이다. 하차 완료 후 수화주는 인수화물에 대해 이상이 없을 경우 인도·인수증에 서명한 후 차주에게 반환하며, 차주는 운송완료 후 대한 인도·인수증 및 일일운행일보를 운송 및 알

물·차량 정보가 알선업체에 의해 폐쇄적으로 관리되고 있다. 화물
자동차 운송알선사업은 타인의 수요에 응하여 유상으로 화물운송계
약을 중개·대리(운송중개·대리업)하거나, 화물자동차 운송사업자의
운송수단을 이용하여 자기의 책임 하에 화물을 운송하는 사업(운송
주선업)을 말한다.[145] 우리나라 알선(주선)업체들은 주로 화물터미
널 및 인근지역에 소재하면서[146] 화주의 수송의뢰 또는 화주와의
정기계약에 따라 화물을 확보하고, 지입차량이나 개인·개별 화물
차량을 수배·확보하여 화물운송을 위탁하거나 책임수송 업무를 행
하고 있다.

이러한 화물자동차 운송 알선사업은 1960년대 이후 화물운송사업

___

선업체에게 제출한다.

마지막으로 운임정산 단계이다. 운송 완료건에 대하여 운송 및 알선
업체는 제출받은 인도·인수증을 일정기간(통상 1~2회/월) 취합한 후
송화주에게 운송비를 청구하게 된다. 송화주는 청구 받은 거래명세서
와 운송내역을 확인하여 이상이 없으면 세금계산서를 교부 후 운송요
금을 정산하게 된다.

145) '자동차 운송알선사업'은 1997년 8월 이전에는 『자동차운수사업법』에
의하여 자동차 운송중개·대리업과 자동차 운송주선업으로 구분되어
있었다. 먼저, '운송중개·대리업'은 알선업자가 단순히 운송사업자와
화주 간의 운송계약을 중개하거나 대리할 뿐 운송에 대하여 책임을
지지 않는 사업을 말한다. 이 경우 알선업자는 차주 또는 운송사업자
로부터 거래 운임의 일정비율(약 10%)을 거래수수료로 수수한다. 다
음으로 '운송주선업'은 운송업자가 화주와 운송사업자 간의 쌍무계약
을 통하여 자기 책임하에 운송사업자가 행하는 운송을 이용하여 화물을
운송하는 사업을 말한다. 이 경우 주선업자는 화주와 계약된 금액에서
운송사업자에게 지급한 운임의 차액을 거래수수료로 수수한다. 통상
주선업자가 운송업자에게 운임을 현금으로 선불하고, 수송완료 후 화
주에게 운임을 청구(통상 약속어음으로 결재)한다. 그러나 1997년 8월
30일 제정된 『화물자동차운수사업법』에서는 자동차 운송알선사업을
'화물자동차 운송주선사업'으로 변경하고 운송중개대리업무와 운송주
선업무를 통합하였다.

146) 우리나라의 화물터미널은 물류거점 기능을 수행하지 못하고, 대부분
알선업체의 입주사무소 및 주차장으로 구성되어 있어 알선기능 및 화
물차량의 알선대기소 역할만을 담당하고 있는 실정이다. 한진교통물
류연구원(1996: 53), 「교통물류연감」.

자의 지입경영이 장기화·고질화된 현실적 여건 속에서 운송수단인 화물자동차는 존재하나 책임지고 수송할 수 있는 운송사업자가 없는 기형적인 화물운송업계의 모순 속에서 성장을 거듭하여 왔다. 알선사업은 주로 대도시권을 중심으로 발전해 왔으나, 1986년 12월 면허제에서 등록제로 시장진입규제가 완화되면서, 대도시권과 중소도시 구분 없이 급성장하고 있다. <표 4-21>에서 보듯이 1985년에는 전국적으로 1,417개에 불과하던 알선업체수가 1995년에는 6,937개로 연평균 17.2%의 증가율을 보이면서 10년 사이에 490%나 증가하였다.

<표 4-21> 연도별 알선업체 증가 추이

연도 말	1985	1986	1987	1988	1989	1990	1991	1992	1993	1994	1995	연평균 증가율
업체수	1,417	1,558	1,629	2,334	3,121	3,425	3,697	4,713	5,572	6,239	6,937	17.2

자료: 교통신문사(1996: 286), 「교통연감」.

한편, 알선업체가 특정경로를 통하여 확보한 화물정보를 폐쇄적으로 관리하기 때문에 개별 운송차주들은 물량확보가 어려워 어쩔 수 없이 높은 알선중개수수료(운송요율의 약 10%)를 지불하며 운송을 하고 있다. 그러나 이러한 알선료는 지입료와 함께 결국에는 화주에게 전가되어 기업 물류비의 증대와 원가상승의 주요 요인이 되어 결과적으로 국민경제에 적지 않은 영향을 미치게 된다(이용상, 1993: 20-21). <표 4-22>에서 보는 바와 같이 이들 알선업체들이 연간 취급한 물량은 전체 영업용 화물자동차 수송물량의 약 70% 이상에 이르고 있으며, 이로 인하여 화주가 알선료로 부담해야 하는 금액은 연간 1,000억 원 이상이 되는 것으로 추정되고 있다(교통개발연구원, 1993b: 54).

<표 4-22> 연도별 알선물량 비중 추이

(단위: 천 톤)

연 도 구 분	1992	1993	1994	1995
영업용화물 자동차 운송량	266,008	289,450	345,831	408,368
운송알선취급량	197,946	217,848	243,620	291,354
구성비(%)	74.4	75.2	70.4	71.3

자료: 교통개발연구원(2000: 19), 『화물자동차 운송주선산업 발전방안 연구』.

결국 우리나라 화물운송시장은 화물 및 차량에 대한 정보공유가 이루어지지 못하고 대부분 알선업체들에 의해 폐쇄적으로 관리됨으로써 물류시설 내 화물이 장기 체류되거나 부적격 재고가 발생하는 경우가 많고, 장거리 운송 시 공차운행이 불가피하게 된다. 이로 인하여 화물적재율 감소, 교통체증 등을 유발하는 원인이 되기도 하며, 물류비 급증으로 인한 국가경쟁력 약화의 주요 원인으로 작용하고 있다.

다) 비효율적인 화물수송체계

우리나라 화물운송시장에는 소형 화물자동차가 차지하는 비중이 매우 높고, 이들은 대부분 개별 면허차량 위주로 이루어져 있어 비효율적인 화물수송체계를 구성하고 있다. 1995년 말 현재 영업용 화물자동차의 톤급별 구성을 살펴보면 아래 <표 4-23>에서 보는 바와 같이 1톤~3톤 미만의 소형차량이 전체 영업용차량의 39.3%를 차지하고 있는데, 이 중 대부분이 개별면허 차량으로서 이들은 생계위주의 영업을 하고 있다.

<표 4-23> 일반화물차의 톤급별 구성

톤급별 구분	1톤 이하	3톤 이하	5톤 이하	8톤 이하	10톤 이하	12톤 이하	12톤 이상	계
대 수 (구성비)	26,106 (23.2)	18,098 (16.1)	13,047 (11.6)	17,267 (15.4)	10.902 (9.7)	17,775 (15.8)	9,241 (8.2)	112,436 (100)

주: 일반형 1톤 이하에는 픽업형 소형화물자동차 포함.
자료: 교통신문사(1996), 「교통연감」.

소형의 개별면허 화물차량이 높은 비중을 차지하고 있다는 것은 그만큼 국내 화물수송체계가 비효율적으로 구성되어 있다는 것을 의미하는데, 그 이유는 크게 두 가지로 찾아 볼 수 있다. 첫째, 이들 소형화물자동차는 중·대형 화물자동차에 비해 톤당 운송비용이 더 많이 들뿐만 아니라 같은 양의 화물을 운반하기 위해 더 많은 운행을 하게 되어 많은 통행량을 유발하게 된다. 이렇게 유발된 통행량은 지역 내 교통체증을 가중시키는 요인으로도 작용하게 된다 (한진교통물류연구원, 1996: 51). 둘째, 영업용 중·대형 화물사통사에 비해 생계 위주의 소형 화물자동차는 화물 물동량 확보가 곤란하여 공차로 운행하는 비율이 높다.147) 이러한 이유 때문에 개인 운영 차주들은 물량확보를 위하여 화물정보를 알선(주선)업체에 의존하게 되는데, 이로 인하여 알선업체의 시장 지배력은 더욱 강화되고, 알선료 부담은 운송료에 반영되어 사회경제적으로 부정적인 영향을 미치게 된다.

이와 같이 우리나라 화물운송체계는 소형 화물자동차 위주로 구성되어 있어 운송비용의 상승과 화물 공차율의 증가에 따른 물류비의 증가와 교통체증의 심화 등의 문제점을 야기 시키고 있다.

---

147) 1994년 기준 우리나라 영업용 화물자동차의 공차 운행률은 32.9%를 차지하고 있다. 대한교통학회외(1996: 173), 「지능형교통시스템 기본계획 수립을 위한 화물운송시스템 연구」.

라) 화물운송업계의 열악한 정보화 수준

합리적인 화물운송관리를 위해서는 화물운송정보망의 구축에 따른 정보 공유가 필수적이나 기존의 공로화물운송부문에서의 정보화 수준은 매우 낮은 수준에 있다. 공로화물에 대한 정보망은 일부 대형운송업체 중심으로 자체 전산망을 구축 중이나 대부분의 중소운송업체는 거의 전화나 팩스 등에 의존하고 있으며, 지입차주를 포함한 개별차주의 경우 화물정보를 대부분 주선(알선)업체에 의존하고 있는 실정이다(한국물류정보통신, 1997: 94).

한진교통물류연구원이 조사한 1995년 말 현재 물류업체 중 운송·하역업체의 전산화 추진현황을 보면 <표 4-24>에서 보는 바와 같이 전체의 약 60%만이 전산시스템을 이용하고 있을 뿐이다(한진교통물류연구원, 1996: 150). 이 중에서 주전산기를 보유하고 있는 업체는 49%로 나타났고, 업무전산화에 PC를 이용하고 있는 업체는 70%로 나타났다. 또한 자사나 타 업체와 컴퓨터 간에 통신회선으로 연결되는 네트워크를 구축하고 있는 업체는 42%로 나타났다. 네트워크의 형태는 전용회선방식이 58%, 공중통신망이 4%로 응답하였고, 공중전화망의 형태는 전혀 이용되지 않고 있는 것으로 나타났다.

<표 4-24> 물류업계 전산화 현황

항　목	세　부　항　목	전체업체(%)	운송·하역업체(%)
전산화 추진	도입·이용 중	50	60
	전산화 추진/검토 중	36	23
	전산화 계획 없음	14	17
주전산기 보유	주전산기 보유	29	49
	주전산기 미보유	71	51
업무전산화에 PC활용	이용	67	70
	이용 안함	33	30
네트워크 구축	네트워크 구축	29	42
	네트워크 미구축	71	58
네트워크 형태	전용회선	46	58
	공중통신망(패킷교환망)	26	4
	공중전화망	6	0
	혼합사용	22	38
화물운송관련 응용S/W 보유	보유	40	56
	미보유	60	44
전산관련조직 보유	보유	17	42
	미보유	83	58

자료: 한진교통물류연구원(1996: 150), 「교통물류연감」.

　우리나라 화물운송 분야는 교통 분야에서 가장 낙후된 분야로서 건설교통부의 정책담당자들은 오래 전부터 고질적인 지입제 경영구조, 알선을 통한 거래관행의 만연, 비효율적인 화물운송체계에 대하여 심각한 문제로 인식하여 왔다. 그럼에도 불구하고 이를 해결할 수 있는 마땅한 대안을 찾지 못하고 있던 차에 CVO가 정책혁신으로 제시되자 정책담당자들은 혁신적인 정책수단을 통해 기존의 정책문제들을 해결하고자 하는 강한 유인을 느끼게 되었다. 화물운송 문제에 대한 건설교통부의 이와 같은 인식에 대하여 CVO 사업을 추진하려고 하는 한국통신도 인식을 같이 하였다. 또한 정책주창자의 역할을 했던 교통개발연구원 등 전문가집단도 우리나라가 당면한 심각한 화물운송문제를 해결하기 위해서는 첨단 정보기술을 활용한 CVO를 적극 도입하여야 한다고 주장하면서 화물운송문제를 CVO 도입의 타당성을 주장하는 논리적 근거로 제시하였다. 이처럼 정책네트워크 내 정책추진집단의 화물운송문제(지입제와 알선의 폐해)에 대한 심각성 인식은 CVO 도입에 긍정적인 영향을 미쳤다.

(2) 기술발전의 인식수준

가) 해외 기술발전 인식수준

1990년대 초반 이후 미국, 일본, 유럽 등 선진 국가들은 화물자량의 효율적 관리를 위하여 ITS의 일환으로 CVO 구축사업을 추진 중에 있다.

먼저, 미국에서 CVO는 사업용 차량의 생산성 향상과 차량운행의 안전성을 제고하기 위한 목적으로 신기술의 연구개발과 개발된 기술의 시범·운영단계로 나누어 프로젝트를 추진하고 있다. 미국의 CVO 서비스는 사업용 차량 전자통관(CECS), 화물 및 화물차량 관리(FFMS), 위험물 차량 관리(HMMS), 차내 안전관리(OSMS), 노변 자동검색(ARIS) 등 5종으로 구분된다.[148]

---

148) 이 중에서 우리나라 CVO와 비슷한 서비스는 화물 및 화물차량 관리(FFMS; Freight and Fleet Management System) 서비스로서, 이는 운전자, 화주 및 복합 화물운송사업자 간에 화물운송정보를 제공하는 서비스이다. 구체적으로 실시간 교통정보 및 차량위치 정보서비스, 전자문서교환(EDI) 서비스, 차량의 최적경로 서비스 등을 제공하는 것을 그 내용으로 한다. 미국의 CVO서비스에 대한 자세한 내용은 교통개발연구원외(1997: 52-54) 참조.

미국에서 CVO 관련 주요 사업으로는 Advantage I-75, HELP, CVISN(사업용 차량 정보시스템) 프로그램 등이 있는데, 이 중에서 도 특히 CVISN[149) 프로그램이 현재 가장 활발하게 진행 중에 있다. 1992년부터 미국 연방교통부가 주도가 되어 추진 중에 있는 이 프로 그램은 보다 효율적인 화물운송체계를 구축하기 위하여 정부, 운송 업체, 화주, 관련단체 등이 보유한 정보를 표준화하여 상호 간에 통 신망을 통하여 교환할 수 있는 종합정보시스템을 구축하는 것을 그 내용으로 하고 있다(교통개발연구원, 2003: 72). CVISN은 화물 및 화물차량군 자동관리, 주 경계 및 국경지역에서의 화물차량 자동통 관, 화물 및 차량의 자동 검색, 복합운송 관리 등의 서비스를 제공하 고 있다(오세창외, 1999: 133). CVISN 프로그램을 추진하는데 있어 서는 다양한 관련 주체들의 상호협조와 자발적인 참여가 절대적으 로 필요하다고 보기 때문에(오세창외, 1999: 132-133), 기술을 도입 하는데 있어서도 CVISN 프로그램 자체보다는 이해관계자들 사이 의 관계를 더 중요하게 인식하고 사업을 추진하고 있다(Richeson, 2000: 2.9-2.10).[150)

이외에도 미국의 CVO 서비스의 특징은 민간화물운송 분야에 대 한 정부의 직접적인 개입보다는 화물차량에 대한 관리를 강조함으 로써 간접적으로 화물운영의 효율성을 강조하고 있으며(오세창외, 1999: 132), CVO 프로젝트를 추진하는데 있어서 사업용 차량 운영 회사, 특히 대형 화물운송업체들이 ITS 기술의 응용 및 이용의 선 도적인 역할을 담당하고 있다(교통개발연구원외, 1997: 57).

다음으로, 일본에서 CVO 관련 시스템으로는 도로부문 정보시스 템으로 트럭운송의 효율성 제고를 위한 MCA, 전국운송사업협동조 합이 자체적으로 운영하는 알선정보시스템인 KIT시스템, 물류정보

---

149) Commercial Vehicle Information Systems and Networks.
150) 미국의 CVO 및 CVISN에 관한 자세한 내용은 교통개발연구원외(1997), 오세창외, (1999), Richeson(2000), 교통개발연구원(2003) 참조.

기업인 후지로지스틱사의 알선정보시스템인 ACTION 시스템 등이 있다. 이밖에도 일본의 대형운수업체들은 자체적으로 첨단기술을 활용하여 고객에 대한 화물추적서비스를 제공하고, 실시간으로 차량을 관리하여 생산성을 증대시키고 있다.

여기서 MCA(Multi Channel Access System)는 복수의 주파수를 다수의 이용자가 공동으로 이용하는 통신방식으로서 트럭수송의 효율화를 위한 업무용 이동무선시스템으로 활용되고 있다. 이 시스템은 1982년부터 서비스가 개시된 이래 화물차량의 위치추적, 집화지령, 수발주 업무의 온라인화가 이루어지고 있다. KIT 시스템은 일본의 전국운송사업협동조합이 참여한 PC 네트워크를 통하여 화물과 차량의 정보를 교환하는 시스템이다. KIT시스템은 일본전신전화공사의 PC네트워크를 이용하여 전국 협동조합 간 차량과 화물의 정보를 상호 교환함으로써 장거리 수송효율을 높일 수 있는 시스템이다(한국물류정보통신, 1997: 134-138).

한편, 일본정부는 첨단도로교통시스템의 한 분야인 수송효율화시스템에서 트럭과 버스의 운행효율화를 위한 연구개발을 진행 중에 있다. 또한 최근에는 범부처적인 차원에서 EDI 도입을 촉진하고, 물류를 포함한 유통전체의 정보표준화를 재정비하며, 위치확인시스템(GPS) 등 신기술의 개발과 이용을 추진하고 있다(오세창외, 1999: 135).

마지막으로, 유럽에서 CVO는 유럽 내 도로교통정보체계 구축을 위한 DRIVEⅡ 프로젝트 중 화물·차량관리시스템(FFMS) 분야에서 추진되고 있다. 여기서는 유럽 전체의 화물 및 수송차량 관리시스템의 통합운영을 목적으로 추진 중이며, 첨단 정보통신기술을 접목하여 사회간접자본시설을 공동 이용함으로써 화주, 운송회사 및 운전자뿐만 아니라 궁극적으로 국가경제에 기여하는 것을 목표로 추진 중이다.

유럽에서 ITS 관련 CVO 서비스는 ⅰ) 화물 및 화물차량 관리시스템(배차간격 조정, 수배송 지시), ⅱ) 사업용 차량 행정처리 시스템(증명, 전자구매, 마일리지 자동측정), ⅲ) 사업용 차량 전자통관 시스템(통관절차 단순화), ⅳ) 노변 자동안전검색 시스템(자동중량 측정, 화물상태 검색), ⅴ) 차내 안전검색 시스템(운전자 및 차량 상태 검색), ⅵ) 위험물 적재 차량 사고경보 시스템(교통사고 신속 경보, 구조요청) 등 7종이 있는데, 이는 미국의 이용자 서비스와 매우 유사한 성격을 지니고 있다(교통개발연구원외, 1997: 63-66).

이처럼 해외 선진국의 경우에는 CVO가 화물 및 차량의 원활한 흐름과 화물차량의 안전운행에 중점을 두고 있으며, 민간 운송업체 중심으로 화물운송정보시스템이 자율적으로 구축되거나, 정부에서 주도적으로 시스템을 구축하는 경우에도 가능한 한 이해관계집단을 적극적으로 참여시켜 그들의 이해관계를 반영하려고 노력하고 있다는 점에 그 특징이 있다.

그러나 이러한 해외 CVO의 기술 동향은 조사결과 우리나라의 CVO 도입에 크게 영향을 미치지 않는 것으로 나타나고 있다. 왜냐하면 정책담당자가 CVO 도입을 검토할 때 미국, 일본 등 해외와는 달리 우리나라 화물운송시장은 알선기능이 차지하는 비중이 지나치게 크고, 화물운송체제도 지입 경영구조 하에서 소형차량 위주로 이루어져 있어 선진국과는 정책환경이 상이하기 때문에 CVO 접근도 차별화할 필요성을 느꼈던 것이다. 즉, 정책담당자들은 화물 및 차량의 원활한 흐름과 화물차량의 안전운행 등에 중점을 두고 CVO를 구축하고 있는 선진국과는 달리 우리나라에서는 화주와 운송업체 간의 직거래 시스템 구축 등에 중점을 두고 CVO를 구축하고자 하였다.151)

나) 국내 기술발전 인식수준

---

151) 한국통신 당시 실무자 K과장과 면접결과, 2003. 6. 18.

CVO는 화물 및 차량의 위치를 실시간으로 추적·관리하고, 수배송 알선 등 각종 부가서비스를 이용자에게 제공하는 시스템이다. CVO가 이러한 서비스를 구현하기 위해서는 ⅰ) 위치추적기술(GPS, 비콘 등), ⅱ) 유무선 통신기술(유선망접속기술인 ATM통신시스템, 무선망접속기술인 Cellura 이동통신·TRS·위성이동통신·PCS 등), ⅲ) 지리정보기술(전자지도, 교통지리정보시스템), ⅳ) 차량 내 단말기술(GPS수신기, 중앙처리장치, 통신장비, 화면, 입력 장치, 각종 센서, 기타 주변기기), ⅴ) 노변 검색기술(단거리전용무선통신, 차량자동인식시스템, 차량자동분류시스템 등), ⅵ) 운영·관리용 S/W, 차량모니터링S/W, 컴퓨터시스템 등의 요소기술이 필요하다(교통개발연구원외, 1997: 166-204). 따라서 CVO의 도입여부는 CVO를 구성하는 이러한 핵심 요소기술들의 국내 개발수준과 밀접히 게 관련되어 있다.

우리나라의 경우 1990년대 중반 정부가 CVO 도입을 추진할 낭시에 국내에서 이와 관련된 기술은 충분하지는 않았지만, 민간부문에서 이미 일부 대형 운송회사들을 중심으로 실용화되기 시작하였다. 예컨대, 대한통운은 1988년부터 차량배차, 화물수송 등 운송 관련 업무를 전산화하고, 화물기착예정정보, 고객수송물량정보, 차량추적정보 제공 등을 주 기능으로 하는 화물운송정보시스템을 구축·운영 중에 있었다. 또한 한진(GLOVAN)은 육운업무와 관련해 제조업체(화주), 운송업체, 알선업체를 대상으로 택배서비스, 공차중계, 창고알선, 화물추적정보 등의 서비스를 1994년 시범운영 후 1995년부터 서비스를 제공하고 있었다. 데이콤은 1994년부터 전자문서교환(EDI) 방식에 의한 운송VAN을 구축하여 화주, 운송업체, 알선업체 등을 대상으로 거래당사자 간의 주문 및 수주관리, 배차관리, 수배송관리, 차량 및 공차정보, 차량알선업무 등 화물운송관련 업무처리서비스를 제공하고 있었다(교통신문사, 1996: 151-153). 이외에도 1996년 한국통신이 전담사업자로 선정되어 본격적으로 사업을 추진할 1997년 상반기에는 이미 국내에 차량위치추적시스템, 차량단말기 등 CVO와 관련된 기술을 개발한 민간업체들이 상당히 나타나고 있었다.152)

이러한 기술적 환경 속에서 CVO 전담사업자로 사업 참여를 검토하게 된 한국통신은 사전에 국내 관련기술의 개발 수준과 발전가능성을 분석하고, 한국통신의 기존 통신망과 노하우를 활용하면 충분히 기술적으로 가능하다고 판단하였다.153) 이에 따라 한국통신은 시스템(H/W 및 S/W) 구축업체 및 단말기 제조업체들과 사업제휴를 맺고 CVO사업에 참여하게 되었으며, 한국통신을 전담사업자로 지정한 건설교통부나 교통개발연구원 등 전문가집단도 CVO의 기술적 실행가능성은 CVO 도입에 큰 문제가 되지 않을 것으로 판단하였다. 따라서 정책추진집단들의 CVO의 국내 기술력 확보에 대한 인식은 CVO의 도입에 긍정적인 영향을 미쳤다.

한편, CVO의 국내 기술수준은 CVO가 제공하는 서비스의 질(비용 대비 편익 수준)에 영향을 미치게 되는데, CVO 도입초기 CVO의 낮은 기술수준으로 인하여 정책대상집단인 운송업체 등이 CVO의 구축·운영 시 부담해야 하는 과대한 비용154)과 시스템의 잦은 고장은 정책대상집단으로 하여금 CVO에 대한 부정적인 선호와 인

---

152) 무선데이터통신용 차량단말기 제조기술과 관련하여 1997년 상반기 현재 유니콘전자, 신화정보통신, 진보엔지니어링, 한국GPS, 자네트시스템, 코스모텔레콤 등 다수의 업체들이 시장에 참여하고 있었다. 다만, 당시 이들 업체들의 대부분은 GPS엔진 및 무선통신용 모뎀과 같은 핵심기술을 전량 수입에 의존하고 있는 실정이었다. 교통개발연구원 외(1997: 200).

153) 한국통신 당시 실무자 K과장과 면접결과, 2003. 6. 10.

154) 당시 CVO 가입자인 운송업체가 부담해야 하는 비용은 CVO 관련 장비 구축비용 393만 원(컴퓨터 약 200만 원, 라우터 등 접속장비 약 150만 원, 전용회선 설치비 3만 원, 가입비 10만 원, 보증금 30만 원) 뿐만 아니라 매달 19만 5천 원(전용회선 사용료 12만 원, 정보이용료 7만 5천 원)을 부담하여야 하였고, 그 외에도 차량 대당 단말기(80만 원), 가입비(3만 원), 매달 약 5만 원 정도의 무선망 이용료, 음성통화료 등을 부담하여야 했다. 전국화물자동차 운송사업연합회 내부자료 (2003. 6. 18).

식을 갖게 함으로써155) 간접적으로 CVO 확산에 부정적인 영향을 미쳤다.

나. 정책네트워크 요인

비공식적 제도인 기존 정책네트워크의 제약 속에서 정부가 CVO 라는 혁신을 도입함으로써 이를 둘러싸고 새로운 정책네트워크가 형성되기 시작하였는데, 여기서는 새로운 정책네트워크의 구성원들의 선호와 상호작용, 그리고 네트워크의 구조가 CVO라는 신기술의 확산에 어떠한 영향을 주게 되었는지에 대하여 검토하였다.

(1) 행위자의 이익(선호)

기존의 화물운송 정책네트워크는 장기간의 역사적·사회경제적 환경 속에 구축·유지되어 왔으며, 그 구성원들은 도로화물운송과 관련된 교통부(1994년 이후에는 건설교통부)와 그 산하의 연구기관인 교통개발연구원, 운송업체와 알선업체의 전국연합회156)로 제도화되어 있었다. 그러나 CVO의 도입 및 구축을 둘러싸고 형성된 새로운 정책네트워크의 구성원은 기존의 도로화물운송 분야의 행위자들 외에 정보통신부, 한국통신(KT), 한국물류정보통신, 대학교수 등 정보통신 분야의 새로운 행위자들이 참여하였다. 여기서 정보통신부는 CVO 확산을 위한 예산(정보화촉진기금)지원 등을 통해 일시적으로 참여하였으며, 전담사업자인 한국통신은 집행대행기관으로서 주도적으로 참여하였다. 한국물류정보통신은 종합물류망 구축을 위

---

155) 한국냉동 J부장과 동부건설운송회사 A과장과 전화면접 결과, 2003. 6. 17.
156) 화물자동차 운수업체의 전국 대표조직으로는 '전국화물자동차 운송사업조합연합회'와 '전국개별화물자동차 운송사업조합연합회'가 있고, 운송알선업체들의 전국 대표조직으로는 '전국자동차 운송 알선사업조합연합회'가 있다.

한 공동전담사업자로서 한국통신의 CVO서비스와 중복되는 공차정
보서비스(YES! FULL)를 통해 CVO 정책네트워크에 일시적으로 참
여하였으며, 대학교수들은 CVO 설계 등 연구용역에 따라 간헐적으
로 참여하였다.

이 중에서 정책네트워크의 주요 구성원인 건설교통부, 한국통신,
교통개발연구원 등 전문가집단, 화물운송연합회와 알선(주선)연합회
의 CVO에 대한 선호를 조사한 결과 이들은 각기 상이한 정책이익
(선호)을 가지고 정책과정에 참여한 것으로 나타났다.

첫째, 화물운송 분야의 정책결정기관인 건설교통부는 기존의 교
통 분야에서 가장 낙후된 화물운송 분야에 첨단정보시스템인 CVO
를 도입함으로써 화물차량의 공차율 감소, 운송알선료 등의 절감을
통한 국가물류비 절감, 그리고 도로화물수송체계의 효율화 등의 효
과뿐만 아니라 화물정보의 투명한 공개를 통한 세원확보 등 화물운
송체계의 획기적인 변화를 기대하였다. <표 4-25>에서 보는 바와
같이 CVO 도입당시인 1994년 현재, 운송·보관·하역·포장·정보
등 물류활동에 사용된 총 경비인 국가물류비는 40조 2,590억 원
(GDP 대비 12.4%)이며, 이 중에서 전체 화물수송비가 차지하는 비
중이 58.5%인 23조 5,430억 원을 부담하고 있다. <4-26>에서 보는
바와 같이 이 중에서 도로 화물수송비가 22조 220억 원으로서 전체
화물수송비에서 압도적인 비중(93.5%)을 차지하고 있다. 따라서
CVO가 제공하는 위치추적서비스와 알선정보서비스를 통하여 화물
차량의 공차운행을 줄일 경우 화물수송비 및 물류비를 줄일 수 있
기 때문에 화물운송 분야의 공식적인 총괄정책기관인 건설교통부의
입장에서는 CVO를 적극적으로 구축하고자 하는 공식적인 정책이
익과 선호를 가지고 있었다. 특히 건설교통부는 화주와 운송업체
간의 정보공유 및 직거래시스템을 구축하여 궁극적으로 우리나라에
서 지나치게 만연되어 있는 알선(주선)업체들을 화물운송시장에서
퇴출시키고 화물운송정보시장에서 거래비용을 줄이려는 의도를 가

지고 CVO 도입을 적극적으로 추진하였다.157)

<표 4-25> 국가물류비 추이

(단위: 십억 원, %)

연 도	수송비	재고유지 관리비	포장비	하역비	물류정보비	일반관리비	총 계
1988	6,757 (47.7)	4,915 (34.7)	601 (4.2)	432 (3.0)	696 (4.9)	776 (5.5)	14,177 (100)
1990	10,689 (50.4)	7,201 (33.9)	768 (3.6)	507 (2.4)	966 (4.6)	1,083 (5.1)	21,214 (100)
1992	17,275 (56.3)	9,041 (29.5)	899 (2.9)	666 (2.2)	1,344 (4.4)	1,438 (4.7)	30,663 (100)
1994	23,543 (58.5)	10,935 (27.2)	1,118 (2.8)	923 (2.3)	1,804 (4.5)	1,936 (4.8)	40,259 (100)
연평균 증가율	23.1	14.3	10.9	13.5	17.2	16.5	19.0

자료: 교통개발연구원(2002: 96), 「교통(8월호)」.

<표 4-26> 수송수단별 국내수송비용

(단위: 십억 원, %)

연 도	도로화물			철도화물	해운화물	항공화물	화물운송 대행료	총 계
	영업용	비영업용	소 계					
1988	2,085	3,997	6,082	315	228.1	37	95	6,757
1990	3,023	6,865	9,888	371	263.5	62	104	10,689
1992	4,182	11,966	16,148	436	435.1	63	193	17,275
1994	5,100	16,922	22,022	539	534.3	78	370	23,543
연평균 증가율	16.1	27.2	23.9	9.4	15.2	13.2	25.4	23.1

자료: 교통개발연구원(2002: 97), 「교통(8월호)」.

---

157) 건설교통부 K사무관, P사무관과 면접결과, 2003. 6. 20.

둘째, 전담사업자인 한국통신은 당시 통신수요가 포화된 상태에서 자신들의 사업다각화와 새로운 수익사업 모델을 창출하기 위하여 CVO 사업을 추진하게 되었다. 그들은 우리나라에 처음 도입되는 CVO 시장을 선점하고, 나아가 ITS 사업 전반에 진출하고자 하는 동기에서 이 사업에 참여하였다. 그들은 사업초기에는 향후 사업의 전망에 대하여 매우 낙관적으로 전망하였다. 또한 한국통신 최고관리자도 이 사업에 적극적인 관심을 보이면서 추진조직을 신설하는 등 사업을 의욕적으로 추진하였다.158) 다음은 당시 한국통신 내 CVO 사업을 담당한 임원이 저널에 기고한 내용(김두성, 1996: 64-65)에서 당시 한국통신의 CVO에 대한 선호를 파악할 수 있다.

"현재 우리 한국통신을 둘러싼 환경은 WTO에 의한 통신시장 개방과 시외부문의 경쟁도입, 통신사업자 신규지정 등 우리에게 매우 불리한 방향으로 전개되고 있고, 일각에서는 우리 한국통신의 장래에 대해 매우 불안해하고 있다. 그러나 우리가 그동안 축적해 놓은 통신망과 기술을 활용하면 얼마든지 새로운 수익을 창출할 수 있는 신규사업들이 속속 떠오르고 있다. …… 특히 ITS는 PSTN, PSDN, 무선데이터, TRS, 위성통신, 초고속통신망 등 통신과 밀접한 관계가 있는 사업으로 다양한 통신망 운용과 종합적인 관리에 경험과 노하우가 많은 우리 한국통신이 가장 유리한 위치에 있다고 하겠다."

셋째, 전문가집단인 관련 연구원 및 대학은 CVO 도입의 주창자(initiator) 역할을 수행하였다. 그들은 기존의 낙후된 화물운송 분야에 정보시스템을 도입함으로써 화물운송체계의 효율화에 기여할 것이라고 확신하고, 1980년대 중반부터 해외사례 검토 및 화물운송정보시스템 구축방안 등에 관한 연구159)와 함께 정부에 대한 정책자

---

158) 한국통신 당시 실무자 K과장과 면접결과, 2003. 6. 10.

문을 통하여 신기술 도입의 촉진자 역할을 하였으며, 특히 당시 교통부 산하의 국책연구기관인 교통개발연구원이 주된 역할을 수행하였다. 이들의 노력은 1993년 정부에서 ITS를 범정부적으로 도입·추진하기로 결정한 이후 가시적인 성과가 나타나게 되고, 이 때부터 CVO에 대한 본격적인 연구가 활성화되면서 보다 다양한 분야의 전문가(연구기관, 대학, 산업체등)들이 참여하게 되었다. 이들은 전문적인 지식과 기술에 근거하여 CVO의 도입효과를 예측[160]하고, 향후 CVO 사업을 낙관적으로 전망하면서 CVO 도입의 타당성을 적극 주장히였다. 이와 같이 전문가 집단들은 전문적 지식을 가지고 향후 CVO시장이 넓어지면 그들의 연구영역과 정책네트워크 내에서의 역할이 더욱 커질 것이라고 기대하면서 정책과정에 적극 참여하였다.[161]

넷째, 정책대상집단인 화물운송업체들의 전국 대표기관인 화물운송연합회도 회원사들인 운송업체들의 이익을 대변하기 위하여 정책네트워크에 참여하였다. 그들은 CVO 도입초기에는 CVO가 운송업체에 유익할 것으로 기대하고 CVO에 대하여 적극적인 선호를 가

---

159) 화물운송정보체계 도입의 필요성에 대해서는 1986년 「화물운송체제 개선에 관한 연구」(교통개발연구원, 한국과학기술연구원, 한국물류관리연구원, 삼우기술단 등), 1987년 「화물정보망 설립 및 운영방안 연구」(교통개발연구원), 1993년 「화물유통기본계 수립에 관한 연구」(교통개발연구원) 등에서 제시되었다.

160) CVO 도입 시 경제적 타당성에 관한 분석은 대한교통학회(1996)에서 수행한 「ITS기본계획(안) 수립을 위한 화물운송정보시스템 연구」와 교통개발연구원(1996년)에서 수행한 「첨단화물운송시스템(CVO) 기본설계」에서 이루어졌다. 전자의 연구에서는 CVO 도입 시 연도별 비용·편익분석결과는 6.0~17.0 사이로 투자비용에 비해 편익이 매우 클 것으로 분석하고 있으며, 후자의 연구에서는 당초 계획대로 CVO가 구축될 경우 1998년부터 2010년까지 공차거리율이 18% 감소하게 되고, 이에 따라 총 7조 6,670억 원의 수송비 절감 및 총 29.7조원의 물류비 절감효과를 가져올 것으로 예측하고 있다.

161) 교통개발연구원 A책임연구원 및 연구용역에 참여한 한양대 K교수와 전화면접 결과, 2003. 4. 11.

졌으나 시범사업 이후 운송업체들이 CVO에 대하여 실망하고 냉담한 반응을 보이자 화물운송연합회는 업체의 전반적인 분위기에 따라 정책네트워크에 소극적으로 참여하게 되었다.162)

운송업체나 개별 차주들 중 일부집단은 CVO 도입 초기 CVO에 관심을 갖기도 하였으나 CVO가 제공하는 편익에 비해 자신들이 부담해야 하는 비용이 훨씬 크다고 인식하면서 CVO에 대하여 부정적인 선호를 갖게 되었다. 정부에서 사업 초기 GPS(인공위성추적시스템)단말기의 무상보급, 보증금제도의 폐지, 가입비의 한시적 면제 등 유인책을 제공하였으나 운송업체의 경우 추가적으로 컴퓨터, 접속장비, 전용회선 설치비뿐만 아니라 매월 전용회선 사용료와 정보이용료를 부담하여야 했고, 차량 당 무선망 이용료와 음성통화료를 별도로 부담해야 하는 등 비용이 훨씬 크다고 인식하였다. 그러나 이러한 비용에 비하여 추가적인 물량 확보 등 자신들에게 편익으로 돌아오는 것이 거의 없다고 인식했기 때문에 서비스 가입을 회피하거나 가입했다가도 곧바로 탈퇴하는 경우가 대부분이었다.163)

또한 1990년대 후반이후 이동통신기술이 발전하면서 PCS폰의 보급이 일반화되자164) 운송업체나 개인차주의 경우 고가의 GPS 단말기 등에 대한 비용을 부담해가면서 CVO에 가입할 유인이 전혀 없었다. 한 운송업체 사장은 이렇게 반문하고 있다.

"뭐 골치 아프게 컴퓨터를 보고 작업지시를 내립니까? 핸드폰으로 딱 세 통화만 때리면 되요. 출발했냐? 어디쯤 가고 있냐? 도착했냐?"165)

---

162) 화물운송연합회 Y과장과 전화면접 결과, 2003. 6. 18.
163) 화물운송연합회 Y과장과 전화면접 결과, 2003. 6. 18.
164) CVO 서비스가 개시된 1998년 이후에 이동통신회사들은 일정 기간 서비스에 가입한다는 조건으로 PCS폰을 무료로 지급하였기 때문에 대부분의 화물운전자들은 PCS폰을 가지고 있었다. 한국통신 실무자 K과장과 면접, 2003. 6. 10.

이외에도 운송업체들의 경우 기업의 정보노출 위험과 사용문서의 비표준화 등을 이유로 서비스를 제공받기를 기피하였으며, 개인 차주들도 차량위치추적시스템에 의해 자신들의 차량위치 및 이동경로가 노출되어 운송회사로부터 감시·통제를 받는다는 부정적인 인식이 있어 CVO서비스의 가입을 회피하였다.166)

다섯째, 반면에 알선업체들의 전국 대표기관인 알선(주선)연합회는 화물 및 차량정보의 공유를 통해 화주와 운수업체 간의 직거래 시스템을 지향하는 CVO가 본질적으로 알선업체의 고유한 업무영역과 생존권을 침해하는 것으로 인식하였다. 그들은 CVO에 대한 부정적인 입장을 견지하면서 자신들의 권익보호를 위하여 정책네트워크에 적극적으로 참여하였다. 그들은 정책결정 당시 자신들을 중심으로 CVO가 구축되어야 한다고 요구하기도 하였으나, 이것이 받아들여지지 않자 정부에서 추진하는 CVO 사업과는 별도로 독자적인 주선정보망 구축사업을 추진하면서 기존 화물운송업계 내에서 자신들의 주도적인 기능을 유지하려고 노력하였다.167) 또한 알선(주선)업체들은 기존의 폐쇄적 경로를 통하여 확보된 화물정보를 통하여 여전히 화물운송시장을 지배하려고 노력하였다. 1998년 주선연합회에서 발간한 『화물자동차 운송주선사업실무편람(p.40)』에서 이와 같은 알선(주선)업체들의 입장이 표명되어 있다.

"정부의 종합물류정보망 구축계획에 따라 첨단화물운송시스템(CVO) 등에 의한 차량위치추적 서비스, 화물차량 수배송 알선 서비스…… 등이 개발되고 있는 중이다. 이들 종합물류정보망 완비시점에서는 우리 화물운송주선사업을 현재까지와 같은 보수적 경영방식으로는 더 이상 유지할 수 없을 것이

---

165) D운송회사 대표와 전화면접 내용, 2003. 3. 20.
166) 서부트럭터미널 내 H물류 주선사업자와 전화면접 결과, 2003. 6. 19.
167) 주선연합회 H상무이사와 면접결과, 2003. 6. 19.

다. 그러므로 수송화물의 확보여부가 사업의 핵심과제인 우
리 운송주선사업은 보다 공격적이고 적극적인 경영이 요구되
며, 그 열쇠는 유관업종 등 다른 사업자들보다 먼저 전산정
보화를 이룩하여 화주들의 요구에 부응할 수 있는 체제를 구
축하여야 할 것이다."

여섯째, 한편 운송업체에 화물을 위탁하는 개별 화주기업들도
CVO 서비스의 주요 대상집단이나 이들은 조직화하여 정책네트워
크에 참여하지 않았다. 화주기업들의 화물정보 제공 등이 CVO 운
영에 중요한 요소이나 그들은 CVO에 또 다른 측면에서 부정적인
인식을 가지고 CVO를 이용하려 하지 않았다. 그들은 화물사고 등
을 우려하여 인터넷상에서 그들이 잘 모르는 운송업체보다는 그들
이 신뢰할 수 있는 알선업체, 특히 책임수송이 가능한 주선업체에
게 화물운송을 위탁하려 하였기 때문에 그들과 알선(주선)업체 간
에는 기존의 거래관행이 그대로 유지되고 있었다. 화주들은 대부분
기존의 폐쇄적인 거래경로에 따라 알선(주선)업체들을 이용하고 있
었으며, 따라서 화물정보를 CVO운영센터에 제공할 이유가 없었다.

"전자제품과 같이 수천만 원, 때로는 수억 원 어치가 되는 자
기 회사 제품을 인터넷상에서 전혀 모르는 운송업체에게 어
떻게 맡기겠습니까? 만약 사고라도 나면 누가 책임을 지겠습
니까? …… 그리고 그 정도의 화주기업이라고 하면 가만 앉
아 있어도 주선업자나 운송업체가 서로 찾아와서 저렴한 운
송비용으로 해 줄 테니 자기들에게 화물을 맡겨 달라고 갖은
청탁이 들어옵니다."[168]

"운송계약에 있어서 가장 중요한 것은 신뢰의 문제입니다. 그

---

168) 주선연합회 H상무이사와 면접내용, 2003. 6. 19.

러나 화주기업들은 운송사업자들을 신뢰하지 못하고 있습니다. 특히 온라인상에서 제공되는 차량정보에 대하여 화주가 신뢰하지 않습니다. 그래서 컴퓨터에 공차정보가 올라와도 이용을 하지 않습니다. 자신의 귀중한 화물을 운송할 업체가 어떤 업체인지, 사고가 났을 때 책임질 수 있는 회사인지를 모른 상태에서 어떻게 운송을 맡기겠습니까? 또한 화주들은 운송뿐만 아니라 포장, 하역, 배송, 재고관리 등 종합물류기능을 제공받기를 원하지만, 온라인상에서 이루어지는 것은 운송정보만이 제공될 뿐입니다. 이러한 종합물류기능을 우리 주선업체에서 하고 있습니다."[169]

또한 화주기업들은 기업정보 및 세원이 노출되는 것을 꺼려하기 때문에 자신들의 화물정보가 공개될 수 있는 CVO보다는 자신들과 특수한 이해관계가 있는 주선업자들과 폐쇄적으로 거래를 하려고 하였다.[170]

이처럼 정책네트워크 구성원 중 정책추진집단(건설교통부, 전문가집단, 한국통신)과 정책대상집단의 대표기관(화물운송연합회, 알선연합회)의 CVO에 대한 상충적인 선호와 이해관계는 CVO의 확산에 부정적인 영향을 미쳤다. 특히, 정부에서 추진하고 있는 CVO라는 혁신(신기술)에 대하여 정책대상집단인 운송업체, 화주기업, 알선(주선)업체들이 모두 부정적인 선호를 가짐으로써 CVO의 외부적 확산의 가장 큰 장애요인으로 작용하였다.

(2) 상호작용

가) 상호작용의 양태

---

169) 주선연합회 H상무이사와 면접내용, 2003. 6. 19.
170) 건설교통부 P사무관과 면접결과, 2003. 3. 20.

　정책과정에 참여하는 행위자들 간의 상호작용의 양태는 행위자들이 추구하는 정책이익이 어떠하냐에 따라 협력적 관계와 갈등적 관계라는 두 가지 대립적인 방향으로 전개될 수 있다. 행위자들 간의 이익이 서로 공통적이고 촉진적인 경우에는 협력적인 상황으로, 행위자들 간의 이익이 서로 상충적인 경우에는 갈등·경쟁적 상황으로 파악할 수 있다.

　먼저, 정책네트워크 내 정책추진집단들은 사업 초기에는 CVO에 대한 상호 공통적인 이해관계로 인하여 협조관계로 출발하였다. 건설교통부는 CVO 도입결정과 사업 활성화를 위한 지원역할을 담당하고, 한국통신은 전담사업자로서 사업을 추진하였다. 정보통신부는 정보화촉진기금으로 일시적인 지원을 하였으며, 교통개발연구원 등 전문가집단은 정책자문과 함께 시스템 구축 및 운영방안 등에 대한 전문 기술적인 지원역할을 하였다. 그러나 정책추진집단들은 시범사업 이후 CVO에 대한 전망이 회의적으로 변하면서 그들 간의 상호작용의 양태도 달라졌다. 무엇보다도 전담사업자인 한국통신이 회사 내 전담조직을 없애고 KT-logis라는 사내 자회사 형태로 업무위탁을 맡기고 자신은 공식적인 전담사업자로부터 빠져 나감에 따라 건설교통부와 한국통신 간의 관계도 미묘한 갈등관계로 변하였다.171) 또한 한국통신과 사업 초기에 공동 전담사업자였던 한국물류정보통신이 공차정보서비스(YES! FULL)를 통해 CVO사업에 참여함에 따라 한국통신과 갈등이 발생하기도 하였다. 이와 같이 사업을 추진하는 과정에서 정책추진집단들 간의 갈등이 발생하고, 집행대행기관인 공식적인 전담사업자가 정책네트워크에서 이탈함으로써 더 이상 정부주도의 CVO가 확산되지 못하였다.

　한편, 정책네트워크 내에서 정책추진집단과 대상집단의 대표기관 간의 관계를 보면, 정책대상집단을 대표하는 화물운송연합회는 장

---

171) 건설교통부 P사무관과 면접결과, 2003. 3. 20.

기적으로는 CVO의 필요성을 공감하면서도 단기적으로는 CVO가
회원사들에게 가져다 줄 이익이 거의 없다고 판단하면서 정책추진
집단과 소극적으로 상호작용을 하였다. 반면에 알선연합회는 정부
에서 추진하고 있는 CVO를 자신들의 고유한 영역의 침해와 생존
권 위협이라고 인식하였기 때문에 장·단기적으로 정책추진집단과
이해 상충 및 잠재적인 갈등관계가 지속되었다. 이와 같이 정책네
트워크 내 행위자들 간의 이해상충과 그로 인한 갈등적 상호작용은
CVO 확산에 부정적인 영향을 미쳤다.

나) 정책추진집단의 영향력

CVO를 국내에 도입하고자 하는 정책추진집단은 건설교통부와
한국통신이라고 볼 수 있는데, 이들의 타행위자들에 대한 영향력을
조사한 결과는 다음과 같았다. 먼저 건설교통부는 화물운송 분야의
총괄 정책결정기관으로서 CVO사업의 추진계획 수립, 법제도 정비
등을 통해 CVO 도입단계에서 주도적인 역할을 수행하였다. 또한
집행책임자로서 전담사업자를 선정하고, CVO사업이 부진하게 추진
되자 CVO 활성화 대책을 수립하여 적극적으로 개입하였다. 그러나
CVO사업이 민간투자사업으로 추진되었기 때문에 한국통신에 대하
여 영향력을 행사하는 데에 한계가 있었으며, 운송연합회나 알선(주
신)연합회에 대하여도 자율적인 이용협조를 요청하는 것 외에는 영
향력을 행사할 수 없었다.172)

다음으로 CVO의 집행대행기관인 한국통신은 자체적으로 전담조
직을 설립하고 사업추진계획 수립, 시스템 구축, 운영서비스 제공
등 사업 전반에 걸쳐 적극적인 역할을 수행하였으나 CVO가 제공
하는 서비스에 대한 대상집단 대표기관인 운송연합회와 알선(주선)

---

172) 건설교통부 P사무관과 면접결과, 2003. 6. 20, H사무관과 면접결과, 2005. 5.
   31.

연합회의 외면과 반발로 인하여 이들에 대하여 영향력을 행사할 수 없었다.173)

오히려 정부주도의 CVO 도입에 반발하는 알선(주선)연합회는 지속적으로 건설교통부에 정부개입의 부당성을 호소하면서, 적극적인 전략으로 건설교통부, 교통개발연구원, 한국통신 등 정책추진집단을 설득하고 회유하려고 노력하였다. 이들은 자신들의 생존권 보호차원에서 알선사업의 발전방안을 강구하면서 교통개발연구원에 연구용역을 의뢰하고, 자신들의 화물알선정보시스템을 구축하는 과정에서 당초 CVO 전담사업자인 KT-Logis와 전략적 제휴를 하는 등 정책추진집단을 포획(capture)하려고 노력하는 등 영향력을 행사하였다.

특히, 민간 화물운송시장에서는 영세한 운송업체와 화주를 연결하는 알선업체가 여전히 시장을 지배하고 있는 양태를 보이고 있었다.174) 이러한 현상이 나타난 이유는 첫째, 구조적으로 지입경영에 의해 실질적인 개별사업자들이 다수를 차지하고 있는 운송업계의 실정에 따라 지입차주나 개인차주들 대부분이 물량을 확보할 수 없어 화물정보를 알선업체에 의존할 수밖에 없고, 둘째, 화물운송의 소비자인 화주들 또한 지역간 연계수송의 편리성과 차량수배의 용

---

173) 화물운송연합회 Y과장과 전화면접 결과, 2003. 6. 18. 주선연합회 H상무이사와 면접결과, 2003. 6. 19.
174) 한국통신에서 1996년 12월 CVO 시범서비스를 개시한 이후 알선(주선)업체수는 <표 4-27>에서 보는 바와 같이 1997년 말 8,575개에서 2003년 말에는 13,421개로 연평균 8%의 증가율을 보이고 있다.

<표 4-27> 연도별 화물자동차 주선업체수

구 분	1997년	1998년	1999년	2000년	2001년	2002년	2003년	연평균 증가율
일반화물	5,119	5,124	5,417	5,805	7,590	6,967	7,566	7
이사화물	3,456	3,742	4,336	4,715	5,319	5,588	5,855	9
계	8,575	8,866	9,753	10,520	12,909	12,555	13,421	8

자료: 건설교통부 물류기획과 내부자료(2005. 3).

이성, 책임수송 등을 이유로 영세한 개별 운송업체보다는 믿을 수 있는 알선(주선)업체에 화물운송 용역을 의존하고 있었기 때문이다(교통개발연구원, 2000: 19). 이러한 상황에서 개별 차주들은 알선업체와 대등한 관계에서의 정상적 거래가 이루어지는 것이 아니라 부대등 관계에서 알선업체에 피동적으로 지배되게 된다(교통개발연구원, 1987: 78-81).

이처럼 정책추진집단의 미약한 영향력과 정책반대집단의 강력한 영향력 행사는 CVO 확산에 부정적인 영향을 미쳤다.

다) 정책학습

CVO의 구축과정에서 각각 행위자들은 상호작용을 통하여 CVO 확산에 영향을 미치는 정책학습이 이루어졌다. 먼저, 정책결정기관인 건설교통부는 정책결정 낭시 정부주도하에 CVO를 적극 도입하여 운송업체와 화주기업 간의 직거래 체계를 구축함으로써 궁극적으로 화물운송시장에서 알선(주선)업체를 퇴출시키고, 화물운송체계의 효율화와 물류비 절감 등을 기대했다. 그러나 건설교통부의 낙관적인 예측과는 달리 실제 CVO 시범사업과 상용서비스 제공단계에서 운송업체나 화주기업들은 CVO에 대하여 거의 관심을 보이지 않았다.

건실교통부는 CVO 시장의 활성화를 위하여 CVO 단말기 가격인하 등 유인책을 제공하기도 하였으나 일시적으로 효과가 있었을 뿐 시장의 반응은 냉담하였다. 결국 정책의 집행과정에서 시행착오를 겪으면서 건설교통부는 당초 CVO에 대한 낙관적인 시각에서 회의적인 시각으로 바뀌게 되고, CVO가 제대로 확산되지 못하게 된 원인분석을 하게 되었다. 무엇보다도 정책결정 당시에 정책대상집단의 행태나 이해관계를 제대로 파악하지 못하였다는 점을 인식하게 되었다.[175] 이러한 학습과정을 통하여 건설교통부는 정부주도의 하향적인 서비스 확산전략에는 한계가 있다는 점을 인식하고, 민간부문의 기존 이해집단이 포함된 상향적 확산전략으로 정책방향의 전환을 검토하게 되었다.

> "당시 CVO를 도입할 당시만 하더라도 민간부문에서 이러한 서비스들이 거의 이루어지지 않고 있었기 때문에 정부가 나서서 CVO를 도입하고, 전담사업자도 지정하고 사업을 추진하였습니다. 화주기업과 운송업체 간의 정보 공유를 통하여 궁극적으로 시장에서 알선업체들을 없애려고 사업을 추진하였는데 시장의 반응은 전혀 그러하지 못했습니다. 무엇보다도 화주기업들이 물량정보를 내놓지 않았기 때문에 한국통신에서 제공하는 CVO서비스는 운수업체 가입자들에게 전혀 도움이 되지 않았습니다. …… 만약 정책결정 당시에 이러한 요인들에 대하여 알았더라면 정부가 직접 주도하여 CVO 도입을 추진하지도 않았을 것입니다. 차라리 업종별, 지역별로 관련단체늘블 묶어서 이러한 사업을 할 수 있도록 지원해주는 정도의 역할을 하였을 것입니다."[176]

둘째, 정책집행기관인 한국통신의 경우 우리나라에 처음으로 CVO를 도입하여 많은 시행착오와 실행학습의 비용을 지불하였다. 시스템 구축 등을 위하여 많은 투자를 하였으나 이용자의 서비스 가입률 저조로 인하여 적자가 지속되었다. 상용서비스 개시이후 정부의 지원책과 함께 정유할인 혜택, 화물적재보험 가입 서비스와 같은 부가적인 서비스 제공 등 유인책에도 불구하고 여전히 화주기업이 물량정보 제공을 회피하고, 운송업체가 서비스 가입을 회피하거나 탈퇴함으로써 사업의 계속적인 추진에 한계가 있었다. 결국,

---

175) 건설교통부 P사무관과 면접결과, 2003. 4. 10.
176) 건설교통부 K사무관과 면접내용, 2003. 6. 20.

한국통신은 실행학습을 통하여 CVO의 사업전망이 없다고 판단하고 전담조직을 없애고, 사내 벤처형식인 KT-logis라는 별도의 법인으로 사업을 추진하게 되었다.

이러한 상황에서 KT-logis는 자신이 생존하기 위해서 기존의 알선(주선)업체 배제 전략에서 상호 공존으로 전략을 수정하였다. 결국 주선연합회가 2000년부터 자신들의 생존전략 차원에서 추진하게 된 알선정보시스템 구축사업에 동일한 생존위기를 느끼고 있었던 KT-logis와 기술제휴 함으로써 상호 간의 관계가 잠재적 적대관계에서 협력관계로 바뀌게 되었다. 나아가 KT-logis는 적극적인 마케팅을 통하여 현장에서 확보(off-line)한 화물물량을 인터넷(on-line)에서 가입차주들에게 일정한 수수료를 받고 알선하여 주는 주선업으로까지 진출하고 있다. 결국, 시장에서 알선(주선)업의 제거를 목표로 하여 사업을 추진한 CVO 전담사업자가 자신의 이익 옹호를 위해 CVO를 활용한 주선업으로 사업방향을 전환하는 아이러니가 나타나게 된 것이다.

셋째, 정책대상집단인 운송업체의 대표기관인 화물운송연합회는 CVO 도입 초기에는 자신들의 회원사들의 권익보호를 위하여 단말기 가격 인하, 정부보조 등을 요구하였으나 운송업체들의 편익보다는 추가적인 비용이 더 크다는 점을 학습한 이후에는 정책네트워크에 소극적으로 참여하게 되었다. 운송업체들 중 일부 업체들은 CVO 서비스에도 가입하였으나 시범사업 이후 CVO가 제공하는 서비스의 내용이 자신들에게 도움이 되지 않는다고 판단하고서 가입 후 바로 탈퇴하였으며, 비가입자들도 기존 가입자들과 정보교류를 통해 CVO에 대한 부정적인 인식을 갖게 되었다.

마지막으로 알선(주선)연합회의 경우는 CVO가 자신들의 영역을 침해하는 것으로 인식하고 자신들 중심으로 CVO 시스템이 구축되어야 한다고 요구하기도 하였으나, 이것이 받아들여지지 않자 CVO에 대응한 자체 알선정보시스템을 구축하는 등 자신들의 생존전략

차원에서 학습이 이루어지고 있다.

이처럼 정책네트워크 내 정책추진집단들의 시행착오와 실행학습을 통한 전략 수정과 정책대상집단의 부정적인 성과모방학습은 CVO의 확산에 부정적인 영향을 미쳤다.

(3) 네트워크의 구조

전반적으로 볼 때 CVO의 구축을 둘러싸고 나타난 네트워크는 정책추진집단을 중심으로 새롭게 형성된 정책네트워크와 민간부문의 기존 네트워크라는 이원적인 구조를 보이면서, 정책대상집단의 대표기관인 화물운송연합회나 알선(주선)연합회가 정책네트워크에 참여하고, 반면에 집행대행기관인 한국통신이 민간네트워크에 참여하는 상호 중첩된 중층네트워크 형상을 보이고 있었다.

먼저, 기존의 화물운송 정책네트워크는 도로화물운송 분야의 정책결정기관인 교통부(건설교통부), 전문연구기관인 교통개발연구원, 정책대상집단의 대표기관인 화물운송연합회, 화물알선연합회로 구성되어 장기간의 역사적·사회경제적 환경 속에서 그들 간의 관계가 제도화된 '정책공동체'를 유지하고 있었다. 이들 행위자들 간에는 공식·비공식적인 협의와 지속적인 접촉을 통하여 상호의존성에 바탕을 둔 정보교류와 긴밀한 관계가 유지되고 있었다. 그러나 CVO 도입을 둘러싸고 형성된 새로운 정책네트워크에는 기존의 도로화물운송 분야의 구성원 외에 정보통신 분야의 정보통신부, 집행대행기관인 한국통신, 한국물류정보통신, 대학교수 등 새로운 행위자들이 참여함에 따라 정책네트워크 내부에 구조적인 변화가 나타났다. 새롭게 형성된 정책네트워크의 구조는 신규 참여자가 많고, 그들 간의 관계가 유동적인 '이슈네트워크'의 성격을 띠고 있었다. 새로운 정책네트워크 내 행위자들이 CVO라는 이슈를 중심으로 일시적인 관계가 형성되었기 때문에 상호 신뢰가 형성되지 못한 상태

에서 그때그때의 이해관계에 따라 이합집산이 거듭되면서 그들 간
의 관계가 지속되지 못하고 균열되는 양상을 보였다.

정책추진집단인 건설교통부와 한국통신은 사업초기 협력적인 관
계에 있었으나 CVO에 대한 부정적인 전망이 대두되면서 한국통신
이 전담조직을 없애고 KT-logis라는 자회사 형태로 별도 분사시킴
에 따라 양 기관 간의 관계도 미묘한 갈등관계로 변하여 갔다. 한
국통신과 한국물류정보통신도 사업 초기 상호 업무분담에 따른 공
동 전담사업자로 참여하였으나, 한국물류정보통신이 공차정보서비
스(YES! FULL)를 통해 한국통신의 업무영역을 침해하려고 하자
양 기관 간 갈등이 발생하였다. 한편, 정책대상집단을 대표하는 화
물운송연합회는 CVO가 회원사들에게 가져다 줄 이익이 거의 없다
고 판단하면서 정책추진집단과 소극적인 연계를 유지하였으며, 알
선(주선)연합회는 정부주도의 CVO 구축정책에 대하여 반발하면서
도 건설교통부, 교통개발연구원, 한국통신 등 정책추진집단을 자신
의 편으로 회유하려고 노력하였다. 이처럼 CVO 구축사업을 둘러싸
고 이질적인 행위자들을 중심으로 새로운 정책네트워크가 형성되었
으나 사업이 추진되면서 행위자들 간의 관계가 제도화되지 못하고
균열되어 가는 이슈네트워크의 양상을 나타냄으로써 결과적으로
CVO의 확산에 부정적인 영향을 미치게 되었다.

한편, 기존 민간 화물운송시장은 화물운송을 의뢰하는 화주와 화
물운송을 담당하는 운송업자, 그리고 이 양자사이에서 화물운송을
중개하는 알선(주선)업자 등의 삼각관계로 제도화된 네트워크가 형
성되어 있었다. CVO 추진집단은 이러한 폐쇄적인 정보네트워크를
깨고, 인터넷상에서 화주와 운송업자 간의 직거래 시스템을 구축하
려고 하였으나 CVO에 대한 시장의 냉담한 반응으로 인하여 기존
의 거래관계가 깨어지지 않고 유지되고 있다. 이처럼 기존의 거래
관행에 따른 민간 행위자들 간의 견고한 네트워크의 지속은 CVO
의 확산에 부정적인 영향을 미쳤다.

<그림 4-4> 화물운송정보시스템의 행위자 네트워크

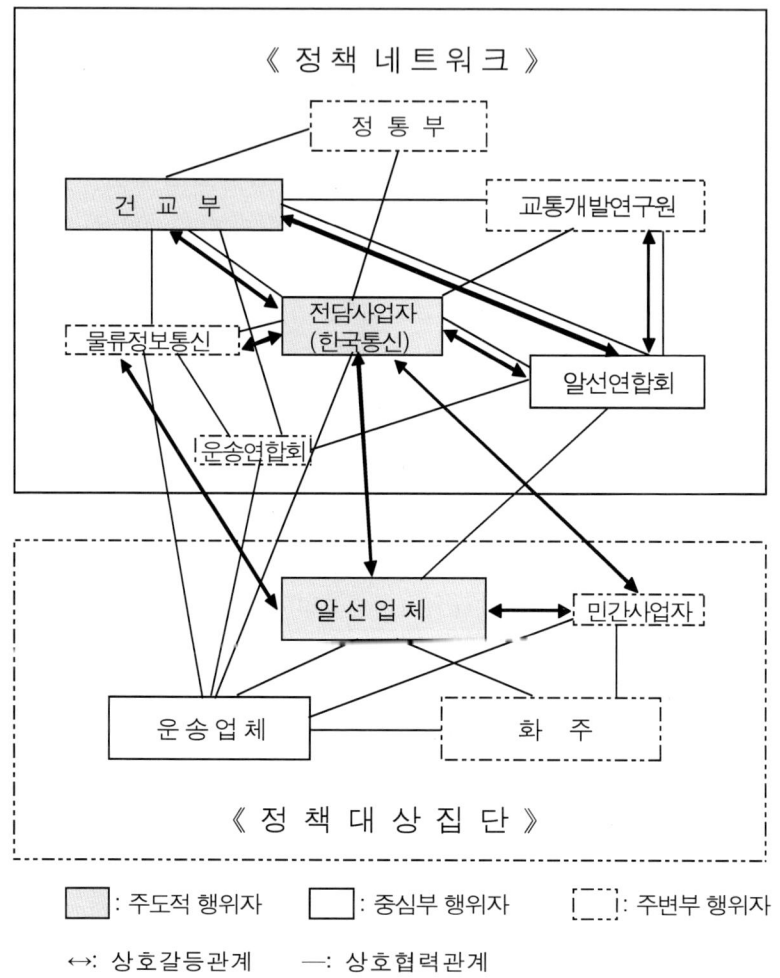

3. 사례에 대한 논의

종합물류정보망 구축사업의 일환으로 추진된 CVO 구축사업은 화물 및 차량정보를 관련주체들이 공유함으로써 화물차량의 공차운행률을 감소시키고, 운송·알선비용의 절감 등을 통해 궁극적으로 국가 물류비를 줄이기 위해 추진되었다. 그러나 정책추진집단들의 초기의 낙관적인 예상과는 달리 CVO의 확산이 지체되고 있다. 정부가 전담사업자를 지정함으로써 CVO가 집행체제 내부에 쉽게 도입되었지만, 정책대상집단에 쉽게 확산되지 않고 지체되고 있다. CVO가 제공하는 서비스가 배분정책적 성격을 가지고 있음에도 불구하고 외부적 확산이 지체되는 이유는 무엇인가?

이러한 문제의식을 가지고 사례를 분석한 결과 먼저, 정책환경요인이 CVO 도입에 미친 영향으로 첫째, 정책담당자들의 화물운송문제(고질적인 지입제와 알선 폐해)에 대한 심각성 인식은 CVO 도입에 긍정적인 영향을 미쳤다. 둘째, 정책담당자 및 전문가들이 CVO 도입 당시 관련 국내 기술수준이 충분하다고 인식하였기 때문에 CVO 도입에 긍정적인 영향을 미쳤으나, 해외 CVO 기술농향은 국내 CVO 도입에 중요한 영향을 미치지 못했다. 왜냐하면 우리의 경우 화물운송시장에서 알선기능이 차지하는 비중이 너무 커서 정책담당자들이 해외와는 다른 차별적인 접근이 필요하다고 인식하였기 때문이다.

다음으로, 정책네트워크요인이 CVO 확산에 미친 영향을 분석한 결과는 다음과 같다. 첫째, 행위자의 선호를 분석한 결과, 정책추진집단(건교부, 한국통신, 전문가집단 능)과 성책내싱집단의 대표기관(운송연합회, 알선연합회)의 CVO에 대한 상충적인 선호와 이해관계가 CVO의 확산에 부정적인 영향을 미쳤다. 특히 정책대상집단인 운송업체 및 개별 차주, 화주기업, 알선업체들의 CVO에 대한 부정적인 선호는 CVO의 확산에 강한 부정적인 영향을 미쳤다. 둘째, 행위자들 간의 상호작용의 양태를 분석한 결과, 정책네트워크 내 정책추진집단과 정책대상집단의 대표기관 간의 잠재적 갈등관계는 CVO 확산에 부정적인 영향을 미쳤다. 정책추진집단의 영향력을 분

석한 결과 건교부와 한국통신의 미약한 영향력은 CVO 확산에 부
정적인 영향을 미쳤다. 또한 정책학습의 측면에서 분석한 결과 시
범사업 이후 정책추진집단의 실행학습을 통한 전략수정과 정책대상
집단의 CVO 서비스 내용에 대한 부정적인 성과모방학습은 CVO
확산에 부정적인 영향을 미쳤다. 셋째, 네트워크의 구조적 측면에서
분석한 결과, CVO 도입을 둘러싸고 형성된 행위자 네트워크는 정
책네트워크와 민간부문의 기존 네트워크가 상호 중첩되는 이중적인
네트워크 형상을 보이고 있었다. 여기서 정책네트워크의 구조는 신
규 참여자가 많고 그들 간의 관계가 유동적인 '이슈네트워크'의 성
격을 띠고 있었는데, 이러한 정책네트워크의 구조적 성격은 CVO
확산에 부정적인 영향을 미쳤다. 반면에 민간 화물운송네트워크는
오랫동안 제도로 고착된 운송업체, 알선업체, 화주 간의 삼각관계가
기존의 알선을 통한 거래관행(transaction coventions)에 따라 견고
하게 지속되면서 CVO의 확산에 부정적인 영향을 미쳤다.

분석결과를 종합하여 볼 때 CVO의 확산 지체에 가장 크게 영향
을 미진 요인은 서비스의 최종이용자인 정책대상집단의 CVO에 대
한 부정적인 선호 때문인 것으로 나타나고 있는데, 그렇다면 정책
대상집단들은 어떠한 이유 때문에 CVO 서비스 이용을 기피하였는
가? 이를 제도론적으로 설명하면 다음과 같다. 먼저, CVO 서비스
의 가장 핵심적인 내용은 화물 및 차량정보의 공유라고 할 수 있는
데, 화주들이 화물정보를 제공하지 않고 있기 때문에 CVO상에서
화물 및 차량정보의 교류가 이루어지지 않고 있다. 화주들의 대부
분은 여전히 자신들과 오래 전부터 거래관계가 형성된 특정한 알선
(주선)업체와 거래를 유지하고 있다. 그 이유는 화주들이 CVO의
가상인터넷을 통해 운송업체와 계약을 체결할 경우 기존의 거래관
행보다 거래비용(transaction cost)이 훨씬 더 소요된다고 인식하기
때문이다. 즉 화주의 입장에서 볼 때 상대 운송업체들에 대한 정보
가 불확실한 상태에서 누구와 거래를 할 것인가에 대해 탐색하고,

상대방이 신뢰할 수 있는지에 대하여 보험의 가입여부, 회사내역 등에 대하여 조사하고, 다시 협상·계약하고, 화물운송이 제대로 되고 있는지에 대해 확인해야 하는 등 기존의 거래관행에 비해 추가적으로 부담해야 하는 부대비용이 훨씬 높다고 인식하기 때문에 CVO 서비스를 이용하지 않고 있다.

다음으로, 대부분 지입제로 운영되고 있는 우리나라의 운송업체의 현실에 비추어 볼 때 지입차주나 개별 차주들도 CVO 가입 시 기존의 알선(주선)업체와의 거래관행을 유지하는 것보다 추가적인 거래비용이 훨씬 더 많이 들어가는 것으로 인식하고 있다. CVO 운영주체에게 화주로부터 화물정보가 거의 제공되지 않고 있는 상황에서 그들이 기존 알선업체와 거래관계를 끊고 CVO 서비스를 이용한다는 것은 위험(risk)이 수반되는 일이었다. 독자적으로 거래상대방을 찾기 위해 소요되는 추가적인 영업비용과 정보비용뿐만 아니라 거래상대방과 거래조건을 제시하고 협상을 해야 하는 등 이전보다 훨씬 더 거래비용이 더 들어간다는 것을 알고 있었다. 그리고 현실적으로 개별 차주나 지입차주들의 경우 그러한 영업활동을 통한 물량확보가 불가능하거나 한계가 있다고 인식하고 있었다. 이러한 요인들 때문에 민간부문에서의 화물운송네트워크는 기존의 알선업체, 운송업체, 화주 간의 상호 의존적인 거래 관행이 지속되고, 알선업체의 지배구도 하에서 그들 간의 견고한 네트워크가 유지되고 있는 것이다. 따라서 정책대상집단 내 행위자들은 신기술로서 CVO를 이용하는 것보다 기존의 거래관행을 따르는 것이 거래비용을 줄임으로써 상대적인 이익이 된다고 인식하고 있었기 때문에 CVO의 확산에 부정적인 영향을 미쳤다.

정부에서 CVO라는 신기술을 도입하여 이들 민간부문의 네트워크에 충격을 가함으로써 화주와 운송업체 간의 직거래시스템을 구축하려고 의도하였지만, 민간부문에서 오랜 기간 동안 형성된 거래관행으로 인하여 기존 민간 화물운송네트워크는 깨어지지 않고 견

258

고하게 유지되고 있다. 결국 화물운송시장에 오랫동안 고착된 거래
관행이 하나의 비공식적인 제도로서 지속되고 행위자들의 선택을
제약하는 경로의존성(path dependence)으로 작용함으로써 CVO 확
산에 부정적인 영향을 미치고 있는 것이다.

이러한 사례분석을 통하여 얻을 수 있는 정책적 시사점은 다음과
같다. 첫째, 본 사례는 정책대상집단의 선호와 배치되는 정책혁신의
외부적 확산은 근본적인 한계가 있으며, 보조금 지원 등과 같은 정
부의 인위적인 확산정책도 미봉책에 불과할 뿐 지속적인 영향을 미
치지 못한다는 점을 보여 주고 있다. 따라서 정책혁신의 성공적인
도입·확산을 위해서는 먼저 혁신을 채택할 정책대상집단의 선호와
이해관계를 분석하고, 그들에 대한 유인(incentive)체계를 설계하는
것이 무엇보다도 중요하다는 점을 시사한다. 예컨대, 정부는 화주기
업에 대하여 CVO 가입 시 세제혜택 등 유인을 제공할 수 있는 제
도적 여건을 마련해 주는 것이 필요하다. 또한 집행자인 전담사업
자는 운송업체 등 정책대상집단에 대하여 다양한 교통정보 등 부가
서비스 제공, 고속도로 상에서의 자동통행요금징수시스템 등 여타
ITS와의 연계, 화물 물량정보의 제공 등을 통하여 CVO의 편익이
비용보다 크다는 점을 인식시키고, 이를 지속적으로 홍보하는 것이
중요하다. CVO의 편익을 확대하고, 비용을 줄이는 문제는 결국 국
내 CVO의 기술개발 노력과 직결된다.177) 둘째, 정부가 정책혁신을
도입하여 확산시키고자 하는 경우에는 기존 정책네트워크나 민간부
문의 행위자들 간 거래관행과 같은 제도적 맥락(contexts)을 고려하
여 그들 스스로가 혁신을 채택할 있는 여건을 마련해 주는 것이 필
요하다. 일본의 경우 정책대상집단인 전국운송사업협동조합이 자체
적으로 알선정보시스템을 구축하여 성공적으로 운영하고 있다는 점
을 벤치마킹할 필요가 있다. 셋째, 이러한 이해를 바탕으로 정부의

177) KT-logis K이사와 전화면접 결과, 2005. 6. 4.

역할 범위를 어디까지 설정할 것인가를 사전에 충분히 검토하고 접
근하여야 한다는 점이다. CVO와 같이 민간부문의 자율적인 시장메
커니즘에 의해 기술 확산이 가능한 영역에서 정부가 민간부문의 이
해관계에 너무 깊이 개입하려고 할 경우에는 정부가 의도하지 못한
정책결과가 반드시 나타나게 된다는 점을 인식할 필요가 있다. 이
러한 점을 고려할 때 향후 우리나라의 CVO 구축정책은 선진국의
사례와 같이 정부의 직접적인 개입보다는 민간부문에서 자율적으로
CVO 시장을 형성할 수 있도록 통신인프라 구축 등 간접적인 지원
역할로 방향 진환을 검토할 필요가 있다.

제4절 사례의 비교분석과 시사점

본 연구는 ITS의 도입 및 확산에 미친 영향 요인을 분석하기 위
하여 i) 시스템이 급속하게 확산되고 있는 무인과속단속시스템
(ATES), ii) 집행체제 내부에서 확산이 지체되고 있는 자동통행요
금징수시스템(ETCS), iii) 대상집단으로 서비스 확산이 지체되고 있
는 화물운송정보시스템(CVO) 등 세 가지를 선정하여 분석하였다.
이러한 세 가지 사례를 비교·분석한 결과는 아래와 같다.

1. 사례의 비교분석

가. 정책환경 요인

ITS의 도입 및 확산에 미친 정책환경 요인을 ⅰ) 교통문제와 ⅱ) 기술발전 변수로 나누어 분석한 결과는 다음과 같다.

(1) 교통문제의 심각성 인식수준

먼저, 정책담당자의 교통문제에 대한 심각성 인식은 정책혁신으로서 ITS의 국내 도입의 촉진역할을 하였다. ITS의 도입과정에서 정책담당자들은 갈수록 심화되고 있는 국내의 교통체증, 교통사고, 대기오염 등 교통문제의 심각성을 인식하고 있었으나, 이를 해결하기 위한 기존의 정책대안들이 한계가 있다고 인식하고 있었기 때문에 새로운 대안으로서 ITS의 도입에 긍정적인 영향을 미쳤다.

구체적으로 보면 첫째, ATES의 경우는 심각한 교통사고 문제에 대한 정책담당자의 심각성 인식이, 둘째, CVO의 경우는 지입제 경영, 알선 거래관행과 같은 화물운송문제에 대한 심각성 인식이, 셋째, ETCS의 경우는 고속도로 혼잡문제에 대한 심각성 인식이 새로운 시스템의 도입결정에 긍정적인 영향을 미쳤다. 이러한 분석결과는 분석모형에서 제시한 분석가설과 일치하는 결과를 보여주고 있다.

(2) 기술발전 인식수준

가) 해외 기술발전 인식수준

해외 ITS 기술발전에 대한 정책담당자의 인식 수준이 ITS의 도입에 미친 영향을 조사한 결과 첫째, ATES의 경우에는 초기 수거방식이나 온라인방식 모두 도입 당시 국내 기술이 개발되어 있었기 때문에 해외 기술동향은 정책담당자나 전문가집단, 민간사업자들의 인식에 크게 영향을 미치지 않는 것으로 나타나고 있다. 둘째, ETCS의 경우 해외 기술수준은 국내 정책담당자들에게 획기적인 것으로 인식되어 시스템의 도입결정에는 긍정적인 영향을 미쳤다. 여기서 해외 기술동향은 시스템의 도입뿐만 아니라 확산에도 영향을 미치고 있는데, 수동방식과 능동방식의 채택을 둘러싼 정책논쟁 과정에서 해외 기술동향이 행위자들에 대한 상이한 준거기준으로 작용함으로써 간접적으로 시스템의 확산에 부정적인 영향을 미쳤다. 셋째, CVO의 경우 정책관련자들이 해외와 국내 화물운송시장의 구조가 상이하여 차별적인 접근이 필요하다고 인식하였기 때문에 해외 기술동향은 시스템의 도입과정에서 크게 영향을 미치지 않았다.

이러한 분석결과는 분석모형에서 제시한 가설과 상이한 결과들을 보여 주고 있다. 해외 기술동향은 그 자체가 시스템의 도입에 직접 영향을 미치는 것이 아니라, 정책관련자들이 국내 기술수준 및 시장 여건 등 정책환경을 어떻게 인식하느냐와 연계되어 시스템의 도입뿐만 아니라 확산에도 간접적으로 영향을 미치고 있음을 보여 주고 있다.

나) 국내 기술발전 인식수준

국내 ITS 기술발전 수준에 대한 정책담당자의 인식 수준이 ITS의 도입에 미친 영향을 분석한 결과 첫째, 온라인방식의 ATES의 경우 도입 초기에 기술적 안정성을 확보하면서 시스템의 도입뿐만 아니라 확산에도 긍정적인 영향을 미쳤다. 둘째, ETCS의 경우에는 도입 초기 국내 기술의 불안정성으로 인하여 시스템의 도입뿐만 아니라 확산에도 부정적인 영향을 미쳤다. 셋째, CVO의 경우에는 정책관련자들이 국내 기술력을 어느 정도 확보하였다고 인식하였기 때문에 시스템을 도입하는 데는 긍정적인 영향을 미쳤으나, 초기의 낮은 기술수준은 정책대상집단에게 제공하는 서비스 내용(편익/비용)과 관련되어 시스템의 확산에 부정적인 영향을 미쳤다.

이러한 분석결과는 정책담당자가 국내 기술력을 어떻게 인식하느냐에 따라 도입에 영향을 미칠 것이라는 분석가설과 일치하는 것으

로 나타나고 있으나, 국내 기술수준은 시스템의 도입뿐만 아니라
확산에도 중요한 영향을 미침을 보여 주고 있다.

나. 정책네트워크 요인

ITS의 확산에 미친 정책네트워크 요인을 ⅰ) 행위자의 이익(선
호), ⅱ) 상호작용, ⅲ) 네트워크의 구조 변수로 나누어 분석한 결과
는 다음과 같다.

(1) 행위자의 이익(선호)

정책네트워크 내 구성원들의 이익(선호)이 ITS의 확산에 미친 영
향을 분석한 결과는 다음과 같다. 첫째, ATES의 경우 경찰청(본청
및 지방청), 도로교통안전협회(공단), 민간업체 등 관련 행위자들의
시스템에 대한 적극적인 선호와 공통적인 이해관계로 인하여 온라
인 시스템의 확산에 강한 긍정적인 영향을 미쳤다. 둘째, ETCS의
경우는 건설교통부, 도로공사, 정보통신부, 전문연구기관, 민간업체
등 관련 행위자들이 장기적으로는 ETCS에 대하여 공통적인 이익
(선호)을 가지고 있었으나, 단기적으로는 기술방식에 대한 이해 상
충으로 인하여 시스템 확산에 강한 부정적인 영향을 미쳤다. 셋째,
CVO의 경우 정책추진집단(건교부, 한국통신등)과 정책대상집단의
대표기관(알선연합회, 운송연합회)의 상충적인 이해관계로 인하여
시스템 확산에 강한 부정적인 영향을 미쳤다. 특히 서비스의 최종
이용자인 운송업체, 화주기업 등 정책대상집단의 CVO에 대한 부정
적인 선호는 시스템의 확산에 부정적인 영향을 미쳤다.

이러한 분석결과는 정책네트워크 내 관련 행위자들의 이해관계가
ITS의 확산에 큰 영향을 미치고 있음을 보여줌으로써 분석모형에
서 제시한 가설과 일치하는 결과를 나타내고 있다. 다만, CVO의

경우와 같이 집행체제 외부로의 확산에 있어서는 정책네트워크 내
부 행위자의 이해관계나 선호보다는 서비스의 최종이용자인 정책대
상집단의 이해관계나 선호가 더욱 중요하다는 점을 보여 주고 있
다. 정책대상집단이 신기술로서 CVO를 이용하는 것보다 기존의 거
래관행을 따르는 것이 거래비용을 줄임으로써 자신들에게 이익이
된다고 인식하고 있었기 때문에 CVO의 확산에 부정적인 영향을
미쳤다.

(2) 상호작용

정책네트워크에 참여하는 행위자들 간의 ⅰ) 상호작용의 양태,
ⅱ) 영향력, ⅲ) 정책학습이 ITS의 확산에 미친 영향을 분석한 결
과는 아래와 같다.

가) 상호작용의 양태

정책네트워크 내 행위자들 간의 상호작용의 양태는 그들의 ITS
에 대한 선호 및 이해관계의 성격이 어떠하냐에 따라 달라진다. 첫
째, ATES의 경우는 정책추진집단인 경찰청, 도로교통안전협회(공
단), 민간업체 등 정책네트워크 내 행위자들의 공통적인 이해관계로
인한 협력적 상호작용이 시스템의 확산에 강한 긍정적인 영향을 미
쳤다. 둘째, ETCS의 경우는 정책네트워크 내 수동방식 지지집단과
능동방식 지지집단 간의 단기적인 이해 상충으로 인한 갈등적 상호
작용이 시스템 확산에 강한 부정적인 영향을 미쳤다. 셋째, CVO의
경우도 정책네트워크 내 정책추진집단과 조직화하여 참여한 정책대
상집단 간의 상충적인 이해관계로 인한 갈등적 상호작용이 시스템
확산에 부정적인 영향을 미쳤다.

이러한 분석결과는 정책네트워크 내 관련 행위자들의 이해관계에

기반을 둔 상호작용의 양태(협력적 또는 갈등적 관계)가 ITS의 확산에 결정적인 영향을 미치고 있음을 보여줌으로써 분석모형에서 제시한 가설과 일치하는 결과를 나타내고 있다.

나) 정책추진집단의 영향력

ITS를 도입하고자 하는 정책추진집단의 영향력의 정도가 ITS의 확산에 미치는 영향을 분석한 결과, 첫째, ATES의 경우에는 시스템의 도입을 주도한 경찰청이 확고한 추진의지를 가지고 여타 행위자들에 대하여 강한 영향력을 행사하고 있었기 때문에 시스템의 확산에 강한 긍정적인 영향을 미쳤다. 둘째, ETCS의 경우는 도입결정기관인 건설교통부의 영향력이 미약하였고, 집행기관인 도로공사보다 규제기관인 정보통신부의 영향력이 강했다는 점이 시스템 확산에 부정적인 영향을 미쳤다. 셋째, CVO의 경우에는 기본적으로 민간주도사업이므로 도입결정기관인 건설교통부의 영향력이 미약했고, 집행대행기관인 한국통신도 정책대상집단의 대표기관인 운송연합회나 알선연합회에 대한 영향력이 미약했기 때문에 시스템 확산에 부정적인 영향을 미쳤다.

이러한 분석결과는 정책네트워크 내 정책추진집단의 영향력의 정도가 ITS의 확산에 영향을 미치고 있음을 보여줌으로써 분석모형에서 제시한 가설과 일치하는 결과를 보여주고 있다.

다) 정책학습

정책네트워크 내 행위자들 간의 상호작용 속에서 이루어지는 정책학습이 시스템의 확산에 미치는 영향을 분석한 결과, 첫째, ATES의 경우에는 수거방식의 실패를 경험삼아 온라인방식을 보완한 경찰청의 실행학습과 지방경찰청 간의 온라인방식에 대한 긍정적인 성과

모방학습이 시스템의 확산에 긍정적인 영향을 미쳤다. 둘째, ETCS 의 경우에는 도로공사, 정보통신부 등 정책네트워크 내 행위자들 간의 소모적인 논쟁과정 속에서 서울시, 부산시, 인천공항고속도로 사업자 등 잠재적 채택자들의 부정적인 성과모방학습은 시스템의 확산에 부정적인 영향을 미쳤다. 셋째, CVO의 경우 집행대행기관 인 한국통신의 실행학습을 통한 전략변경과 운송업체, 주선업체 등 정책대상집단들의 부정적인 성과모방학습은 시스템의 확산에 부정 적인 영향을 미쳤다.

이리힌 분서결과는 정책네트워크 내 잠재적 채택자들이 ITS를 먼저 채택한 행위자들에 대하여 긍정적 또는 부정적인 성과모방학 습을 함으로써 ITS의 확산에 영향을 미치게 된다는 분석모형의 가 설과 일치하고 있다.

(3) 정책네트워크의 구조

ITS의 도입과정에서 형성된 정책네트워크의 구조적인 성격변화 가 ITS의 확산에 미친 영향을 분석한 결과는 다음과 같다. 첫째, ATES의 구축과정에서 형성된 정책네트워크는 기존의 정책공동체 구성원(경찰청, 도로교통안전협회, 민간업체)들이 지속적으로 참여 함으로써 정책네트워크의 구조적 변화가 없었으며, 이는 시스템의 확산에 긍정석인 엉항을 미쳤디. 둘째, ETCS 정책네트워크는 기존 의 고속도로 교통정책 분야의 정책공동체 구성원들(건교부, 도로공 사, 국토연구원등)뿐만 아니라 통신정책 분야의 정책공동체 구성원 들(정통부, 전자통신연구원, 전산원, 한국통신등)이 새로 참여하거나 이탈하고, 이들 간의 관계가 갈등적·유동적인 이슈네트워크의 성 격을 띠고 있었으며, 이는 시스템의 확산에 부정적인 영향을 미쳤 다. 셋째, CVO 구축과 관련된 행위자 네트워크는 정책네트워크와 민간 화물운송네트워크가 상호 중첩된 이원적인 중층네트워크의 모습을 보여주고 있었다. 여기서 정책네트워크는 기존의 화물운송 분야의 정책공동체 구성원(건교부, 운송연합회, 알선연합회) 외에 통신 분야의 한국통신, 물류정보통신 등이 새로 참여하고, 사업이 진행되면서 이들 간의 관계가 균열되는 이슈네트워크의 성격을 띠고 있었는데, 이는 시스템의 확산에 부정적인 영향을 미쳤다. 한편, 민간부문의 화물운송 네트워크는 운송업체, 알선업체, 화주 등의 삼각관계가 기존의 거래관행에 따라 견고하게 지속되는 모습을 보이고 있었다.

<표 4-28> 사례의 비교분석 요약

구 분			ATES 확산	ETCS 확산 지체	CVO 확산 지체
정책환경 요인 (도입에 미친 영향)	교통 문제	교통문제 심각성 인식	(+)영향	(+)영향	(+)영향
	기술 발전	해외 기술발전 인식	미약한 영향	(+)영향	미약한 영향
		국내 기술발전 인식	매우 높음 (+)영향	낮 음 강한(−)영향	보 통 (+)영향
정책네트 워크요인 (확산에 미친 영향)	행위자	이익(선호)	공통적 이익 강한(+)영향	상충적 이익 강한(−)영향	상충적 이익 강한(−)영향
	상호작용	양 태	협조관계 강한(+)영향	갈등관계 강한(−)영향	갈등관계 (−)영향
		정책추진집단의 영향력	강 함 강한(+)영향	약 함 (−)영향	약 함 (−)영향
		정책학습	(+)성과모방 (+)영향	(−)성과모방 (−)영향	(−)성과모방 (−)영향
	구조	성 격	정책공동체 (+)영향	이슈네트워크 (−)영향	이슈네트워크 (−)영향

* 기호설명: (+) 긍정적, (−) 부정적.

이러한 정책네트워크의 구조적 성격변화가 시스템의 확산에 미친 영향을 분석한 결과, 정책네트워크가 기존의 정책공동체로 지속될 때 시스템의 확산에 긍정적인 영향을 미치고, 이슈네트워크로 변할 때는 시스템의 확산에 부정적인 영향을 미칠 것이라는 분석의 가설과 일치하는 결과를 보여주고 있다.

2. 발견점 및 시사점

신기술의 도입·확산에 미친 영향요인과 관련하여 지금까지 분석한 사례들을 비교·검토한 결과, 발견점 및 정책적 시사점은 다음과 같다. 먼저, 정책환경 요인으로서 첫째, 국내의 사회문제에 대하여 정책담당자들이 심각하게 인식할수록 정책혁신의 국내 도입의 촉진요인이 된다는 점이다. 이러한 점들 때문에 정책혁신의 주창자들은 사회에 존재하는 객관적인 문제 상황에 대하여 자신들의 이해관계, 가치관, 신념 등에 근거하여 주관적으로 정책문제를 정의하고, 이를 정책혁신의 도입근거로서 주장한다. 그러나 CVO 사례에서 본 바와 같이 정책담당자들이 정의한 정책문제에 대하여 이해관계 있는 정책대상집단이 달리 인식할 수 있으며, 이에 따라 정책결과가 당초 예상과는 달리 엉뚱한 방향으로 전개될 수 있다는 점을 정책담당자는 혁신의 도입 시 신중하게 고려하여야 한다.

둘째, 신기술을 활용한 정책혁신의 도입 및 확산에 있어서 국내 관련기술이 없거나 기술수준이 미흡할수록 해외 기술동향이 정책혁신의 도입 및 확산과정에 강하게 영향을 미치나, 국내 기술수준이 안정성을 확보할수록 해외 기술 환경이 미치는 영향은 미약하다는 점이다. 다음으로 국내 기술의 실행가능성과 관련하여 국내 기술력이 확보되지 않는 경우에는 신기술의 도입 및 확산에 근본적인 제약요인으로 작용하게 되며, 도입된 기술수준이 안정화되더라도 또 다른 신기술이 개발된 경우에는 기존기술과 신기술을 둘러싼 관련 집단 간의 갈등으로 인하여 기술 확산이 지체될 수 있다는 점이다. 이러한 점을 고려할 때 기술발전 속도가 매우 빠르게 진행되고 있는 첨단기술정책에 있어서는 사회적 매몰비용을 최소화하면서 신기술의 발전 속도를 수용할 수 있는 탄력적인 표준정책의 운용이 필요하다는 점을 시사한다.

다음으로, 정책네트워크 요인으로서 첫째, 정책네트워크 내 행위자들의 이해관계가 정책혁신의 확산에 가장 결정적인 영향을 미치고 있다는 점이다. 행위자들 간의 이해관계가 공통적인 경우에는 협력적인 상호작용으로 인하여 시스템의 확산에 긍정적인 영향을 미치나, 이해관계가 상호 상충적인 경우에는 갈등적 상호작용으로 인하여 시스템의 확산에 부정적인 영향을 미친다. 주된 행위자들 간의 관계에 있어서 그들이 추구하는 이익의 방향이 장기적으로 공통적이더라도, 단기적으로 상충적일 경우에는 혁신이 지체되는데, 이러한 경우에 갈등을 해결할 수 있는 제도적 조정 메커니즘을 어떻게 개발하느냐가 성공적 확산의 열쇠라는 점을 시사한다.

한편, 집행체제 외부로의 서비스 확산에는 정책네트워크 내부 행위자들의 요인보다는 서비스의 최종이용자인 정책대상집단의 이해관계 및 선호가 확산에 중요한 영향을 미친다는 점이다. 정책대상집단의 혁신에 대한 선호는 혁신이 제공하는 편익과 비용을 계산함으로써 형성되는데, 민간부문의 기존 거래관행이 혁신의 확산에 장애가 되는 요인도 이러한 관점에서 살펴보면 정책대상집단이 거래관행 유지보다 혁신을 채택할 경우 거래비용(transaction cost)이 더 크다고 인식하기 때문인 것으로 이해할 수 있다.

둘째, 정책네트워크는 비공식적인 제도로서 그 구조적 성격이 어떠하냐에 따라서 참여의 범위, 참여자의 지위, 정보교환 및 의사결정 방식 등이 달라진다. 이러한 네트워크의 구조는 구성원들의 선호 및 상호작용에 영향을 미침으로써 확산에 영향을 미치고 있다. 본 연구의 분석결과, 정책혁신의 도입을 둘러싸고 형성된 정책네트워크의 성격이 기존의 제도화된 정책공동체로 지속될 경우에는 혁신의 확산에 긍정적인 영향을 미치나, 기존의 정책공동체에서 개방적인 이슈네트워크로 변할 때에는 혁신의 확산에 부정적인 영향을 미치고 있음을 보여주고 있다.

특히, 혁신의 도입을 둘러싸고 새로 형성된 정책네트워크 내 주된 행위자들 간에 갈등이 발생하였을 때 기존의 제도화된 정책공동체를 중심으로 행위자들 간의 지지연합이 형성되고, 정책네트워크의 내부적 구조가 이원화되면서 혁신의 확산에 부정적인 영향을 미치고 있음을 보여 주고 있다. 한편, 정책대상집단에게 유인을 제공하여 주지 못하는 정책혁신의 경우에는 혁신을 둘러싸고 새로 형성된 정책네트워크와 민간부문의 기존 네트워크의 구성원들이 상호 갈등관계를 형성하고, 네트워크의 구조가 이원적인 중층구조를 보여 주면서 혁신의 확산에 부정적인 영향을 미치고 있음을 나타내고 있다. 따라서 혁신의 도입 및 확산정책을 설계할 때 이러한 제도화된 행위자들의 상호 의존적인 이해관계를 분석하는 것이 대단히 중요하다는 점을 시사하고 있다.

요컨대, 이러한 연구결과는 다음과 같은 이론적·정책적 시사점을 제공한다. 첫째, 합리적 선택 제도주의적 시각에서 정책네트워크를 분석하면 제도적 제약 하에서 행위자들의 신호와 그들 간의 상호작용의 양태가 정책혁신의 도입 및 확산에 미치는 영향을 이해하는데 유용하다. 둘째, 정부가 정책혁신을 도입하여 확산시키고자 하는 경우에는 기존 정책네트워크나 민간부문의 행위자들 간 거래관행과 같은 제도적 맥락(contexts)을 고려하여 정부가 민간부문에 개입하는 정도 및 개입방식을 결정하는 것이 중요하다. 셋째, 성공적인 정책혁신의 확산을 위해서는 정책집행자 및 정책대상집단의 유인(incentive)체계를 설계하는 것이 무엇보다도 중요한 고려요소이다.

제5장 결 론

제1절 연구의 요약

본 연구의 목적은 합리적 선택 제도론적 관점에서 정책네트워크 모형을 활용하여 정책네트워크 내 행위자의 선호, 상호작용의 양태, 그리고 네트워크의 구조가 정책혁신의 도입 및 확산에 미친 영향을 분석함으로써 정책이론에서 확산연구의 수준과 질을 향상시키는 데에 있다.

기존 정책이론에서는 정책혁신의 확산을 좌우하는 요인으로 지방 정부 간 상호작용 및 지역적 근접성, 지방정부 고유의 사회경제적·정치적 요인(도시화, 산업화, 주민 1인당 소득, 정당 간 경쟁 등) 등을 들고 있다. 그러나 이런 관점의 연구들은 첫째, 확산과정의 '존재'를 설명할 뿐, 그러한 과정이 '왜' 그리고 '어떻게' 이루어지는지를 설명할 수 없다. 즉 혁신과 관련된 행위자들이 어떠한 동기에서 혁신을 채택하거나 거부하는지, 그리고 지리적 요인이나 사회경제적·정치적 환경이 어떠한 매개경로를 거쳐 혁신의 확산에 영향을 미치는지를 설명하는 데에 한계가 있다. 이러한 현상을 설명하기 위해서는 실제로 혁신을 채택하는 사람들의 행동을 설명할 수 있어야 한다. 혁신에 대하여 행위자들이 어떠한 이익과 선호를 가지고 정책과정에 참여하고, 그들 간의 상호작용의 양태가 혁신의 확산에 어떠한 영향을 미치는지를 분석할 수 있어야 한다.

둘째, 혁신과 관련된 행위자들은 혁신의 도입을 둘러싸고 정책과정에 참여함으로써 새로운 정책네트워크를 형성하고, 기존의 정책네트워크 내 행위자들도 혁신의 도입과정에 참여함으로써 영향력을 행사하려고 한다. 그러나 기존의 연구들은 혁신의 도입을 둘러싸고 정책네트워크의 구조적 특성이 어떻게 변화하고, 이러한 네트워크의 변화가 혁신의 도입 및 확산에 어떠한 영향을 미치는지를 설명하지 못하는 한계가 있다. 특히 기존의 정책네트워크는 오랜 기간 동안 행위자들 간의 관계가 지속되면서 하나의 비공식적인 제도를 형성하고 있는데, 이러한 비공식적인 제도가 행위자들의 선호 및 상호작용에 어떻게 영향을 미쳐 혁신의 도입 및 확산에 영향을 미치는지를 기존의 이론은 설명하지 못한다.

셋째, 정책혁신은 그 자체가 목적이 아니라 혁신을 통한 바람직한 사회변화를 도모하기 위한 수단임에도 불구하고, 기존 연구들은 혁신의 채택단위를 정부로 국한하여 정책결정단계 위주로 분석하고 있기 때문에 정부 내부 또는 사회집단에 혁신이 어떻게 확산되는지를 설명할 수 없다. 이러한 현상을 설명하기 위해서는 혁신의 채택단위를 정책집행자나 정책대상집단으로 하여 그들이 어떤 동기 및 선호에 따라 혁신을 채택하는지를 설명할 수 있어야 한다.

본 연구는 정책혁신의 도입 및 확산에 영향을 미치는 행위자들 간의 상호작용 관계를 분석하는 데에 '정책네트워크 모형'을 분석도구로 삼고 있다. 정책네트워크 분석은 오늘날 분권화 된 정치체제 하에서 정책과정에 참여하는 다양한 공공·민간부문의 공식·비공식적 행위자들 간의 상호작용을 분석하는데 유용하니, 정책결과에 대하여 설득력 있는 설명을 하는 데는 한계가 있다. 이러한 한계를 보완하기 위하여 본 연구는 개별 행위자들의 선호(이해관계)를 분석할 수 있는 미시적 수준의 '행위자 모형'과 결합하여 분석하였다. 특히, 정책네트워크를 제도로 보는 관점에 따라 '정부와 조직화된 이익 사이의 상호작용을 규제하는 일련의 비공식적인 규칙'으로 정의하고, 제도적 제약 하에서 행위자들의 선호(이해관계)와 그들 간의 전략적 상호작용이 정책혁신의 도입 및 확산에 어떻게 영향을 미치는지에 대하여 합리적 선택 제도론적 시각에서 분석하였다. 이러한 접근방법은 미시적인 행위자를 분석할 수 있을 뿐만 아니라 이들을 제약하는 거시적 구조나 제약을 동시에 분석할 수 있는 장점이 있기 때문이다.

정책혁신의 도입 및 확산에 영향을 미치는 요인으로는 정책환경 요인, 정책네트워크 요인으로 구분하여 분석하였다. 첫째, 정책환경 요인으로는 정책문제와 국내외 기술발전에 대한 정책관련 행위자들의 인지가 혁신의 도입에 미치는 영향을 분석하였다. 둘째, 정책네트워크요인으로는 행위자의 이익(선호), 그들 간의 상호작용, 그리고 네트워크의 구조 측면에서 분석하였다. 특히 정책네트워크 내 주된 행위자들의 이익(선호)과 그들 간의 상호작용에 있어서는 다음과 같이 가정하고 분석하였다. ⅰ) 정책혁신을 둘러싸고 주도적 행위자들이 단기·장기적으로 공통의 이익을 얻고자 하는 경우에는 행위자들 간의 상호작용은 순수한 협력의 양태를 보이며, 혁신은 급속히 확산될 것이다. ⅱ) 주도적 행위자들의 이익이 단기·장기적으로 상충되는 제로섬 게임과 같은 상황에서는 행위자들 간의 상호작용은 양립이 곤란한 갈등양상을 보이며, 혁신은 지체·폐기될 것이다. ⅲ) 주도적 행위자들의 이익이 장기적으로는 공통적이나, 단기적으로는 상충적인 죄수의 딜레마와 같은 형태의 상황에서는 행위자들 간의 상호작용은 단기적인 갈등양상을 보이면서 혁신은 지체·변형될 것이다.

구체적인 사례로는 1990대 초반 우리나라에 교통정책 분야의 정책혁신으로 도입된 지능형교통시스템(ITS)을 선정하여 사례를 분석하였다. 분석대상이 되는 하위 시스템으로는 ⅰ) 시스템의 급속한 확산이 이루어지고 있는 무인과속단속시스템(ATES), ⅱ) 집행체제 내부에서 확산이 지체되고 있는 자동통행요금징수시스템(ETCS), ⅲ) 대상집단에게 서비스 확산이 지체되고 있는 화물운송정보시스템(CVO) 등 세 가지를 선정하였다. 분석 결과를 정책환경 요인과

정책네트워크 요인으로 구분하여 정리하면 다음과 같다.

정책환경 요인의 경우 첫째, 정책담당자가 국내의 교통문제를 심각하게 인식할수록 혁신의 국내 도입을 촉진하는 요인이 되었다(ATES, ETCS, CVO의 경우). 둘째, 국내 기술수준이 낮을수록 혁신의 국내 도입 및 확산에 부정적인 제약요인이 되고, 해외 기술동향이 혁신의 도입 및 확산에 많은 영향을 미쳤다(ETCS의 경우). 반면에 국내 기술력이 확보될수록 혁신의 도입에 긍정적 영향을 미치고, 해외 기술동향이 국내에 미치는 영향은 적었다(ATES, CVO의 경우).

정책네트워크 요인의 경우 첫째, 정책네트워크 내 행위자들의 선호 및 이해관계는 혁신의 확산에 결정적인 영향을 미쳤다. 행위자들 간의 이해관계가 혁신에 대하여 공통적인 경우에는 혁신의 도입 및 확산에 긍정적인 영향을 미치고(ATES의 경우), 혁신에 대한 이해관계가 상충적인 경우에는 혁신의 확산에 부정적인 영향을 미쳤다(ETCS, CVO의 경우). 특히, 집행체제 외부로의 서비스 확산에는 정책추진집단보다는 정책대상집단의 이해관계나 선호가 중요한 영향을 미치고 있는데, 민간 네트워크 내 행위자들 간의 기존 거래관행은 행위자들의 선호에 제약요인으로 작용하여 혁신의 확산에 부정적인 영향을 미쳤다(CVO의 경우).

둘째, 정책네트워크 내 행위자들 간의 상호작용의 측면에서 분석한 결과, 먼저 상호작용의 양태가 협력적인 경우에는 혁신의 확산에 긍정적인 영향을 미쳤으나(ATES의 경우), 갈등적인 경우에는 부정적인 영향을 미쳤다(ETCS, CVO의 경우). 다음으로 정책추진집단의 영향력의 정도를 조사한 결과, 정책추진집단의 여타 집단에 대한 영향력이 큰 경우에는 혁신의 확산에 긍정적인 영향을 미쳤으나(ATES의 경우), 영향력이 적은 경우에는 부정적인 영향을 미쳤다(ETCS, CVO의 경우). 그리고 정책학습이 혁신의 확산에 미치는 영향을 분석한 결과, 행위자들 간의 긍정적인 성과모방 학습은 혁신의 확산에 긍정적인 영향을 미쳤으나(ATES의 경우), 부정적인 성과모방 학습은 혁신의 확산에 부정적인 영향을 미쳤다(ETCS, CVO의 경우).

셋째, 정책네트워크의 구조적 성격이 혁신의 확산에 미치는 영향을 분석한 결과, 혁신의 도입을 둘러싸고 형성된 정책네트워크의 성격이 기존의 제도화된 정책공동체로 지속될 경우에는 혁신의 확산에 긍정적인 영향을 미쳤으나(ATES의 경우), 이슈네트워크로 변할 때는 혁신의 확산에 부정적인 영향을 미쳤다(ETCS, CVO의 경우). 여기서 혁신의 도입을 둘러싸고 새로 형성된 정책네트워크 내에서 정책추진집단들 간의 갈등이 발생할 때에는 기존의 제도화된 정책공동체를 중심으로 지지연합(advocacy coalitions)이 형성되면서 네트워크의 구조가 이원화되는 양상을 보였다(ETCS의 경우). 반면에 정책네트워크 내에 정책추진집단과 조직화하여 참여한 정책대상집단 간의 갈등이 발생할 때에는 정책추진집단을 중심으로 새로 형성된 정책네트워크와 민간부문의 기존 네트워크가 상호 중첩된 이원적인 중층네트워크의 모습을 보였다(CVO의 경우).

제2절 이론적 · 정책적 시사점

1. 이론적 시사점

본 연구의 이론적 의의는 정책네트워크 모형을 활용하여 신제도론적 관점에서 정책네트워크 내 행위자들의 이익(선호), 상호작용, 그리고 네트워크의 구조가 정책혁신의 도입 및 확산에 미친 영향을 분석함으로써 정책이론에서 확산연구의 수준과 질을 향상시킬 수 있다는 점이다. 이를 좀 더 구체적으로 살펴보면, 본 연구는 다음의 몇 가지 점에서 기존의 정책확산이론들이 제대로 설명하지 못한 현상들을 설명할 수 있다. 첫째, 합리적 선택제도주의 관점에서 정책네트워크를 분석하면 혁신에 대하여 행위자들이 어떠한 이익과 선호를 가지고 정책과정에 참여하고, 그들 간의 상호작용의 양태가 혁신의 확산에 어떤 영향을 미치는지를 이해하는데 유용하다. 이러한 분석을 통하여 기존의 정책확산이론이 제대로 설명하지 못하는 혁신 채택자들의 동기와 행동을 설명할 수 있게 된다.

둘째, 정책네트워크를 비공식적인 제도로 보는 관점에 따라 분석하면 혁신과 관련된 행위자들이 어떠한 동기에서 정책과정에 참여하여 새로운 정책네트워크를 형성하고, 혁신의 도입을 둘러싸고 정책네트워크의 구조적 특성이 어떻게 변화하고, 이러한 네트워크의 구조적 변화가 혁신의 도입 및 확산에 어떻게 영향을 미치는지를 설명할 수 있게 된다. 특히, 오랜 기간 동안 행위자들 간의 관계가 지속되면서 제도화된 기존의 정책네트워크가 행위자들의 선호 및 상호작용에 어떻게 제약을 가함으로써 혁신의 도입 및 확산에 영향을 미치는지를 설명할 수 있게 된다.

또한 정책대상집단 내에 오랜 기간 동안 형성된 거래관행과 같은 비공식적인 제도가 혁신의 확산에 미친 영향에 대하여 거래비용(transaction cost)으로 분석하면 정책대상집단들의 혁신에 대한 선호를 이해할 수 있고, 나아가 정책확산이론에도 제도이론이 성공적으로 접목될 수 있음을 보여 줄 수 있게 된다.

셋째, 기존 연구들은 혁신의 채택단위를 정부로 국한하고, 정책결정단계를 위주로 분석하고 있기 때문에 정부 내부 또는 사회집단에 혁신이 어떤 과정을 통하여 어떻게 확산되는지를 설명할 수 없는 한계가 있다. 그러나 혁신의 채택단위를 정책집행자나 정책대상집단으로까지 확장하고, 기존 정책집행이론의 순응이론과 접목시켜 분석을 하면 그들이 어떤 동기에서 혁신을 채택(즉, 정책에 순응)하거나 거부(즉, 정책에 불응)하는지에 대하여 이해할 수 있고, 정책혁신이 어떤 매개경로를 통하여 사회에 확산되는지를 설명할 수 있게 된다.

2. 정책적 시사점

지금까지 분석한 사례들을 비교·검토한 결과, 혁신의 도입·확산요인과 관련하여 발견한 정책적 시사점은 다음과 같다. 첫째, 정책담당자들이 정책혁신의 도입 시 먼저 고려하여야 할 점은 정책문제의 정의와 관련하여 정책혁신을 주창하는 집단들의 이해관계, 가치관, 편견 등이 작용함으로써 문제를 잘못 정의하는 이른바 '제3종 오류(Type Ⅲ Error)'를 경계하여야 한다. 혁신의 확산은 궁극적으로 혁신을 채택할 정책집행자나 정책대상집단의 선호나 이해관계에 따라 좌우되는 것이므로 정책결정자나 정책분석가들은 그들의 선호나 이해관계를 객관적으로 분석하고 확산전략을 수립하여야 한다. 만약 그들의 선호나 이해관계를 충분히 고려하지 못하고 정책혁신을 도입하여 추진할 경우에는 반드시 정부가 의도하지 못한 정책결과가 나타날 수 있다는 점을 정책담당자는 유념하여야 한다.

둘째, 정책담당자는 신기술을 활용한 정책혁신의 도입 시 먼저 국내 기술력을 확보하는 것이 무엇보다 중요하지만, 도입한 신기술이 안정성을 확보하였다고 하더라도 또 다른 신기술이 개발된 경우에는 기술 표준을 둘러싸고 기존기술과 신기술 관련 집단들 간의 갈등으로 인하여 기술 확산이 지체될 수 있다는 점을 고려해야 한다. 특히, 첨단기술의 발전 속도가 매우 빠르게 진행되고 있는 ITS와 같은 기술정책에 있어서는 기존 기술의 폐기에 따른 사회적 매몰비용을 최소화하면서 신기술의 발전 속도를 수용할 수 있도록 표준정책을 탄력적으로 운용할 필요가 있다.

셋째, 정책네트워크는 비공식적인 게임의 규칙으로서 네트워크의 구조적 성격이 어떠하냐에 따라서 참여의 범위, 참여자의 지위, 정보교환 및 의사결정 방식 등이 달라진다. 이러한 네트워크의 구조는 구성원들의 선호와 상호작용에 제약을 가함으로써 확산에 영향을 미친다. 본 연구의 분석결과, 정책혁신의 도입을 둘러싸고 형성된 정책네트워크의 성격이 기존의 제도화된 정책공동체로 지속될 경우에는 혁신의 확산에 긍정적인 영향을 미치나, 기존의 정책공동체에서 개방적인 이슈네트워크로 변할 때는 혁신의 확산에 부정적인 영향을 미치고 있음을 보여주고 있다. 특히, 혁신의 도입을 둘러싸고 새로 형성된 정책네트워크 내 주된 행위자들 간의 갈등이 발생할 때에는 기존의 제도화된 정책공동체를 중심으로 행위자들 간의 지지연합이 형성되어 정책네트워크의 구조가 내부적으로 이원화되는 양상을 보여 주고 있다. 따라서 혁신의 확산정책을 설계할 때 이러한 제도화된 행위자들의 이해관계를 분석하는 것이 대단히 중요하다.

넷째, 정책네트워크 내 주된 행위자들의 이해관계는 집행체제 내부에서 혁신의 확산에 결정적인 영향을 미친다는 점이다. 주된 행위자들 간의 이해관계가 공통적인 경우에는 협력적인 상호작용으로 인하여 시스템의 확산에 긍정적인 영향을 미치나, 이해관계가 상호 상충적인 경우에는 갈등적 상호작용으로 인하여 시스템의 확산에 부정적인 영향을 미치게 된다. 따라서 후자의 경우와 같이 행위자들 간의 갈등적인 상황에서 성공적인 혁신의 확산을 위해서는 그러한 갈등을 원만히 해결할 수 있는 조정 메커니즘을 개발하고 제도화하는 것이 핵심적인 사항이라는 점을 시사한다.

다섯째, 집행체제 외부로의 서비스 확산에는 정책네트워크 내부 행위자들의 요인보다는 서비스의 최종이용자인 정책대상집단의 이해관계 및 선호가 확산에 중요한 영향을 미친다. 정책대상집단의 혁신에 대한 선호는 혁신이 제공하는 편익과 비용을 계산함으로써 형성되는데, 민간부문의 기존 거래관행이 혁신의 확산에 장애가 되는 요인도 이러한 관점에서 살펴보면 정책대상집단이 거래관행 유지보다 혁신을 채택할 경우 거래비용(transaction cost)이 더 크다고 인식하기 때문인 것으로 이해할 수 있다. 따라서 정책담당자가 혁신을 도입하여 민간부문에 확산시키고자 하는 경우에는 민간부문에서 제도화된 거래관행과의 상충여부, 기존 제도보다 혁신의 상대적 이익이 우월한 지를 먼저 고려할 필요가 있다는 점을 시사한다.

요컨대, 성공적인 정책혁신의 확산을 위해서는 정책집행자 및 정책대상집단의 유인(incentive)체계를 설계하는 것이 무엇보다도 중요하며, 기존의 정책네트워크나 민간부문 행위자들 간의 거래관행과 같은 제도적 맥락(contexts)을 고려하여 정부가 민간부문에 개입하는 정도 및 개입방식을 결정하는 것이 중요하다.

제3절 본 연구의 한계

본 연구는 사례의 선정과 분석방법에 있어서 다음과 같은 한계를 가지고 있다. 본 연구의 첫 번째 한계는 일반화의 문제이다. 본 연구는 정책네트워크가 정책혁신의 도입 및 확산에 어떻게 영향을 미치는지를 알아보기 위하여 교통정책분야의 지능형교통시스템(ITS)의 도입사례를 선정하여 분석하였다. 그러나 비공식적인 제도로서 정책네트워크의 구조적 제약 하에서 형성되는 행위자들의 선호와 이해관계, 그들 간의 상호작용의 양태가 정책혁신의 도입 및 확산에 미치는 영향에 대하여 일반적인 설명을 할 수 있기 위해서는 교

통정책분야 이외의 다양한 분야에 적용하여 이론적 타당성을 검증
받을 필요가 있다. 예컨대, 1990년대 초반이후 ITS와 비슷한 시기
에 도입되어 각 부처에서 IT기술을 활용한 정책혁신으로 추진하고
있는 국가지리정보시스템(GIS), 환경종합정보시스템, 사회보험통합
정보시스템, 지역정보시스템, 국가재정정보시스템, 금융정보시스템
등의 사례를 이러한 관점에서 분석할 수 있을 것이다.

두 번째로 본 연구는 분석시점상의 한계가 있다. 우리나라에서
ITS의 다양한 하위 시스템들은 1990년대 중반 이후부터 본격적으
로 도입되기 시작하였기 때문에 시간적으로 보면 이제 10년 남짓
되는 도입 초기단계에 있다. 기존의 확산이론에 따르면 혁신은 도
입 초기에는 일부 혁신적인 개인이나 집단을 중심으로 채택되어 느
리고 단계적인 성장기간을 거쳐 진행되다가, 어느 시점이 지나면
일반대중이나 집단에게 급속하게 확산이 이루어지는 S자형 곡선을
그린다고 설명하고 있다. 따라서 본 연구는 시간적인 제약으로 인
하여 ITS 도입 초기단계에서 확산의 제약요인 등을 설명하는 데는
유용하지만, 본격적인 성장단계에서 확산을 촉진하는 요인을 설명
하는 데는 한계가 있을 수 있다. 따라서 향후 좀 더 장기적인 시계
를 가지고 이에 대한 보완적인 연구가 필요하다.

세 번째로 본 연구는 질적 분석방법을 통하여 제도론적 시각에서
ITS의 도입 및 확산에 미친 정책네트워크의 영향을 분석하고 있다.
그러나 정책네트워크 요인이 확산에 미친 인과관계의 정도를 보다
구체적으로 검증하고, 이에 관한 이론적 정밀성을 높이기 위해서는
계량적 기법을 활용한 경험적·실증적 분석을 통해 질적 분석의 한
계를 보완할 필요가 있다. 이러한 계량적 분석을 통해 연구범위 및
분석관점의 설정, 분석과정에서 작용하였을 수 있는 연구자의 주관
적인 선입견의 개입여부를 확인하고, 본 연구의 한계를 극복할 수
있는 새로운 대안을 모색함으로써 확산이론의 발전에 기여할 수 있
을 것이다.

참고문헌

<국내문헌>

1. 단행본

김석준외(2000), 「뉴 거버넌스 연구」, 서울: 대영문화사.

김정홍(2003), 「기술혁신의 경제학」, 서울: 시스마프레스.

남궁근(1999), 「비교정책연구」, 서울: 법문사.

노화준(1995), 「정책학원론」, 서울: 박영사.

_____(2003), 「정책학원론」, 서울: 박영사.

_____(1999), 「기획과 결정을 위한 정책분석론」, 서울: 박영사.

박용치(1983), 「혁신의 확산과정」, 서울: 고려원.

박종민(편)(2002), 「정책과 제도의 문화적 분석」, 서울: 박영사.

오석홍외(편)(2000), 「정책학의 주요이론」, 서울: 법문사.

원제무(1998), 「도시교통론」, 서울: 박영사.

유영만(1995), 「지식경제시대의 학습조직: 한국기업의 학습조직 구축방안」, 서울: 고도컨설팅그룹.

유동운(1999), 「신제도주의 경제학」, 서울: 선학사.

이규방외(1998), 「교통정책의 변화와 과제」, 경기도: 국토개발연구원.

이근외(역)(1995), 「과학과 기술의 경제학」, 서울: 경문사.

이번송(1998), 「도시교통정책의 경제론」, 서울: 박영사.

이승일(2000), 「한국교통정책의 이해」, 서울: MS미디어.

임윤철외(공역)(2000), 「모방에서 혁신으로」, 서울: 시그마인사이트컴.

정용덕외(1999a), 「합리적 선택과 신제도주의」, 서울: 대영문화사.

_____(1999b), 「신제도주의 연구」, 서울: 대영문화사.

_____(2002), 「거버넌스제도의 합리적 선택」, 서울: 대영 문화사.

정정길(1997), 「정책학원론」, 서울: 대명출판사.

_____(2000), 「행정학의 새로운 이해」, 서울: 대명출판사.

죄병선(1992), 「정부규제론」, 서울: 법문사.

최창현(역)(1998), 「정부개혁의 5가지 전략」, 서울: 삼성경제연구소.

하연섭(2003), 「제도분석: 이론과 쟁점」, 서울: 다산출판사.

2. 논 문

강은숙(2001), "정책변동요인에 관한 연구: 그린벨트정책사례를 중심으로", 서울대 행정학박사학위논문.

강재정(1997), "조직특성과 혁신특성이 EDI 확산에 미치는 영향과 확산성과", 「제주대산경논총」(11). pp.307-333.

권순만외(1995), "행정의 조직경제학석 섭근: 대리인이론의 행정학직 함의를 중심으로", 「한국행정학보」(29.1). pp.77-95.

_____(1999), "주인－대리인 모형" 정용덕외, 「합리적 선택과 신제도주의」, 서울: 대영문화사. pp.79-89.

기영석(1991), "혁신확산의 성공요인에 관한 연구: 첨단산업에서의 신기술 기업화를 중심으로", 「중앙행정논집」(5.2). pp.123-148.

김관보(1996), "제도분석 및 대리인이론 시각에서 본 현행 책임감리
　　　　　제도의 고찰", 「행정개혁과 정책조정」, 1999년도 동
　　　　　계학술대회 논문집(1), 한국행정학회.

──────(1999), "거래비용 접근법", 정용덕외, 「합리적 선택과 신제도
　　　　　주의」, 서울: 대영문화사. pp.52-78.

김동욱외(1998), "정보화사업 추진체계의 유형화에 관한 연구", 「한
　　　　　국행정학보」(32.2). pp.19-37.

김두성(1996), "국내 ITS 추진현황과 한국통신의 참여계획", 「한국
　　　　　통신 경영과 기술」(82). pp.54-65.

김만배 · 김성제(2004), "무인과속단속시스템의 확산에 관한 정책네
　　　　　트워크 분석", 「한국정책학회보」(13.3). pp.117-145.

김병완(1995), "환경정책 결정에 있어서의 정 · 경 · 관의 삼각관계",
　　　　　「한국행정연구」(4.3). pp.23-42

김성배(2002), "재산권모형", 정용덕외, 「거버넌스 제도의 합리적 선
　　　　　택」, 대영문화사. pp.149-178.

김성제(2003), "지능형교통시스템(ITS)의 도입 및 확산에 관한 연
　　　　　구: 신제도론적 정책네트워크 분석", 서울대 행정학
　　　　　박사학위논문.

──────(2005a), "화물운송정보시스템 확산 제약요인에 관한 연구:
　　　　　신제도론적 정책네트워크 분석을 중심으로", 「물류학
　　　　　회지」(15.2). pp.29-59.

──────(2005b), "정책네트워크가 정책혁신의 도입 및 확산에 미치는
　　　　　영향 분석: 자동통행요금징수시스템 사례를 중심으
　　　　　로", 「국토연구」(45). pp.75-91.

김순양(1995), "의료보험정책과정에서의 참여자의 특성 변화에 관한
　　　　　연구", 「한국행정학보」(29.2). pp.415-434.

김연섭(1997), "첨단생산기술 확산정책", 서울대 공학박사학위논문.

김용훈(1996), "기술정책에 있어서 부처조직 간 경쟁에 관한 연구", 서울대 행정학박사학위논문.

김인환(1997), "한국의 지방과학기술혁신체제와 정책망 형성에 관한 연구", 단국대 행정학박사학위논문.

김형구(1989), "한국의 지역간 기술혁신 확산에 관한 연구: 주요 기계공업을 중심으로", 부산대 경제학박사학위논문.

나기산(1997), "혁신 및 혁신의 확산 연구에 대한 고찰", 「교수논총」 (8). pp.151-174.

남궁근(1994), "정책혁신으로서 행정정보공개조례 채택", 「한국정치학회보」(28.1). pp.101-121.

노화준(1997), "정책개혁과정에 있어서 정책평가의 쟁점과 정책학습", 「행정논총」, (35.2). 31-55

박명수외(1997), "국가행정의 혁신 및 확산 메커니즘의 한·미간 비교", 「한국행정학보」(31.2). pp.77-91.

박성제외(2000), "미국 수자원 정책의 변경과정 고찰", 「한국수자원학회지」(33.3). pp.82-89.

박오수외(1997), "조직학습에 관한 이론적 고찰", 「서울대 경영논집」 (31.3). pp.93-130.

박용치(1984), "혁신확산의 결정요인분석", 「한국행정학보」(18.1). pp.189-206.

박정호외(2000), "정보기술의 확산요인에 관한 연구", 「군산대지역개발연구」(12). pp.189-212.

박치관(1988), "군수산업의 특성과 기술 확산의 요건", 「국방논총」 (7). pp.95-117.

배무기(1980), "기술의 도입, 수용 및 확산: 한국 나일론산업의 일사 례연구", 「서울대경제논총」(19.1). pp.40-56.

배병룡(1999), "조직환경론에서의 신제도주의", 정용덕외(1999b), 「신제도주의연구」, 서울: 대영문화사. pp.118-137.

배응환(2000), "정치체제 변화에 따른 정부와 경제이익집단의 정책 네트워크 연구", 고려대 행정학박사학위논문.

_____(2001a), "환경변화, 제도변화, 그리고 정책변화: 신제도주의 접근방법을 중심으로", 「행정논총」(39.2). pp.103-138.

_____(2001b), "정책네트워크모형의 행정학연구에 적용탐색", 「한국 행정연구」(10.3). pp.258-298.

서규하(1995), "교통경찰에 대한 주민의식 조사연구", 「한국공안행정 학회보」(4). pp.109-130.

서환주외(2001), "정보통신기술의 확산과 결정요인", 「기술혁신연구」 (9.2). pp.56-76.

송하진(1994), "정책실패의 제도화에 관한 연구: 전북 농공단지개발 정책 사례를 중심으로", 고려대 행정학박사학위논문.

송위진(1999), "기술선택의 정치과정과 기술학습: CDMA 이동통신 기술개발 사례연구", 고려대 행정학박사학위논문.

신광우(2000), "지역정보화 확산의 동태적 모형 개발", 충북대 경영 학박사학위논문.

안성민(2002), "신제도주의와 문화이론", 박종민(편), 「정책과 제도의 문화적 분석」, 서울: 박영사. pp.24-50.

염재호(1994), "국가정책과 신제도주의", 「사회비평」(11). pp.10-33.

오세창외(1999), "물류정보시스템의 구축현황과 향후 추진방향", 「교 통정책연구」(6.1). pp.119-142.

오장균(1996), "이동통신 서비스의 확산정책에 관한 연구", 「목원대 산경연구」(12). pp.205-229.

유일외(1996), "정보기술 확산에 관한 한·미·일 비교연구", 「전남 대경영논총」(21). pp.117-137.

윤석환(1996), "정보통신정책영역에 있어서의 정책연계망에 대한 연 구: 통신사업자 구조조정 사례를 중심으로", 충남대 행정학박사학위논문.

이동기(1998), "정부혁신의 확산에 있어 모방과 지식효과: 지리정보 시스템(GIS)의 도입을 중심으로", 중앙대 행정학박사 학위논문.

_____(2000), "혁신확산의 영향요인에 관한 분석", 「한국행정학보」 (34.3). pp.317-332.

이명석(1995), "공유재 문제의 자치적 해결 가능성", 「한국행정학보」 (29.4). pp.1291-1312.

_____(1999a), "합리적 선택론의 신제도주의", 정용덕외, 「합리적 선택과 신제도 주의」, 서울: 대영문화사. pp.9-30.

_____(1999b), "게임이론과 제도분석", 정용덕외, 「합리적 선태과 신제도주의」, 서울: 대영문화사. pp.31-51.

_____(1999c), "공유재 문제", 정용덕외, 「합리적 선택과 신제도주 의」, 서울: 내영문화사. pp.118-145.

_____(2000), "Jens Blom-Hansen의 신제도주의적 정책망 분석", 오석홍외(편), 「정책학의 주요이론」, 서울: 법문사. pp.118-126.

이민창(2001), "정책변동의 제도론적 분석: 그린벨트와 영월댐 사례 를 중심으로", 서울대 행정학박사학위논문.

이민화(1999), "객체지향 기술의 수용모델", 「외대논총」(19.5). 495-520.

_____(2001), "객체지향 기술의 확산에 영향을 주는 요인에 관한 경험적 연구", 「정보시스템연구」(10.1). 97-126.

이순호(1999), "노동복지 정책네트워크의 변화: 고용보험제도를 중심으로", 고려대 행정학박사학위논문.

이용상(1993), "화물운송알선사업의 현황과 외국의 화물알선정보사업 사례에 관한 연구", 「교통정보」(78). pp.17-29.

이장재(1998), "국가 첨단기술개발프로그램의 정책네트워크 분석: 생명공학·자동차 부문을 중심으로", 국민대 행정학박사학위논문.

이재범(1996), "정보기술채택에 영향을 미치는 조직요인에 관한 연구: LAN 및 RDB를 중심으로", 서강대 경영학박사학위논문.

이정록(1991), "혁신의 공간 확산과 지역변화에 관한 연구", 전남대 문학박사학위논문.

이종수(1996), "지방정책에 대한 이론모형의 개발과 실증적 적용: MDS방법에 의한 정책네트워크 분석", 「한국행정학보」(30.1). pp.47-61.

정병순(2000), "지역경제체계의 위기에 대응하는 지방통치체제의 작동양식에 관한 연구", 서울대 정치학박사학위논문.

정용남(1998), "사법개혁과정에서의 정책네트워크 연구", 서울대 행정학박사학위논문.

정정길(2002), "행정과 정책연구를 위한 시차적 접근방법: 제도의 정합성 문제를 중심으로", 「한국행정학보」(36.1). pp.1-19.

조명래(1999), "신도시정치(학)의 문제설정과 쟁점", 「공간과 사회」(11). pp.24-61.

조재운외(1994), "조직차원에서의 혁신확산에 관한 실증적 연구",

「아주경영리뷰」(2). pp.45-76.

최대환외(1996), "의료기술의 확산과 대응방안", 「사회과학연구」
(14.2). pp.75-94.

하연섭(1999), "역사적 제도주의", 정용덕외(1999b), 「신제도주의연
구」, 서울: 대영문화사. pp.9-36.

하태수(2001), "제도변화의 형태: 역사적 신제도주의를 중심으로",
「행정논총」(39.3). pp.113-137.

한세억(1999), "국가기간전산망정책의 집행맥락과 설명모형: Elmore
모형의 적용과 한계 그리고 네드워크모형의 가능성",
「한국정책학회보」(8.1). pp.67-89.

한성안(1998), "기술 확산 변수연구", 「성심외대논문집」(17.2). pp.35-55.

한윤환외(2001), "기술 확산과 혁신유인: 기술정책에 관한 통합적
접근", 「기술혁신연구」(9.1). pp.77-93.

3. 정부 간행물, 단체간행물, 기타

경찰청(1996~1999), 「도로교통안전백서」.

교통개발연구원(1986), 「화물운송체제 개선에 관한 연구」.

_____(1987), 「화물정보망 설립 및 운영방안 연구」.

_____(1990), 「화물유통체제 합리화방안」.

_____(1992), 「장기 철도망 구상에 관한연구」.

_____(1992), 「화물수송 연관부문의 경쟁력 제고방안 수립
에 관한 연구」.

_____(1993a), 「IVHS 국내 개발방향에 관한 연구」.

_____(1993b), 「화물유통기본계획 수립에 관한 연구」.

_____(1996), 「과천지역 지능형교통시스템(ITS) 시범운영 및 평가를 위한 기본계획 및 실시설계」.

_____외(1997), 「첨단화물운송시스템(CVO) 기본설계」.

_____(1998), 「과천지역 지능형교통시스템(ITS) 시범운영 사업의 평가」.

_____(1999), 「과천 ITS사업의 사례를 통한 ITS 사업의 발전적 추진방안」.

_____외(1999) 「ITS 기본계획 수정·보완 및 ITS 사업비용/효과분석 모형개발과 검증」

_____(1999), 「NTCS 이용수요 예측 및 차로설계 기준설정」.

_____(2000), 「화물자동차 운송주선사업 발전방안 연구」.

_____(2001), 「2000년도 지능형교통시스템(ITS) 연구·개발사업 최종보고서: 해외 ITS동향분석을 통한 우리나라 ITS 발전방향 연구」.

_____(2002), 「교통」(54).

_____(2003), 「교통」(60).

건설교통부(1992), 「도로용량편람」.

_____(1996), 「종합물류정보전산망기본계획」.

_____(1997), 「지능형교통시스템 기본계획」.

_____(1999), 「ITS정책과 기술」.

_____(2000a), 「지능형교통시스템 기본계획21」.

_____(2000b), 「건설교통정보화백서」.

_____(2001), 「제5차교통안전기본계획(2002~2006)」.

_____(2002), 「건설교통통계연보」.

교통신문사(1994), 「교통연감」.

교통신문사(1996), 「교통물류연감」.

국토연구원(2000), 「하이패스 시범사업 효과분석 및 확대방안 기본
　　　　　　계획 수립」.

대한교통학회외(1996a), 「지능형교통시스템 기본계획(안)수립을 위
　　　　　　한 총괄부문 연구」.

_____(1996b), 「지능형교통시스템 기본계획(안)수립을 위
　　　　　　한 화물운송시스템 연구」.

도로교통안전관리공단(1998), 「과속 교통사고 방지 종합대책」.

_____(1999), 「무인과속단속시스템의 효과 분석 및
　　　　　　운영방안에 관한 연구」.

_____(2000), 「무인과속단속시스템의 효율적 관리방
　　　　　　안 연구」.

_____(2001), 「무인교통 단속시스템 실무지침 개선
　　　　　　방안 연구」.

_____(2002), 「교통사고 통계분석」.

도로교통안전협회(1997), 「무인단속시스템 설치기준 및 효과분석에
　　　　　　관한 연구」.

안전연대(2002.3), 「교통범칙금·과태료의 효과적 사용방법에 관한
　　　　　　공청회자료」.

정보통신부(1999), 「CYBER KOREA 21: 창조적 지식기반국가 건설
　　　　　　을 위한 정보화 VISION」.

한국도로공사(2003), 「2002 고속도로 교통량 통계」.

한국물류정보통신(1997), 「종합물류정보전산망 상세설계」(본문1권).

한국전산원(1997), 「국가지리정보체계(NGIS)정책의 효율적 추진방안 연구」.

한국전파진흥협회(1999), 「지능형교통시스템(ITS)정보통신사업 보고서」

한국정치학회(2000), 「제16대 국회의원 선거 정견 정책 자료집」.

한진교통물류연구원(1996), 「교통물류연감」.

환경부(1997), 「환경백서」.

ITS-Korea ETC포럼(2001), 「ETCS백서」.

〈외국문헌〉

1. BOOKS

Anderson, J. E.(1984), *Public Policy-Making,* 3nd ed., New York: Holt, Rinehart & Winston.

Aldrich, H. E.(1979), *Organizations and Environments,* Englewood Cliffs, N. J.: Prentice-Hall.

Aoki, M. & M. Okuno-Fujiwara(1996), *Comparative Institutional Analysis: A New Approach to Economic System,* Tokyo: Univ. of Tokyo Press; 기업구조연구회외(공역)(1998), 「기업시스템의 비교경제학」, 서울: 연암사.

Axelrod, R.(1984), *The Evolution of Cooperation,* New York: Basic Books Inc.

Caiden. G.(1969), *Administrative Reform,* Chicago: Aldine.

Coleman, J. S.(1974), *Power and the Structure of Society,* New York: Syracuse Univ. Press.

Daft, R. L. & S. W. Becker(1980), *Innovation in Organizations: Innovation Adoption in School Organizations,* New York: Elsvier.

Dixon, N. M.(1994), *The Organizational Learning Cycle: How We Can Learn Collectively,* London: McGraw-Hill Book Co..

Dror, Y.(1983), *Public Policymaking Reexamined,* N. J.: Transaction Inc..

Dye, T. R.(1975), *Understanding Public Policy,* Englewood Cliffs: Prentice-Hall.

Eggertsson, T.(1990), *Economic Behavior and Institutions,* Cambridge: Cambridge Univ. Press.

Freeman, R. E.(1984), *Strategic Management: A Stakeholder Approach Inter-corporate Dimension,* London: Tabistock.

Hage, J. & M. Aiken(1970), *Social Change in Complex Organization,* New York: Random House.

Hanf, K. & F. W. Scharpf(1977), *Interorganizational Policy Making: Limits to Coordination and Central Control,* London: Sage.

Jenkins-Smith, Hank C.(1990), *Democratic Politics and Policy Analysis,* California: Brooks/Cole Publishing Company.

Katzenstein, P. J.(ed.)(1978), *Between Power and Plenty: Foreign Economic Policies of Advanced Industrial States,* Madison: Univ. of Wisconsin Press.

Kingdon, J. W.(1984), *Agendas, Alternatives, and Public Policy,*

Boston: Little Brown & Company.

Knight, J.(1992), *Institutions and Social Conflict,* Cambridge: Cambridge Univ. Press.

Knoke, D., et al.(1996), *Comparing Policy Network: Labor Politics in the U. S., Germany & Japan,* Cambridge: Cambridge Univ. Press.

Lowi, T. J.(1979), *The End of Liberalism,* 2nd ed., New York: W. W. North and Co..

Lynn, L., C. Heinrich & C. Hill(2001), *Improving Governance: A New Logic for Empirical Research,* Washington, D. C.: Georgetown Univ. Press.

Mahajan, V. & R. A. Peterson(1985), *Models for Innovation Diffusion,* London: Sage.

Marsh, D.(ed.)(1998), *Comparing Policy Networks,* Buckingham & Philadelphia. Open Univ. Press.

_____ & R. A. W. Rhodes(eds.)(1992), *Policy Networks in British Government,* Oxford: Clarendon press.

North, D. C.(1990), *Institutions, Institutional Change & Economic Performance,* Cambridge: Cambridge Univ. Press.

Ostrom, E.(1990), *Governing the Commons: The Evolution of Institutions for Collective Action,* Cambridge: Cambridge Univ. Press.

Peters, B. G.(1999), *Institutional Theory in Political Science,* London & New York: Pinter.

Rhodes, R. A. W.(1986), *The National World of Local Government,* London: Allen & Unwin.

_____(1997), *Understanding Governance: Policy Networks, Governance, Reflexivity and Accountability,* Buckingham: Open Univ. Press.

Richardson, J. J. & A. G. Jordan(1979), *Governing under Pressure: The Policy Process in a Post Parliamentary Democracy,* Oxford: Martin Robertson.

Richeson, K. E(2000), *Introductory Guide To CVISN,* CVISN Guide Series(POR-99-7168).

Ripley, R. B. & G. A. Franklin(1984), *Congress, the Bureaucracy and Public Policy,* 2nd ed., Homewood, Ⅲ.: The Dorsey Press.

Rogers, E. M.(1983), *Diffusion of Innovations,* 3rd ed., New York: Free Press.

Scharpf, F. W.(1997), *Games Real Actors Play: Actor-Centered Institutionalism in Policy Research,* Boulder: Westview Press.

Schotter, A.(1981), *The Economic Theory of Social Institution,* Cambridge: Cambridge Univ. Press.

Scott, W. R.(2001), *Institutions and Organizations,* 2nd ed., London: Sage.

Senge, P.(1990), *The Fifth Discipline: The Art and Practice of the Learning Organization,* New York: Randon House; 박광량외 역(1996), 「학습조직의 5가지 수련」, 서울: 21세기북스.

Simon, H. A.(1976), *Administrative Behavior: A Study of Decision-Making Processes in Administrative Organization,* 3rd ed., New York: Free Press.

Stoneman, P.(2002), *The Economics of Technological Diffusion,* Oxford & Mass.: Blackwell.

Tsebelis, G.(1990), *Nested Games: Rational Choice in Comparative Politics,* Los Angeles: Univ. of California Press.

Williamson, O. E.(1975), *Market and Hierarchies: Analysis and Antitrust Implication,* New York: Free Press.

_____(1985), *The Economic Institution of Capitalism: Firms, Market, Relational Contracting,* New York: Free Press.

Wilson, J. Q.(1980), *American Government: Institutions and Politics,* Lexington, Mass.: D. C. Health and Co..

Yin, R. K.(1994), *Case Study Research: Design and Methods,* 2nd ed., London: Sage.

Zaltman, G. et al.(1973), *Innovation and Organization,* New York: John Wiley & Sons.

2. ARTICLES

Agranoff, R. I.(ed.)(1990), "Responding to Human Crises: Inter-governmental Policy Networks", in Gage, R W. and M. P. Mandell(ed.), *Strategies for Managing Inter-governmental Policies and Networks,* New York: Praeger. pp.57–80.

Aldrich, H. E.(1976), "Resource Dependence and Interorganizational Relations Between Local Employment Service Offices and Social Services Sector Organizations", *Administra-*

tion and Society(7). pp.419-454.

Apperson, B. & N. Wikstrom(1997), "The Professionalization of Virginia County Government: An Application of Diffusion Theory", *PA*(21.1). pp.28-51.

Bates, R. H. et al.(1998), "Introduction", in Bates, R. H. et al., *Analytic Narratives,* Princeton: Princeton Univ. Press. pp.3-22.

Benson, J. K.(1975), "The Interorganizational Network as a Political Economy", *ASQ*(20). pp.229-249.

Berry, F. S.(1994), "Innovation in Public Management: The Adoption of Strategic Planning", *PAR*(54.4). pp.322-329

_____ & W. D. Berry(1990), "State Lottery Adoptions as Policy Innovations: An Event History Analysis", *American Political Science Review*(84). pp.395-415.

_____(1999), "Innovation and Diffusion Models in Policy Research", in Sabatier, P. A.(ed.), *Theories of the Policy Process,* Boulder: Westview Press. pp.169-200.

Blom-Hansen, J.(1997), "A New Institutional Perspective on Policy Networks", *PA*(75). pp.669-693

Blyth, M. M.(1997), "Any More Bright Ideas? The Ideational Turn of Comparative Political Economy", *Comparative Politics*(29). pp.229-250

Börzel, T. A.(1998), "Organizing Babilon: On The Different Conceptions of Policy Network", *PA*(76). pp.253-273.

Cammack, P.(1992), "The New Institutionalism: Predatory Rule,

Institutional Persistence, and Macro-Social change", *Economy and Society*(21.4). pp.397-429.

Campbell, J. C., et al.(1989). "Afterward on Policy Communities: A Framework for Comparative Research", Governance: *An International Journal of Policy and Administration*(2.1). pp.86-94.

Cavanagh, M.(1998), "Offshore Health and Safety Policy in the North Sea: Policy Network and Policy Outcomes in Britain and Norway", in Marsh, D.(ed.), *Comparing Policy Networks,* Buckingham & Philadelphia: Open Univ. Press. pp.90-109.

Coase, R. H.(1937), "The Nature of the Firm", *Economica*(4). pp.386-405.

_____(1960), "The Problem of Social Cost", *Journal of Law and Economics*(3). pp.1-44.

Collier, D. & R. E. Messick(1975), "Prerequisites Versus Diffusion: Testing Explanations of Social Security Adoption", *American Political Science Review*(69). pp.1299-1315.

Crawford, S. & E. Ostrom(1995), "A Grammar of Institutions", *American Political Science Review*(89.3). pp.582-600.

Damanpour, F. & W. M. Evan(1984), "Organizational Innovation and Performance: The Problem of Organizational Lag", *ASQ*(29). pp.392-409

Daugbjerg, C.(1998a), "Linking Policy Networks and Environmental Policies: Nitrate Policy Making in Denmark and Sweden: 1970-1995", *PA*(76. Summer). pp.275-294.

_____(1998b), "Similar Problems, Different Policies: Policy Networks and Environmental Policy in Danish and Swedish Agriculture", in Marsh, D. (ed.), *Comparing Policy Networks,* Buckingham & Philadelphia: Open Univ. Press. pp.76-89.

DiMaggio, P. J. & W. W. Powell(1983), "The Iron Cage Revisited: Institutional Isomorphism and Collective Rationality in Organizational Fields." *American Sociological Review*(48). pp.147-160.

Dohler, M.(1991), "Policy Networks, Opportunity Structures and Neo-Conservative Reform Strategies in Health Policy", in Marin, B. & R. Mayntz(eds.), *Policy networks*, Boulder: Westview Press. pp.235-298.

Dowding, K.(1995), "Model or Metaphor? A Critical Review of the Policy Networks Approach", *Political Studies* (43). pp.136-158.

_____ & D. King(1995), "Introduction", in Dowding, K. & D. King(eds.), *Preferences, Institutions, and Rational Choice,* Oxford: Clarendon Press. pp.1-19.

Eyestone, R.(1977), "Confusion, Diffusion and Innovation", *American Political Science Review*(71). pp.441-447.

Feeny, D. et al.(1990), "The Tragedy of Commons: Twenty Two Years Later", *Human Ecology*. pp.1-17.

Feld, S. L.(1981), "The Focused Organization of Social Ties", *American Journal of Sociology*(86). pp.101-135.

Furubotn, E. G. & R. Richter(1991), "The Institutional Economics: An Assessment", in Furubotn, E. G. & R. Ritcher (eds), *The New Institutional Economics,* College Station, TX: Texas A & M Univ. Press. pp.1–32.

Gow, J. I.(1992), "Diffusion of Administrative Innovations in Canadian Public Administrations", *Administration & Society*(23.4). pp.430–454.

Granovetter, M. S.(1973), "The Strength of Weak Ties", *American Journal of Sociology*(78). pp.1360–1380.

Hall, P. A. & R. C. R. Taylor(1996), "Political Science and the Three New Institutionalism", *Political Studies*(44). pp.936–957.

Haunschild, P. R.(1993), "Interorganizational Imitation: The Impact of Interlocks on Corporate Acquisition Activity", *ASQ*(38). pp.564–592.

_____ & A. S. Miner(1997), "Modes of Inter-organizational Imitation: The Effects of Outcome Salience and Uncertainty", *ASQ*(42). pp.472–500.

Heclo, H.(1978), "Issue Network and the Executive Establishment", in King, A.(ed.), *The American Political System,* Washington D.C.: American Enterprise Institute. pp.87–124.

Ikenberry, G. J.(1988), "Conclusion: An Institutional Approach to American Foreign Economic Policy", in Ikenberry, G. J., D. A. Lake, & M. Mastanduno(eds.), *The State and American Foreign Economic Policy,* Ithaca: Cornell Univ. Press.

Jacobs, D.(1990), "The Policy Relevance of Diffusion", *Report for Policy Studies on Technology and Economy,*

Ministry of Economic Affairs of the Netherlands, The Hague.

Jacobson, D.(1985), "Boundary Maintenance in Support Networks", *Social Network*(7). pp.341-351.

Jessop, B.(1998), "The Rise of Governance and the Risks of Failure: The Case of Economic Development", *International Social Science Journal*(50.155).

Jones, G.(1985), "Conclusion: Implications for Policy and Institutions", in Ranson, S , G. Jones, & K. Walsh(eds.), *Between Centre and Locality: The Politics of Public Policy,* London: George Allen & Unwin. pp.307-322.

Jordan, G.(1981), "Iron Triangles, Wooly Corporatism and Elastic Nets: Images of the Policy of the Policy Process", *Journal of Public Policy*(1.1). pp.95-123.

_____(1990), "Sub-Governments, Policy Communities and Networks: Refilling the Old Bottles?", *Journal of Theoretical Politics*(2.3). pp.319-338.

_____ & K. Schubert(1992), "A Preliminary Orderings of policy Networks Labels", *European Journal of Political Research*(21). pp.7-27.

Jordan, A. & J. Greenway(1998), "Shifting Agendas, Changing Regulatory Structures and the 'New' Politics of Environmental Pollution: British Coastal Water Policy, 1955-1995", *PA*(76.4). pp.669-694.

Kenis, P. & V. Schneider(1989), "Policy Networks as Analytical Tool for Policy Analysis", *Paper for Conference at Max Planck-Institut,* Cologne, 4-5, December,

1989.

_____(1991), "Policy Networks and Policy
Analysis: Scrutinizing a New Analytical Toolbox",
in Marin, B. & R. Mayntz(eds.), *Policy Networks:
Empirical Evidence and Theoretical Considerations*,
Boulder: Westview Press. pp.25-59.

Klijn, E.(1997), "Policy Networks: An Overview", in Kickert, W.
J., et al.(eds.), *Managing Complex Networks:
Strategies for the Public Sector*, London: Sage.
pp.14-34.

Krasner, S.(1988), "Sovereignty: An Institutional Perspective",
Comparative Political Studies(21.1). pp.66-94.

Lakatos, I.(1970), "Falsification and Methodology of Scientific
Research Programmes", in Lakatos, I. and A.
Musgrave(eds.), *Criticism and the Growth of the
Knowledge*, New York: Cambridge Univ. Press.
pp.91-196

Laumann, E. O. & D. Knoke(1989), "Policy Networks of the
Organizational State", in Perrucci, R. & H. R.
Potter(eds.), *Networks of Power*, New York: Aldine
de Gruyter. pp.17-55.

Levi, M.(1999), "Producing an Analytic Narrative", in Bowen, J.
R. and R. Peterson(eds.), *Critical Comparisons in
Politics and Culture*, New York: Cambridge Univ.
Press. pp.152-172.

Levine, S. & P. E. White(1961), "Exchange as a Conceptual
Framework for the Study of Interorganizational

Relationships", *ASQ*(5). pp.583-601.

Marin, B. & R. Maynts(1991), "Introduction: Studying Policy Networks", in Marin, B & R. Maynts(ed.), *Policy Networks: Empirical Evidence and Theoretical Considerations*, Boulder: Westview Press. pp.11-23.

Martinez-Brawley, E. E.(1995), "Knowledge Diffusion and Transfer of Technology: Conceptual Premises and Concrete Steps for Human Services Innovators", *Social Work*(40). pp.670-682.

Mayntz, R.(1994), "Modernization and the Logic of Inter-organizational Networks", *MIPGF Working Paper* No.4, Max-planck-Institut Fur Gesellshaftsforschung.

McCool, D.(1990), "Sub-governments as Determinants of Political Viability", *PSQ*(105.2). pp.269-293.

Meyer, J. W. & B. Rowan(1977), "Institutionalized Organizations: Formal Structure as Myth and Ceremony", *American Journal of Sociology*(83). pp.340-363.

Mintrom, M.(1997), "Policy Entrepreneurs and the Diffusion of Innovation", *American Journal of Political Science* (41.3). pp.738-770.

_____ & S. Vergari(1998), "Policy Networks and Innovation Diffusion: The Case of State Education Reforms", *The Journal of Politics*(60.1). pp.126-148.

Moe, T. M.(1990a), "Political Institutions; The Neglected Side of the Story", *Journal of Law, Economics, and Organizations*(6). pp.213-254.

_____(1990b), "The Politics of Structural Choice: Toward

a Theory of Public Bureaucracy", in Williamson, O. E.(ed.), *Organization Theory: From Chester Barnard to the Present and Beyond,* New York: Oxford Univ. Press. pp.116-152.

Mooney, C. Z. & Mei-Hsien Lee(1995), "Legislating Morality in the American States: The Case of Pre-Roe Abortion Regulation Reform", *American Journal of Political Science*(39). pp.599-627.

Nonaka, I.(1994), "A Dynamic Theory of Organizational Knowledge Creation", *Organization Science*(5.1). pp.14-37.

Ostrom, E.(1986), "An Agenda for the Study of Institution", *Public Choice*(48). pp.3-25.

_____, J. Walker, & R. Gardner(1992), "Covenant with and without a Sword: Self-Governance is Possible", *American Political Science Review*(86.2). pp.404-417.

Ostrom, V. & E. Ostrom(1977), "Public Goods and Public Choice", in Savas, E. S.(ed.), *Alternatives for Delivering Public Service: Toward Improved Performance,* Boulder: Westview Press. pp.7-49.

O'Toole, L. J.(1995), "Rational Choice and Policy Implementation: Implications for Interorganizational Network Management", *American Review of Public Administration*(25). pp.43-57.

Rhodes, R. A. W.(1990), "Policy Networks: A British Perspective", *Journal of Theoretical Politics*(2.3). pp.293-317.

_____(1996), "The New Governance: Governing without Government", *Political Studies*(44.4). pp.652- 667.

_____ & D. Marsh(1992), "Policy Networks in British Politics: A Critique of Existing Approaches", in Marsh, D. & R. A. W. Rhodes, *Policy Networks in British Government*, Oxford: Oxford Univ. Press. pp.1-26.

Riker, W.(1980), "Implication from the Disequilibrium of Majority Rule for the Study of Institutions", *American Political Science Review*(74). pp.432-446.

Sabatier, P. A.(1988), "Advocacy Coalition Framework of Policy Change and the Role of Policy-oriented Learning Therein", *Policy Science*(21.2). pp.129-168.

_____ & H. C. Jenkins-Smith(1999), "Advocacy Coalition Framework: An Assessment", in Sabatier, P. A.(ed.), *Theories of the Policy Process*, Boulder: Westview Press. pp.117-166.

Sabet, M. G. & D. Klingner(1993), "Exploring the Impact of Professionalism on Administrative Innovation", *J-PART*(3.2). pp.252-266.

Savage, R. L.(1985), "Diffusion Research Traditions and the Spread of Policy Innovation in a Federal System", *The Journal of Federalism*(15.4). pp.1-27.

Scharpf, F. W.(1978), "Interorganizational Policy Studies: Issues, Concepts and Perspectives", in Hanf, K. I & F. W. Scharpf(eds.), *Inter-organizational Policy Making: Limits to Coordination and Central Control,* London: Sage. pp.345-370.

_____(1993), "Games in Hierarchies and Networks:

Introduction", in Scharpt, F. W.(ed.), *Games in Hierarchies and Networks,* Boulder: Westview Press.

Schneider, V.(1992), "The Structure of Policy Networks: A Comparison of the Chemicals Control' and 'Telecommunications' Policy Domains in Germany", *European Journal of Political Research*(21). pp.109-122.

Sciarini, P.(1996), "Elaboration of the Swiss Agricultural Policy for the GATT Negotiations: A Network Analysis", *Schweizer Zeitschrift für Soziologie*(22.1). pp.85-115.

Shepsle, K.(1989), "Studying Institutions: Some Lessons from the Rational Choice Approach", *Journal of Theoretical Politics*(1). pp.131-147.

Surry, D. W.(1997), "Diffusion Theory and Instructional Technology", *Paper presented at the Annual Conference of AECT,* Albuquerque, New Mexico February 12-15, 1997.

Thelen, K. & S. Steinmo(1992), "Historical Institutionalism in Comparative Politics", in Steinmo, S., K. Thelen, and F. Longstreth(eds.), *Structuring Politics: Historical Institutionalism in Comparative Analysis,* New York: Cambridge Univ. Press. pp.1-32.

Van de Ven. A.(1986), "Central Problems in the Management of Innovation", *Management Science*(32.5). pp.590-607.

Walker, J. L.(1969), "The Diffusion of Innovations Among the American States", *American Political Science Review* (63). pp.880-899.

Waarden, F. V.(1992), "Dimensions and Types of Policy Networks", *European Journal of Political Research* (21). pp.29-52.

Welch, S. & K. Thompson(1980), "The Impact of Federal Incentives on State Policy Innovations", *American Journal of Political Science*(24). pp.715-729.

Wright, M.(1988), "Policy Community, Policy Network and Comparative Industrial Policies", *Political Studies* (36). pp.593-612.

Yisahi, Y.(1992), "From an Iron Triangle to an Iron Duet: Health Policy Marking in Israel", *European Journal of Political Research*(21). pp.91-108.

Zucker, L. G.(1991), "The Role of Institutionalization in Cultural Persistence", in Powell, W. W. & P. J. DiMaggio (eds.), *The New Institutionalism in Organizational Analysis*, Chicago: The Univ. of Chicago Press. pp.83-107.

<인터넷 홈페이지>

건설교통부: http://www.moct.go.kr

국가교통데이터베이스: http://www.ktdb.go.kr

대신정보통신: http://www.oknet.co.kr

대　연: http://www.loginet.co.kr

대한통운: http://www.webtruck.co.kr

산업자원부: http://www.mocie.go.kr

삼성SDS: http://www.mlogis.com

S K: http://www.netruck.co.kr

(주)물류넷: http://www.truck.co.kr

(주)통인물류정보통신: http://www.0123net.co.kr

한국물류정보통신(주): http://www.klnet.co.kr

한솔CSN: http://www.logisclub.com

· 저자 ·

김성제(金成濟)   · 약력 ·

경희대학교 경제학과 졸업
서울대학교 대학원 행정학 석사
서울대학교 대학원 행정학 박사
제36회 행정고등고시 합격
수원대학교, 태학관 고시학원, 건설교통인재개발원 등 강사 역임
현 건설교통부 재직

· 주요논저 ·

『정책학강의』
「지능형교통체계(ITS)의 도입 및 확산에 관한 연구」
「무인과속단속시스템의 확산에 관한 정책네트워크 분석」
「화물운송정보시스템 확산 제약요인에 관한 연구」
「정책네트워크가 정책혁신의 도입 및 확산에 미치는 영향 분석」
외 다수

정책혁신과 정책네트워크
- 신제도론적 관점 -

· 초판 인쇄   2005년 8월 1일
· 초판 발행   2005년 8월 1일

· 지 은 이   김성제
· 펴 낸 이   채종준
· 펴 낸 곳   한국학술정보㈜
            경기도 파주시 교하읍 문발리 526-2
            파주출판문화정보산업단지
            전화 031) 908-3181(대표) · 팩스 031) 908-3189
            홈페이지 http://www.kstudy.com
            e-mail(e-Book사업부) ebook@kstudy.com

· 등   록   제일산-115호(2000. 6. 19)
· 가   격   30,000원

    ISBN   89-534-2748-7 93350 (Paper Book)
            89-534-2749-5 98350 (e-Book)